저작권분쟁사례연구 1

매스 미디어와 저작권

Mass Media & Copyright

국립중앙도서관 출판시도서목록(CIP)

매스 미디어와 저작권 = Mass Media & Copyright / 김기태 지음.
-- 서울 : 이채, 2005
p. ; cm. -- (저작권분쟁사례연구 ; 1)

권말부록으로 '이용형태별 표준계약서 모델' 수록
ISBN 89-88621-48-4 03010 : ₩15000

011.2-KDC4
346.0484-DDC21   CIP2005000462

저작권분쟁사례연구 1

매스 미디어와 저작권
Mass Media & Copyright

김기태 지음

이채

'저작권분쟁사례연구' 시리즈를 시작하며

저작권을 둘러싼 분쟁이 날로 심각해지고 있습니다. 그것의 다양한 양태는 물론이고 침해수법 또한 지능적으로 변화하고 있어 저작권자들의 고민이 점점 커지고 있습니다. 저작권 보호의식은 인간으로서 갖추어야 할 기본양심에 입각한 도덕적·윤리적 실천덕목 중 하나임에도 법적 강제력으로 해결해야 한다면 부끄러운 일이 아닐 수 없습니다. '저작권분쟁사례연구' 시리즈를 기획하게 된 배경에는 바로 이러한 위기의식이 자리잡고 있었으며, 문화산업계 실무종사자들이 수시로 맞닥뜨릴 수밖에 없는 사례들을 점검해 봄으로써 도움을 주고 싶었습니다.

시리즈의 첫 번째 결실로 『매스 미디어와 저작권』을 세상에 내놓으며, 새삼스럽게 떠오르는 장면이 있어 씁쓸한 웃음을 짓게 됩니다. 바로 사소한 교통사고 현장에서 볼 수 있는 것들인데, 차체에만 조금 손상을 입었을 뿐 인체에는 전혀 문제가 없는데도 호들갑을 떨며 입원절차를 밟는 피해자, 혹은 무조건 상대방이 잘못했다고 언성을 높이는 운전자 등등 윤리성 내지 합리성과는 거리가 먼 장면이 떠오른 까닭은 무엇일까요?

아무쪼록 『매스 미디어와 저작권』이 미흡하나마 매스 미디어 업계 종사자들에게 저작권 실무에 관한 지침서로 활용되기를 바라는 마음 간절합니다. 나머지 하고 싶은 말은 지난 2004년 6월 23일자 〈조선일보〉 '일사일언' 코너에 실렸던 필자의 글로 대신하겠습니다.

"남들도 다 이렇게 하는데 이게 왜 저작권 침해입니까?"
세부전공이 저작권 분야이다 보니 상담을 청해 오는 사람들이 많아지면서 곤혹스런 경우 또한 늘어나고 있다. 약속이나 한 듯이 가해자와 피해자가 동시에 찾아오는가 하면 가해자는 법망을 피해갈 방법에만 관심이 있고, 피해자는 손해배상의 범위를 넓히는 일에만 관심이 있을 때가 많기 때문이다.

아직도 우리 전통사회의 습성에 기대어 "책 도둑은 도둑도 아니다"라는 속설이 용인되는 사회 분위기 속에서 글 도둑 또한 도둑이 아니라고 생각하는 사람이 많은 것 같다. 인생의 지침이 될 고급 지식과 정보를 저작권과 출판권을 침해한 불법 복제물로부터 섭취하는 일은 곧 불량식품을 통해 영양을 보충하는 일이나 다름없는데도 말이다.

문화는 습관이다. 어려서부터 어떠한 문화적 긍지를 갖고 자라느냐 하는 점이 중요하다. 저작권을 보호하는 일은 곧 공중도덕을 지키는 일과 마찬가지라고 여겨야 마땅하다. 그렇지 못할 때 우리는 부끄러움을 느껴야 하며, 경우에 따라서는 경제적 타격까지도 감수해야 한다는 생각이 우리 사회에 뿌리내릴 때 우리 문화는 더욱 융성할 것이기 때문이다.

그럼에도 과거의 미망에 사로잡혀 '설마' 하는 심정으로 슬그머니 저작권을 침해하는 사람들이 여전히 많다는 것은 어찌 보면 시대의 흐름을 모르는 서글픈 일이 아닐 수 없다. 더구나 최고의 지성을 표방하는 대학가에서마저 교재의 불법복제가 성행한다는 사실은 문화민족임을 주장하는 우리에게 치명적인 모순이 아닐 수 없다. 이제 교사와 교수들이 저작권 보호의 전면에 적극 나서야 한다.

2005년 2월

김기태

차례

프롤로그 _ 매스 미디어 종사자가 알아야 할 저작권 실무

1. 저작권이란 무엇인가?

'저작권(copyright)'이란 "인간의 사상이나 감정을 창작적으로 표현한 저작물을 보호하기 위해 그 저작자에게 부여한 권리"이다. 따라서 저작권의 보호란 저작물의 창작자에게 자기 저작물의 이용에 관한 배타적인 권리를 부여하고, 그 저작물을 다른 사람이 이용할 때에는 저작권자의 허락을 필요로 하며, 그러한 허락을 얻지 않고 이용하는 행위를 위법으로 규정하는 것을 뜻한다. 하지만 저작권은 저작자의 창의성이나 기술 또는 노력을 보호하기 위해 주어지는 권리임에는 틀림이 없으나 이러한 창의성이 일정한 형태로 표현되기 전까지는 보호받을 수 없다. 저작권은 지적으로 창조된 원저작물을 보호하려는 취지에서 주어지는 것이며, 저작물 그 자체, 즉 표현의 형식 또는 방법이 보호된다는 뜻이지 저작자의 사상이 보호된다는 의미는 아니다. 그러므로 사상·학설·원칙, 체계화된 방법 등에는 저작권이 인정되지 않는다.

이러한 저작권법의 제정은 저작권 보호의 규범을 뒷받침하기 위해 필수적인 것이 아닐 수 없으며, 복제물의 대량배포가 가능해지면서 저작권의 권리개념이 형성되었음을 짐작할 수 있다. 저작권 사상이 싹튼 계기를 구텐베르크(Johan Gutenberg)의 인쇄술 발명에서 찾을 수 있으며, 실제로 인쇄술의 발명 이후 대량복제가 가능해짐으로써 저작자나 출판업자의 허락을 얻지 않은 무단복제가 성행하는 바람에 저작권법 제정이 한층 빨라지게 되었다.

한편, 근대 이전까지의 저작권 보호는 인쇄술에 의한 복제물, 즉 출판물로부터의 저작권 침해를 방지하는 것이 주목적이었다. 그러나 과학기술의 발전은 저작물을 수록해 전달하는 매체의 증가와 더불어 저작권 침해의 대상이 인쇄매체로부터 전기·전파매체에서 전자적 장치로까지 넓어지는 결과를 가져왔다. 따라서 현대적 의미의 저작권법은 저작권자 보호를 위한 규정뿐만 아니라, 저작권자와 저작물 이용자의 권리와 의무는 물론 책임까지도 정해 놓은, 이를테면 문화활동의 기본을 규정한 법률이라고 할 수 있다.

2. 저작권의 내용

(1) 저작인격권

저작인격권이란 "저작자가 자신의 저작물에 대해 갖는 정신적·인격적 이익을 법률로써 보호받는 권리"라고 할 수 있으며, '공표권·성명표시권·동일성유지권'의 세 가지가 있다.

먼저 공표권이란 "저작물을 대외적으로 공개하는 권리"라고 할 수 있는데, 그 방법은 물론 공개 여부에 대한 판단은 전적으로 저작자만이 행사할 수 있다는 것이 그 취지이다.[1]

저작인격권의 두 번째 권리로서 성명표시권이 있다. 성명표시권이란 "저작자가 그의 저작물을 이용함에 있어서 자신이 저작자임을 표시할 수 있는 권리"라고 할 수 있다.[2] 저작자는 자신의 저작물의 원작품은 물론 그 복제물에, 그리고 그것을 공표함에 있어서 그의 실명(實名)이나 이명(異名) 중에서 마음에 드

---

1) 저작권법 제11조〈공표권〉

① 저작자는 그 저작물을 공표하거나 공표하지 아니할 것을 결정할 권리를 가진다.

② 저작자가 공표되지 아니한 저작물의 저작재산권을 제41조의 규정에 의한 양도 또는 제42조의 규정에 의한 이용허락을 한 경우에는 그 상대방에게 저작물의 공표를 동의한 것으로 추정한다.

③ 저작자가 공표되지 아니한 미술저작물, 건축저작물 또는 사진저작물(이하 "미술저작물 등"이라 한다)의 원작품을 양도한 경우에는 그 상대방에게 저작물의 원작품의 전시방식에 의한 공표를 동의한 것으로 추정한다.

④ 원저작자의 동의를 얻어 작성된 2차적 저작물 또는 편집저작물이 공표된 경우에는 그 원저작물도 공표된 것으로 본다.

는 것을 선택해 표시할 수 있는 권리가 있는 것이다. 즉, 저작자로서의 자기를 실명으로 표시할 것인가, 아니면 남들이 잘 아는 예명(藝名)이나 아호(雅號) 또는 필명(筆名)으로 할 것인가, 심지어는 남들이 잘 알지 못하는 자기만의 독특한 이름으로 표시할 것인가 등을 결정할 권리가 저작자에게 있음을 뜻한다.

저작인격권의 세 번째 권리는 동일성유지권이다. 동일성유지권이란 "저작자가 자신이 작성한 저작물이 어떠한 형태로 이용되더라도 처음에 작성한 대로 유지되도록 할 수 있는 권리"를 말한다.[3] 즉, 저작자의 의사에 관계없이 이용자로부터 저작물의 내용을 변경당하지 않을 권리라고 할 수 있다. 하지만 저작물의 본질적인 변경이라도 그것이 정당한 절차를 거쳐 번역 또는 편곡 및 개작 등이 이루어진 것이라면 동일성유지권의 침해가 아니다. 다만, 번역을 함에 있어서 필연적인 변경과는 상관없는 중대한 실수로서의 오역(誤譯) 등은 동일성유지권의 침해사유가 될 수 있다.

한편, 인격권이란 정신적인 권리이다. 따라서 그것을 경제적 또는 물질적으

---

2) 저작권법 제12조〈성명표시권〉

① 저작자는 저작물의 원작품이나 그 복제물에 또는 저작물의 공표에 있어서 그의 실명 또는 이명을 표시할 권리를 가진다.

② 저작물을 이용하는 자는 그 저작자의 특별한 의사 표시가 없는 때에는 저작자가 그의 실명 또는 이명을 표시한 바에 따라 이를 표시하여야 한다. 다만, 저작물의 성질, 그 이용목적 또는 형태 등에 비추어 부득이하다고 인정되는 경우에는 그러하지 아니하다.

3) 저작권법 제13조〈동일성유지권〉

① 저작자는 그 저작물의 내용·형식 및 제호의 동일성을 유지할 권리를 가진다.

② 저작자는 다음 각호의 1에 해당하는 변경에 대하여는 이의할 수 없다. 다만, 본질적인 내용의 변경은 그러하지 아니하다.

1. 제23조의 규정에 의하여 저작물을 이용하는 경우에 학교교육목적상 부득이하다고 인정되는 범위 안에서의 표현의 변경

2. 건축물의 증축·개축 그 밖의 변형

3. 그 밖에 저작물의 성질이나 그 이용의 목적 및 형태에 비추어 부득이하다고 인정되는 범위 안에서의 변경

로 파악할 수는 없다. 그러므로 인격을 소유한 저작자로서의 당사자만이 권리의 침해에 대한 정도를 느낄 수 있고, 가해자의 침해 정도를 입증할 수 있을 때 그 범위 안에서 '위자료(慰藉料)'라고 하여 물질적인 배상을 청구할 수 있다.[4]

(2) 저작재산권

저작재산권(economic rights)이란 저작자가 자신의 저작물에 대해 갖는 재산적인 권리를 뜻한다. 따라서 일반적인 물권(物權)과 마찬가지로 지배권이며, 양도와 상속의 대상일 뿐만 아니라, 채권적인 효력도 가지고 있다. 저작자 일신에 전속되는 인격권과는 사뭇 다른 특성을 가지고 있는 것이다. 또한 저작재산권은 저작자가 자신의 저작물에 대해서 갖는 배타적인 이용권이라고도 할 수 있다. 그러나 실제로는 자신이 직접 저작물을 이용하는 경우보다는 남에게 저작물을 이용하도록 허락하고 그 대가를 받는 경우가 대부분이다. 이러한 저작재산권에는 복제권·공연권·방송권·전송권·전시권·배포권·2차적 저작물 등의 작성권 등 일곱 가지가 있다.

복제권에 있어 복제란, "인쇄·사진·복사·녹음·녹화 그 밖의 방법에 의하여 유형물에 고정하거나 유형물로 다시 제작하는 것을 말하며, 건축물의 경우에는 그 건축을 위한 모형 또는 설계도서에 따라 이를 시공하는 것을, 각본·악보 그 밖의 이와 유사한 저작물의 경우에는 그 저작물의 공연·방송 또는 실연을 녹음하거나 녹화하는 것을 포함"하는 개념이다. 따라서 이러한 복제권(reproduction right)은 "저작물을 여러 가지 방법에 의하여 전자적으로 고정

---

4) 저작권법 제14조〈저작인격권의 일신전속성〉
　① 저작인격권은 저작자 일신에 전속한다.
　② 저작자의 사망 후에 그의 저작물을 이용하는 자는 저작자가 생존하였더라면 그 저작인격권의 침해가 될 행위를 하여서는 아니된다. 다만 그 행위의 성질 및 정도에 비추어 사회통념상 그 저작자의 명예를 훼손하는 것이 아니라고 인정되는 경우에는 그러하지 아니하다.

하거나 유형물로 다시 제작할 수 있는 권리"라고 정의할 수 있다. 그러므로 복제권은 저작재산권 중에서 가장 기본적인 권리이며, 저작물 이용에 있어서도 가장 기본적인 형태라고 할 수 있다. 아울러 앞에서 이미 복제의 개념을 살피면서 인쇄나 사진 또는 복사처럼 가시적인 복제와 녹음 또는 녹화 같은 재생가능한 복제로 나누었는데, 가장 대표적인 복제의 유형이라면 아무래도 출판을 통한 저작물의 이용이 아닌가 싶다. 한편, 권리관계에 있어서는 저작재산권은 양도가 가능하므로 만일 저작자가 누군가에게 복제권을 양도한다면 복제권을 양도받은 사람이 복제권자가 되는 것이다.

전송권은 인터넷을 활용한 온라인상의 저작물 송신이 보편화되고, 또 이용자의 주문에 따라 이용자가 개별적으로 원하는 시간과 장소에 저작물을 전달하는 형태의 기술진전이 새로운 권리의 등장을 촉진함에 따라 생겨난 것이다. 저작물 수출과 관련해서 주목해야 할 권리는 배포권이다. 배포란, "저작물의 원작품 또는 그 복제물을 일반공중에게 유상 또는 무상으로 양도하거나 대여하는 것"으로서, 저작물을 시장에 유통시키는 일반적인 방법이기도 하다.

또, 저작자와 번역자의 관계를 살핌에 있어 눈여겨봐야 할 권리는 2차적 저작물 등의 작성권이다. 즉, 저작자는 자기 저작물을 원저작물로 하는 2차적 저작물(derivative work) 또는 자기 저작물을 구성부분으로 하는 편집저작물(compilation)을 작성하여 이용할 수 있는 권리를 갖는다. 여기서 말하는 2차적 저작물이란, "원저작물을 번역·편곡·변형·각색·영상 제작 그 밖의 방법으로 작성한 창작물"을 말한다. 그리고 편집저작물이란, "논문·수식·도형 기타 자료의 집합물로서 이를 정보처리장치를 이용하여 검색할 수 있도록 체계적으로 구성한 것을 포함한 편집물이면서 그 소재의 선택 또는 배열에 있어 창작성이 있는 것"을 말한다.

한편, "작성하여 이용할 권리"라는 말에 유의할 필요가 있다. 이는 작성할 권리와 이용할 권리의 이중적인 의미로 해석할 수 있기 때문이다. 즉, 저작자는 자기 저작물을 토대로 해서 직접 2차적 저작물 또는 편집저작물을 작성할 수 있을 뿐만 아니라, 그렇게 작성한 별도의 저작물을 경제적인 대가를 받고 이용하게 할 수 있다는 뜻이다. 따라서 2차적 저작물 등의 작성권은 저작재산권 중에서도 매우 부가가치가 높은 권리이기 때문에 저작재산권의 일부를 양도하는 경우에 주의가 필요하다고 하겠다. 그러한 점을 감안해서 저작재산권을 전부 양도하는 경우라도 별도의 특약이 없는 한 2차적 저작물 등의 작성권은 양도되지 않은 것으로 추정한다고 규정한 것은 당연한 것으로 여겨진다(저작권법 제41조 제2항).

(3) 저작재산권의 보호기간

일반적인 소유권은 보호기간이 정해져 있지 않고 영구적인 것이 특징이지만, 저작권은 한 사회의 문화발전을 꾀하는 수단이어야 한다는 측면에서 법에 의해 그 보호기간이 한정되는 특징이 있다. 저작권법 제36조에 따르면 일반적인 저작재산권 보호기간(term of protection)의 원칙은 다음과 같다.[5]

자연인으로서의 저작자가 누구인지 명확한 경우에는 그 저작자가 살아 있는 동안과 사망한 후 50년 동안 저작재산권이 존속한다. 예를 들어, 어떤 사람이 30세에 소설 한 편을 발표한 다음 70세에 사망하였다면 그 소설에 대한 저작재산권의 보호기간은 모두 90년이 되는 것이다. 물론 해당 저작물이 어떤 방법으로든지 저작자가 살아 있는 동안 공표되었을 때에 그렇다는 것이며, 미처 공

---

5) 저작권법 제36조〈보호기간의 원칙〉
　① 저작재산권은 이 절에 특별한 규정이 있는 경우를 제외하고는 저작자의 생존하는 동안과 사망 후 50년 간 존속한다. 다만, 저작자가 사망 후 40년이 경과하고 50년이 되기 전에 공표된 저작물의 저작재산권 은 공표된 때부터 10년간 존속한다.
　② 공동저작물의 저작재산권은 맨 마지막으로 사망한 저작자의 사망 후 50년간 존속한다.

표되지 않은 저작물이 저작재산권을 상속 또는 양도받은 사람에 의해 저작자 사망 후 40년이 지나고 50년이 되기 전에 공표되었다면, 그 저작물의 저작재산권은 공표된 때로부터 10년 동안만 존속함을 단서로 규정하고 있다. 왜냐하면 저작물은 공표되어야만 널리 알려짐으로써 이용자들이 이용할 계기를 만들게 되고, 그러한 상태에서만이 저작재산권의 행사 또는 침해 우려가 생김으로써 보호할 가치가 있는 것이기 때문이다.

또, 단독의 저작자가 아닌 여러 명의 저작자에 의한 공동저작물의 보호기간에 관한 규정이다. 공동저작물이란 "2인 이상이 공동으로 창작한 저작물로서 각자의 이바지한 부분을 분리하여 이용할 수 없는 것"을 말한다(제2조 제13호). 이러한 공동저작물의 경우에는, 제2항에 따르면, 공동의 저작자 중에서 맨 마지막으로 사망한 저작자의 사망 후 50년간 존속한다. 예를 들어, 세 사람이 공동으로 작성한 연구논문이 있는데, 그것이 발표된 후 한 사람은 10년 후에 사망하고 또 한 사람은 15년 후에, 그리고 마지막 한 사람은 30년 후에 사망하였다면, 그 공동저작물의 저작재산권은 마지막에 사망한 저작자를 기준으로 하여 80년 동안 보호되는 것이다.

(4) 저작재산권의 양도·행사·소멸

저작재산권은 저작권자에게 주어진 재산적 권리이므로 일정한 요건에 따라 그 권리를 다른 사람에게 양도하거나 행사할 수 있으며, 아울러 소멸될 수도 있는 것은 당연하다. 하지만 그것이 문화적 산물인 저작물을 대상으로 한다는 점에서 물건 등에 있어서의 소유권과는 차이가 있을 수 있다.

① 저작재산권의 양도

먼저 저작권법 제41조 저작재산권의 양도(assignment)에 관한 규정에서는 저작재산권을 다른 사람에게 양도할 수 있음을 밝히고 있다.[6] 그런데 여기서 주목해야 할 것은 "전부 또는 일부를 양도할 수 있다"는 규정이다. 일반적으로 물권에 있어서의 소유권인 경우에는 전부가 아닌 일부를 양도한다는 것은 생각하기 어렵다. 예를 들어, 어떤 집을 소유하고 있는 사람이 그 집을 전세의 방법으로 다른 사람에게 임대하고 나서 또 그 집의 소유권을 다른 사람에게 양도할 수는 없는 노릇이다. 즉, 일반적인 소유권에서는 유체물로서의 소유물과 소유권을 분리할 수 없다. 그러나 저작재산권은 다르다. 저작재산권 자체를 전부 양도하는 경우에는 소유권과 별 차이가 없지만, 일부를 양도할 수 있다는 점에서는 저작재산권민의 특성을 엿볼 수 있다.

예를 들어, 복제권 하나만 살펴보더라도, 저작재산권자는 인쇄의 방법으로 저작물을 복제하려는 출판사업자와 녹음의 방법으로 저작물을 복제하려는 음반사업자, 또는 녹화의 방법으로 저작물을 복제하려는 영상사업자 등에게 복제권을 각각 별도로 양도할 수 있다. 즉, 어떤 방법으로 복제하느냐에 따라 같은 복제권이라도 완전한 별개의 권리로 쪼개질 수 있다는 가분적(可分的)인 저작재산권의 특성을 인정한 것이라고 하겠다. 뿐만 아니라 저작재산권자는 하나의 저작물에 대해 종이책의 형태로 출판사에 출판권을 부여하는 동시에 신설된 전송권을 발휘하여 또 다른 업체 혹은 개인에게 '전자책(eBook)'을 만들도록 허락할 수도 있다.

다음으로는 2차적 저작물 등의 작성권과 관련한 재산권의 분할을 생각할 수 있다.

---

6) 저작권법 제41조〈저작재산권의 양도〉
  ① 저작재산권은 전부 또는 일부를 양도할 수 있다.
  ② 저작재산권의 전부를 양도하는 경우에 특약이 없는 때에는 제21조의 규정에 의한 2차적 저작물 또는 편집저작물을 작성할 권리는 포함되지 아니한 것으로 추정한다.

예를 들어, 어떤 장편소설의 저작자가 있다면, 그는 그것을 원작으로 하는 번역은 물론 각색하여 공연이나 영상제작에 이용하려는 사람들에게 각각 별도로 그 부분에 대한 권리를 양도할 수 있는 것이다. 뿐만 아니라 같은 공연이라도 공연의 주체가 달라진다면 그들에게도 별도의 권리를 양도할 수 있다.

또한 시간적, 공간적 제한에 의한 저작재산권의 분할과 양도를 생각할 수도 있다. 먼저 시간적인 측면에서 예를 든다면, 저작재산권자는 자신의 권리를 다른 사람에게 양도함에 있어서 언제부터 언제까지, 즉 '3년' 또는 '5년'이라는 기간을 정할 수 있는데, 그런 경우에는 그 정해진 시간이 지나면 자동적으로 저작재산권은 원래의 권리자에게로 돌아오는 것이다. 따라서 실질적으로는 '3년' 또는 '5년' 동안의 배타적 이용허락과 같다.

공간적 측면에서 보면, 번역에 의하여 저작물을 출판함에 있어서 그것을 '한국 내에서만' 또는 '일본 내에서만' 하는 식으로 제한하여 양도할 수 있는데, 그런 경우에는 배포권의 성질에 비추어 보더라도 지역이 바뀔 때마다 각각 별개의 권리가 작용할 수 있다. 다만, 그러한 지역적 제한이 국내에서도 가능한지, 즉 '충청남도' 또는 '전라남도' 하는 식으로까지 분할할 수 있는 것인지는 분명하지 않다.

한편, 저작재산권을 전부 양도하는 경우라고 하더라도 특약이 없을 때에는 2차적 저작물 또는 편집저작물을 작성할 권리까지 포함된 것으로 볼 수는 없음을 규정하고 있다. 즉, 저작재산권의 전부를 양도하는 계약을 체결함에 있어서 "제21조에서 규정하고 있는 2차적 저작물 또는 편집저작물을 작성할 권리까지도 포함한 전부를 양도한다"는 양도자의 의사가 명백히 나타나 있지 않는 한 2차적 저작물 등의 작성권은 포함되지 않고 양도하는 사람에게 유보되어 있음을 뜻하는 것이다.

② 저작물의 이용허락

저작재산권을 주장할 수 있는 저작물은 양도뿐만 아니라 이용에 따른 허락을 할 수도 있다. 저작물의 이용에 관한 배타적 권리(exclusive right)는 저작재산권자에게 있기 때문이다. 저작권법 제42조에서는 저작물의 이용허락(license)에 따르는 저작재산권자의 권리와 그 성질 및 내용을 규정하고 있다.[7]

우선 저작재산권자에게는 자기 저작물의 이용을 허락할 수 있는 권리가 있다. 즉, 저작재산권자는 자신의 저작물을 스스로 이용할 수 있을 뿐만 아니라, 경우에 따라서는 다른 사람에게 이용을 허락하고 적당한 대가를 받음으로써 재산적 이익을 추구할 수 있다는 것이다. 그러므로 저작재산권자로부터 허락을 얻지 않고 어떤 방법으로든지 저작물을 이용하는 것은 위법이다.

그런데 정당하게 이용허락을 받은 이용자가 획득하는 권리의 성질에 주의할 필요가 있다. 저작재산권자가 저작물에 관하여 갖는 권리는 배타적 권리, 즉 누구를 상대로 하든지 행사할 수 있는 권리이지만, 이용허락을 받은 사람이 갖는 권리는 이용에 따르는 채권적인 권리라는 점이다. 따라서 저작물의 이용에 대한 배타적 권리를 가진 저작재산권자는 같은 이용방법으로 여러 사람에게 이용허락을 할 수 있으며, 이용자는 이에 대하여 이의를 제기할 수 없다.[8]

따라서 이용에 관한 허락을 얻은 이용자라고 하더라도 허락받은 이용방법 및 조건의 범위 안에서만 그 저작물을 이용할 수 있다. 여기서 "허락받은 이용방법"이란, 복사·인쇄·녹음·녹화·공연·방송·전송, 그리고 전시 등과 같은

---

7) 저작권법 제42조〈저작물의 이용허락〉
　① 저작재산권자는 다른 사람에게 그 저작물의 이용을 허락할 수 있다.
　② 제1항의 규정에 의하여 허락을 받은 자는 허락받은 이용방법 및 조건의 범위 안에서 그 저작물을 이용할 수 있다.
　③ 제1항의 규정에 의한 허락에 의하여 저작물을 이용할 수 있는 권리는 저작재산권자의 동의 없이 제3자에게 이를 양도할 수 없다.

이용형태는 물론 이용부수, 이용횟수, 이용시간, 이용장소 등을 포함한 구체적인 이용방법을 모두 뜻하는 것이다. 그리고 "허락받은 조건"이란, 저작물을 이용하는 대가로서 얼마의 금액을 언제까지 지급하기로 한다든가, 별도의 특약을 하는 것 등이라고 할 수 있다. 예를 들어, 어떤 사람이 연극의 상연을 위한 목적으로 어느 저작물에 대한 이용을 허락받았는데 연극이 아닌 책으로 꾸며서 출판의 방법으로 이용하였다면 그것 역시 위법이 된다는 것이다. 또한 저작물을 1년 동안만 이용하기로 계약을 맺었다면 1년이 지난 후에는 이용할 수 없으며, 모든 권리는 다시 원래의 저작권자에게로 복귀된다는 뜻을 품고 있다.

또, 저작물을 일정한 용도에 의한 이용허락을 얻어서 이용에 관한 정당한 권리를 얻은 사람이라도 저작재산권자의 동의가 없이 제3자에게 이를 양도할 수 없다. 여기서 말하는 '이용자의 권리'란 "허락받은 이용방법과 조건의 범위 안에서 그 저작물을 이용할 수 있는 권리"를 말한다. 예를 들어, 어느 때로부터 3년 동안 출판의 방법으로 저작물을 이용하기로 한 이용자가 1년이 지난 후에 다른 출판업자에게 저작물의 출판에 의한 이용권을 양도할 때에는 반드시 저작재산권자의 허락이 있어야 하며 그렇지 않을 때에는 역시 위법이 된다.

---

8) 이용허락의 종류에는 크게 세 가지가 있다.

첫째는 여기서 살펴본 것처럼 '단순이용허락'이 있는데, 이 경우에는 이용허락을 받은 사람은 저작재산권자가 같은 이용방법에 의하여 다른 사람에게 이용허락을 해도 아무런 제재수단이 없다.

둘째는 '독점이용허락'이 있는데, 이 경우 역시 특정의 이용자에게만 이용허락을 하고 다른 사람에게는 이용을 허락하지 않겠다는 채권(債權)과 채무(債務)의 관계를 맺은 것에 불과하므로, 저작재산권자가 다른 사람에게 독점이용에 대한 허락을 했다면 저작재산권자에게 채무불이행에 따른 계약위반을 추궁할 수 있을 뿐, 제3의 이용자를 상대로 한 제재를 가할 수 있는 것은 아니다.

셋째는 '배타적 이용허락'이 있는데, 이 경우는 저작권법에 있어서 출판권(出版權)의 설정(設定)이 대표적인 것으로, 배타적 이용을 전제로 한 계약이 이루어졌다면 이용자는 제3의 이용자에 대해서도 권리의 침해를 주장할 수 있다.

하지만 제42조에서 규정하고 있는 이용허락이란 첫째와 둘째의 경우만을 뜻하는 것으로 해석하는 것이 타당한 것으로 보인다.

③ 저작재산권의 소멸

일반적인 물권의 경우에 그 재산권자가 상속인 없이, 그리고 그 재산의 처분에 관한 아무런 유언도 없이 사망하였다면 그 재산은 국고에 귀속된다. 하지만 저작재산권의 경우에는 그것을 국가에 귀속시켜 국가로 하여금 권리를 행사하도록 하는 것이 아니라, 아예 저작재산권 자체가 소멸하는 것으로 보아 그 저작물은 공유의 상태에서 누구든지 자유롭게 이용할 수 있다.

먼저, 자연인인 개인의 저작재산권자가 상속인 없이 사망한 경우에 그 권리가 민법 기타의 법률의 규정에 따라 국가에 귀속되는 경우에는 저작재산권이 소멸한다. 여기서 말하는 '상속인'이란 그 권리를 이어받는 직계 존비속으로서의 상속인만을 뜻하는 것이 아니라 상속재산에 대한 채권자도 포함된다. 따라서 저작재산권을 목적으로 하는 질권이 설정되어 있거나 출판권이 설정되어 있는 상태에서 상속인 없이 저작재산권자가 사망하였다면 그 질권자 또는 출판권자는 질권의 목적인 저작재산권을 취득하거나 출판권 행사에 따르는 일정의 권리를 취득할 수 있다. 따라서 그러한 권리가 소멸해야만 저작재산권 전체가 소멸하는 것이다.

또, 법인 또는 단체가 해산되어 그 저작재산권이 민법 기타 법률의 규정에 따라 국가에 귀속되는 경우에도 역시 저작재산권이 소멸하므로 누구든지 그 저작물의 자유이용이 가능함을 규정하고 있다. 여기서 '해산'이란 법인 또는 단체의 존립기간의 만료, 법인 등의 목적의 달성 또는 달성의 불능, 기타 정관에 정한 해산사유의 발생, 파산 또는 설립허가의 취소 등의 이유로 없어지는 것을 뜻한다.

3. 저작물의 종류

창작물을 만들었다고 해서 모두 저작권법으로 보호되는 것은 아니다. 그 창작물이 문학·학술 또는 예술의 범위에 속하는 저작물이어야 하며, 무엇보다도 독창성이 있어야만 한다. 저작권법상 예시되어 있는 저작물의 종류는 어문저작물, 음악저작물, 연극저작물, 미술저작물, 건축저작물, 사진저작물, 영상저작물, 도형저작물, 컴퓨터프로그램저작물, 2차적 저작물, 편집저작물로 구분되어 있으나, 이는 하나의 예시이기 때문에 이 밖에도 다른 형태의 저작물이 있을 수도 있다.

(1) 어문저작물

단순히 서적, 잡지, 팜플렛뿐만 아니라 문자화된 저작물과 연술(演術) 등과 같은 구술적인 저작물이 포함된다. 일반적으로 카탈로그나 계약서식 등은 저작물로 인정되지 않는 것이 대부분이나, 표현의 방법이 독창적인 경우에는 저작물로 인정할 수도 있다.

(2) 음악저작물

음악저작물이란 클래식, 팝송, 가요 등 음악에 속하는 모든 저작물을 가리킨다. 음악저작물에는 악곡 외에 언어를 수반하는 오페라, 뮤지컬 등도 모두 포함된다. 즉흥음악과 같이 악곡이나 가사가 고정되어 있지 않은 것도 독창성이 있으면 음악저작물로 보호가 가능하다.

(3) 연극저작물

연극, 무용, 무언극 등과 같이 인간의 사상이나 감정을 신체의 동작으로 표현한 것은 모두 포함된다. 연극이나 무용 그 자체는 하나의 실연이므로 저작인 접권의 보호대상에 속하지만, 무보(舞譜) 등은 연극저작물로 보호된다.

(4) 미술저작물

미술저작물이란 형상 또는 색채에 따라 미적으로 표현된 것을 뜻하며, 회화, 서예, 조각, 공예, 응용미술저작물 등을 포함한다. 흔히 미술작품과 같은 저작물의 경우에는 그 저작물을 소유하는 사람이 모든 저작권을 행사할 수 있다고 생각하기 쉽지만 이는 잘못이다. 즉, 미술작품의 소유권과 저작권은 구별되는 것이다.

(5) 건축저작물

건축저작물이란 건축물을 건축하기 위한 설계도, 모형과 건축된 건축물을 포함하는 개념이다. 통상적인 형태의 건물이나 공장 등은 건축저작물에 포함되지 않으며, 사회통념상 미적 가치가 인정되는 것만 저작권으로 보호된다.

(6) 사진저작물

저작권법상 사진저작물이란 단순히 기계적인 방법을 통해 피사체를 다시 재현시킨 것이 아니라 사진작가의 사상·감정을 창작적으로 표현한 사진으로서 독창적이면서도 미적인 요소를 갖춘 것이어야 한다. 다만, 인물사진의 경우 초상권과 경합하여 일부 권리가 제한될 수도 있다.

(7) 영상저작물

영상저작물이란 음의 수반 여부에 관계없이 연속적인 영상이 수록된 창작물로서, 기계 또는 전자장치에 의하여 재생하거나 볼 수 있는 것을 말한다. 통상적으로 영화, TV 필름, 비디오테이프 등이 이 범주에 포함된다.

(8) 도형저작물

도형저작물이란 지도나 모형 등으로 표현된 저작물을 가리킨다. 평면이나 공간에 선이나 형태로 표현된 점에서 미술저작물과 유사하나 학술적 내용의 표현이라는 점에서 차이가 있다.

(9) 컴퓨터프로그램저작물

컴퓨터 내에서 특정한 결과를 얻기 위하여 직접 또는 간접으로 사용되는 일련의 지시·명령으로 표현된 컴퓨터프로그램도 저작물이 될 수 있다. 다만, 이에 대해서는 별도 법률인 '컴퓨터프로그램보호법'에 의해 보호된다.

(10) 2차적 저작물

2차적 저작물이란 기존의 원저작물을 번역·편곡·변형·각색·영상제작, 그 밖의 방법으로 작성한 창작물을 말한다. 소설을 영화로 만드는 경우 그 영화는 2차적 저작물이 되며, 외국 소설을 한국어로 번역하는 경우에는 그 번역물이 2차적 저작물이 된다.

(11) 편집저작물

편집저작물이란 편집물로서 그 소재나 구성부분의 저작물성 여부와 관계없이 소재의 선택 또는 배열에 창작성이 있는 저작물을 말한다. 이 경우 편집물은 논문, 수치, 도형, 기타 자료의 집합물로서 이를 정보처리장치를 이용하여 검색할 수 있도록 체계적으로 구성한 것(데이터베이스)을 포함한다. 편집저작물의 대표적인 예로는 백과사전이나 명시선집 등이 있다.

4. 계약서의 중요성

우리 문화산업계에서 많이 이용되고 있는 계약의 유형을 살펴보면 다음과 같다.

첫째, 서면계약이 아닌 구두약정의 예를 들 수 있다. 물론 말로써 이루어지는 약정도 계약이 전혀 없었던 상태와는 근본적으로 다르므로 입증할 수만 있다면 법적인 효력을 갖지만, 견해의 차이로 인해 분쟁이 생겼을 경우 객관적 판단의 근거가 없으므로 입증하기 곤란한 지경에 이르는 것이 대부분이다. 따라서 각자 자기에게 유리한 기억과 주장을 내세우기 때문에 정당한 쪽의 권리가 반드시 지켜진다는 보장이 없다.

둘째, 문서에 의한 허락계약의 경우를 들 수 있다. 이는 저작권자가 이용자에 대하여 저작물의 이용을 허락하고 이용자는 그 저작물을 이용형태에 맞게, 예컨대 출판계에서처럼 출판물의 형태로 만들어 판매의 방법으로 배포하는 것을 약정함으로써 성립되는 계약을 말한다. 그리고 이것은 단순허락계약과 독점허락계약으로 나눌 수 있다. 단순허락계약은 비독점적이며 비배타적인 효력을 갖는 것으로, 출판계약을 예로 든다면 출판권자는 저작권자가 다른 출판자에게 같은 저작물을 출판할 권리를 준다 해도 대항할 수 없는 성격을 띠고 있다. 또한 독점허락계약에 있어서도 채권적인 효력밖에 없으므로 계약위반이 생겼을 경우에 출판권자는 저작권자에 대하여 약속을 지키지 않은 것에 대한 추궁만 할 수 있을 뿐 제3의 출판자에 대하여 직접 항의하거나 출판물 배포의 금지 또는 손해의 배상을 요구할 권리는 주어지지 않는다.

셋째, 설정계약의 유형이 있다. 출판권설정계약을 예로 든다면, 이는 저작물의 이용허락계약과는 달리 설정계약에 정해진 범위 내에서 저작물을 발행하는 내용의 출판권을 설정하는 계약으로, 저작물의 직접적 지배를 내용으로 하기 때문에 설정출판권자는 그 저작물의 이용에 관하여 당연히 독점적이며 배타적인 권리를 행사할 수 있으며, 소정의 절차를 거쳐 등록을 하게 되면 제3자에게 대항할 수 있는 효력까지도 생긴다.

그 밖에도 이용방법과 관련된 복제 및 배포는 물론 저작재산권자가 가지는 일체의 권리를 이용자에게 양도하는 '저작재산권 양도계약'과 저작재산권의 일부인 복제권 및 배포권을 이용자에게 양도하는 '복제·배포권 양도계약'의 유형이 있다. 하지만 이는 저작재산권자의 주요권리가 이용자에게 양도됨으로써 이용자는 모든 이용형태에 대한 권리까지도 보장받게 된다는 측면에서 저작재산권자에게는 상당히 불리한 계약이므로 실제적인 가능성은 별로 없어 보인다.

어쨌든 계약서를 작성하기 전에 관련단체나 저작권심의조정위원회에서 권장하고 있는 표준계약서 안을 놓고 필요한 사항과 불필요한 사항을 꼼꼼히 따져본 후에 저작권자와 이용자가 협의과정을 거쳐 합의에 이른 다음 계약서에 서명하거나 날인하는 관행이 정착되는 것이 바람직하다. 결국 분쟁이 발생하게 되면 모든 증거는 계약서로부터 나온다는 사실을 잊어서는 안 되겠다.

제1부 _ 미디어 분야별 쟁점과 이론적 대안

1. 출판산업 진흥을 위한 저작권법 개선방안

1. '출판'의 정의규정 보완

　　전통적인 관점에서 출판(出版)이란 "저작자의 원고를 편집자가 정리하고 그것을 인쇄술의 힘을 빌려 다량복제해서 유통기구를 통해 독자에게 전달하고 그 효과를 얻는 일련의 행위"를 뜻한다. 또, 출판의 진정한 의미는 "인간 문화 축적의 일반적 수단", "인류 문화 및 그 성과의 위대한 발견과 끊임없는 진보를 위한 위대한 조건"일 뿐만 아니라, "출판은 공공사항에 대하여 공동정신과 참여의식을 불러일으키고 선양함으로써 시민의 덕행과 나라의 복지를 위해 가장 강렬하게 생생한 이익을 촉진한다"고 보는 데 있었다. 따라서 출판은 개인의 발전은 물론 정부와 사회의 발전에 이바지하는 매체이며, 문화를 창조하는 매체라는 점이 강조되었다.[9] 다른 측면에서 전통적인 출판은 유용한 형태의 정보를 제시하여 부가가치를 창출하는 과정으로서 이에는 도서(圖書), 잡지(雜誌), 신문(新聞) 등이 있다. 이러한 형식들은 다른 형식과 매우 잘 구분되어 있으며, 각기 다른 매체형식의 수용자들은 각기 다른 기대감을 가지고 있다.[10] 그러나 출판에 대한 정의가 현재 문제가 되고 있는 것은 무엇보다도 다음과 같은 이유에서이다.

---

9) 오경호, 『출판커뮤니케이션론』(서울: 일진사, 1994), pp. 13~17.

10) Christine D. Urban, 「The Competitive Advantage of New Publishing Formats」, *Electronic Publishing Plus* (N.Y.: Knowledge Industry Publications Inc., 1985), p. 43.

첫째, 출판은 곧 도서를 의미한다는 생각 때문이다. 전통적으로 출판은 곧 도서를 의미하는 개념으로 쓰여 왔지만 엄격하게 구분한다면 출판과 도서는 분명 다른 차원의 의미를 가지고 있다. 다시 말하면, 도서는 출판행위의 한 결과물을 지칭할 뿐이다. 즉, 출판은 하나의 과정이며 일련의 행위인 반면, 도서는 그러한 행위나 과정의 산물이다.

둘째, 출판이 인쇄의 개념과 병치되어 존재하면서 혼란을 불러오고 있다. 인쇄술은 도서의 대량생산과 자본주의 발달과 더불어 도서의 상업화에 기여한 '하나의 기술'임에 틀림없으나, 출판업 종사자나 이에 관계된 전문인들조차 출판과 인쇄는 상호 분리될 수 없는 것이라는 개념상의 등식이 뿌리깊게 내재해 있다. 이로 말미암아 출판은 곧 인쇄물을 의미하게 되었고, 아직도 출판과 인쇄는 동류항으로 분류되고 있다.

셋째, 디지털 기술에 의한 새로운 출판매체가 등장함에 따라 기존의 '출판'의 개념이 문제시되고 있다. 디지털 기술은 '종이 없는' 출판을 가능하게 하였으며, 기존의 출판행위 자체를 변화시키고 있다. 이로 인해 출판에 대한 새로운 개념이 요구되고 있어 전통적인 의미의 '출판' 개념은 도전을 받고 있는 상황이다.

사실 전통적인 의미이든 새로운 상황에서의 출판에 대한 개념이든 간에 '출판'이란 일반적으로 '공표하기(to make public)'[11]라고 단적으로 말할 수 있다. 인류 역사에서 커뮤니케이션 수단의 발달이라는 측면에서 볼 때 '공표하기'의 주요수단은 문자를 기초로 한 글을 통해서 이루어져 왔다. 말은 메시지의

---

11) Giles Clark, *Inside Book Publishing* (London: Bluprint, 1994), p. 2.

전달자와 수신자가 현존하는 가운데 행해지는 커뮤니케이션인 반면, 글은 어느 한편이 부재한 가운데 행해지는 커뮤니케이션이다. 따라서 필사(筆寫)와 인쇄의 도입은 인지발달을 위한 전형적인 조건으로 간주된다. 이런 입장에서 문자와 글이 비판적 사고능력을 장려한다고 보고 있는데, 그 이유는 다음과 같다.

첫째, 문자화된 메시지의 수신은 말씨가 능란한 저자의 실제 현존 없이도 가능하다.
둘째, 단어들이 일련의 페이지 위에 단선적으로 배열되는 것은 인과논리에 상응하며, 글은 메시지에 대한 개별적인 수용을 가능하게 함으로써 일시적인 감정이 아닌 냉정한 성찰의 여지를 마련한다.
셋째, 기록물은 물질적이고 안정적이기에 그 메시지의 반복적인 수용이 가능해지며, 반성적인 사고를 위한 기회를 제공한다.
넷째, 글은 전통의 권위와 위계의 정당성을 무너뜨린다.

이런 관점의 논리적 결론은 필사와 인쇄가 서구적 경험의 주요한 부분을 이룬다는 것인데, 그 경험은 이성·자유·평등 같은 가치들과 과학·민주주의·자본주의 또는 사회주의 등의 제도들을 수반한다.[12] 전통적인 의미에서 출판의 대표적 매체인 도서는 사상과 지식을 전달하여 사회문화를 담지해 내는 매체이며, 그 다양성은 민주주의의 초석이 되어 왔다. 이러한 도서는 다른 커뮤니케이션 매체와는 달리 다음과 같은 강점을 가지고 있다.

① 내용의 길이에 제한이 없음
② 영구성

---

12) 마크 포스터, 김성기 옮김, 『뉴미디어의 철학』(서울: 민음사, 1994), p. 160.

③ 이동의 편리성

④ 견고함

⑤ 재독(再讀) 가능성·회람성

⑥ 접근의 용이성

⑦ 편리성

⑧ 외형적인 매력성

⑨ 사회적 지위

⑩ 저렴한 가격

이러한 특징을 가지고 있는 도서는 강력한 정보원이 필요 없으며, 전자적 매체와 같이 판매 후 애프터서비스가 불필요하고, 변화를 초월한다. 도서출판은 전 세계적인 유통망을 통해 이윤을 창출할 수 있으나, 현재에는 전자적 형태의 오락매체나 교육매체, 정보매체와 치열한 경쟁관계를 맺고 있다. 비록 도서매체가 이러한 도전에 직면해 있으나, 여전히 문자문화의 지속적인 창조자일 뿐만 아니라 수호자임에는 이론의 여지가 없다. 즉 어떠한 책이든 혹은 출판인이든 '사상의 게이트키퍼(gatekeeper)'임에는 변화가 없다.[13] 전통적인 도서를 출판하는 출판산업은 현재 다양한 실체와 성격의 복합물로 규정되며, 고도로 분화된 산업으로 파악된다.[14]

이제 출판은 단지 도서만을 의미하는 협소한 개념에서 전자적 정보를 서비스하는 광의의 개념으로 탈바꿈하고 있다. 정보사회 이전에는 출판이란 사상이나 감정 등을 정형화된 용기에 담아 수용자에게 전달하는 일련의 행위를 의

---

13) Lewis A. Coser, Charles Kadushin, Walter W. Powell, *BOOKS—The Culture and Commerce of Publishing* (N.Y.: Basic Books Inc., 1982), p. 362.

14) Lewis A. Coser, Charles Kadushin, Walter W. Powell, 위의 책, p. 364.

미했으며, 이러한 행위를 둘러싼 경제적 관계를 통칭하여 출판산업이라고 했다. 따라서 출판산업은 도서를 중심으로 넓게는 신문, 잡지, 음반, 오디오북, 비디오북까지 포괄하였다. 그러나 일반적으로는 도서를 중심으로 한 일련의 경제적 행위, 즉 생산·유통·소비를 둘러싼 경제적 메커니즘을 의미하였다.

하지만 이와 같은 아날로그 시대의 출판산업 개념으로는 더 이상 디지털화된 출판물을 적절하게 설명해 줄 수 없게 되었다. 이에 따라 새로운 출판산업의 개념이 필요하게 되었는데, 이에는 반드시 아날로그 형태의 출판뿐 아니라 디지털화된 출판이 포함되어야 한다. 이러한 요건을 충족시키기 위해 출판산업의 영역을 재개념화하면 〈그림 1〉과 같다.

〈그림 1〉에서 제시된 것과 같이 디지털 시대의 출판의 개념은 크게 아날로

〈그림 1〉 멀티미디어 시대의 출판산업 영역

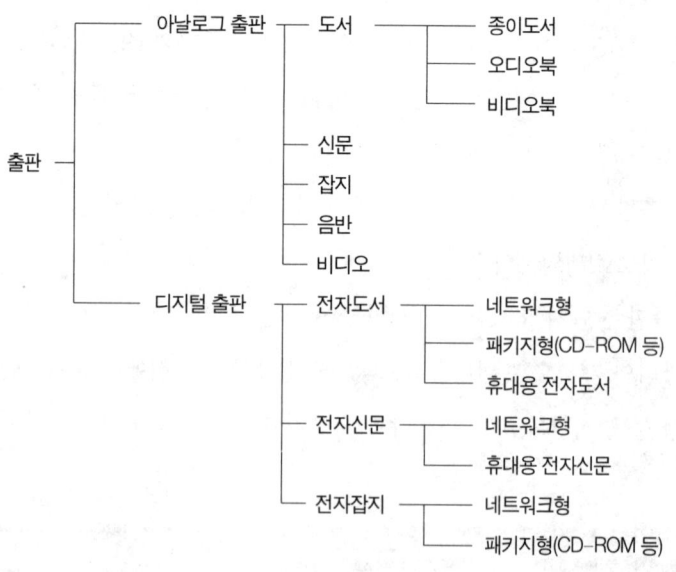

* 출처 : 노병성, 「멀티미디어시대의 출판산업 발전방안」, 〈출판연구〉 제7호(서울: 한국출판연구소, 1995), p. 45.

그 출판과 디지털 출판으로 구성된다. 아날로그 출판은 인쇄나 녹음·녹화 등의 복제기술을 이용한 전통적인 출판을 의미하며, 이에는 도서를 중심으로 신문·잡지·음반·오디오북·비디오북 등이 포함된다. 도서에는 일반 단행본, 교과서와 참고서, 전집류, 만화책 등이 있다.

디지털 출판은 크게 세 개의 영역으로 구분해 볼 수 있는데, 이에는 전자도서·전자신문·전자잡지가 포함된다. 이른바 전자출판물(electronic publications)이 이에 해당된다.

전자도서는 다시 네트워크형, 패키지형(CD-ROM 등), 휴대용 전자도서로 구분된다. 네트워크형 전자도서는 '온라인 책' 혹은 '스크린북'으로 불리기도 하는데, 이것은 출판사가 중앙컴퓨터에 여러 분야의 최신 정보를 저장하고 이를 전화선 등을 통해 독자에게 내용을 전달하는 체계를 말한다. 네트워크형 도서는 의학, 물리학, 과학, 컴퓨터 등 전문 분야 출판사가 최신정보를 신속하게 전달한다는 장점을 이용하기 위해 개발을 서두르고 있는 것이 전 세계적인 추세이다.

우리나라의 경우 이미 '주문형 책(Book on Demand)' 개념을 도입, 컴퓨터 통신망을 통해 원하는 책 내용 전체를 입력받아 이를 컴퓨터 화면에서 자유롭게 편집하고 프린트까지 할 수 있는 시스템 개발단계에 와 있다. 네트워크형 전자도서는 아날로그 출판물에 비해 유통비용을 절감할 수 있고, 종이값과 인쇄비용 등 제작비가 거의 들지 않으며 독자와의 공간개념을 없애고, 수용자 중심의 가격체계를 수립할 수 있다는 장점이 있어 앞으로 그 발전 추세가 주목되는 분야이다.[15]

디지털 기술에 의한 출판산업의 영역 확장은 새로운 사용자를 만들고 새로

---

15) 노병성, 「멀티미디어시대의 출판산업 발전방안」, 위의 책, p. 46.

운 시장을 창출하고 있으며, 나아가 출판인에게 새로운 출판 기회를 부여하고 있다. 이와 같은 사회적 부가가치를 새롭게 생산해 내고 있는 출판의 특징은 전통적인 출판과 비교할 때 차별화된 새로운 특징을 가지고 있다. 출판에 대한 개념의 변화는 출판산업에 대한 개념의 변화를 초래했으며, 출판에 대한 근본적인 인식을 바꾸어놓고 있다. 특히 출판이 올드 미디어(Old Media)라는 생각은 시대착오적인 사고로 인식되고 있다. 출판은 이제 다가오는 정보시대에 최첨단 매체로 자리잡고 있으며, 문화산업의 대표주자로 떠오르고 있기 때문이다.

이상과 같이 매체환경의 변화에 따라 그 개념과 범주가 변하고 있는 출판에 대해 '저작권법' 등 관련 법률이 제대로 정의하고 적절하게 규정해 주지 않는다면 실제업무와의 괴리는 불가피한 것이다. 예를 들어, 현행 저작권법에 따르면 기존에 출판권설정계약이 되어 있는 저작물이라 하더라도 그 저작재산권자가 임의로 전송권을 발휘하여 전자책(eBook) 등을 포함해서 새로운 이용을 허락하게 되면 출판권자로서는 이에 저항할 아무런 근거가 없다. 결국 새로운 전송권설정계약을 맺지 않는 한 우리 출판사들은 새로운 이용형태에 관한 권리를 모두 상실할 수도 있으며, 향후 개발업체들의 공세 앞에 무력해질 수밖에 없다. 저작권법에서 정의하고 있는 출판이란, "저작물을 인쇄 또는 이와 유사한 방법을 통해 문서 또는 도화의 형태로 복제해서 그 복제물을 배포하는 것"이기 때문이다. 그리고 이와 같은 방법으로 출판할 수 있는 권리를 '출판권'이라 하며, 그러한 출판권을 복제권자로부터 설정받은 사람이 곧 '출판권자'가 된다. 그러므로 새로운 형태의 도서는 현행 저작권법상의 출판권으로 보호받을 수 없다는 문제가 심각하게 제기되고 있는 것이다.

하지만 현재로서는 새로운 저작권 환경에 대한 철저한 이해와 합리적인 표준계약서를 개발하여 출판계 전체가 공동으로 대응하려는 노력이 중요하며, 기존의 출판권설정계약서와 함께 전송권설정계약서를 동시에 활용하는 것이 가

〈표 1〉 전통적인 출판과 정보시대 출판의 상호비교

구분	전통적인 출판	정보시대 출판
사업의 관점	형태 중심	내용 중심
제공물	제품 : 도서, 잡지 등	제품 및 서비스 : 아이디어, 정보
미디어 형식	인쇄	인쇄와 전자
기술 경향	한정된 기술	확장된 기술
핵심기술	기계적	전자적
메시지 심벌	단어, 숫자, 고정화상	단어, 숫자, 고정화상, 동화상, 음성, 소리
고객	독자	독자, 시청자, 청취자, 이용자
마케팅 전략	제품 중심	시장 중심
커뮤니케이션	일방적, 일대 다, 비연결성	일방 및 쌍방적, 연결성, 네트워크
배포방법	물리적	물리적, 전자적
도서 안내	도서목록, 정기간행물	도서목록, 정기간행물, 오픈 채널
경영	특정 형식	통합적

* 출처 : Douglas M. Eisenhart, *Publishing in the Information Age-A New Management Framework for the Digital Era*(Conneticut : QUORUM BOOKS, 1994), p. 35.

장 바람직한 것으로 보인다. 결국 현행 저작권법상의 '출판권'에 관한 규정을 포괄적으로 개정하려는 노력, 더 나아가 정의규정에 전자형태를 포함하는 '출판' 또는 '도서'에 관한 명시규정을 신설하려는 노력이 저작권법 개정을 통한 법제화로 관철되어야 할 것이다.

2. 출판물의 대여권 및 판면권 신설

(1) 출판물과 대여권

'대여(貸與)'는 엄밀한 의미에서 '배포(配布)'에 속하는 개념이다. 즉 '배포'란, 저작권법 제2조 제15호에 따르면, "저작물의 원작품 또는 그 복제물을 일반 공중에게 유상 또는 무상으로 양도하거나 대여하는 것"으로서, 저작물을 시장에 유통시키는 일반적인 방법이기도 하다. 따라서 그렇게 하려면 저작재산권으로서의 배포권을 가지고 있는 저작권자로부터 허락을 받아야만 하는 것이다. 그러므로 복제권과 관련해서 배포권을 적절히 행사하면 저작권의 효율적인 관리에도 상당한 효과가 있을 수 있다. 예를 들어, 다른 나라에 저작물 이용을 허락할 경우에 복제권을 발휘하여 복제에 의한 이용을 허락함과 동시에 배포권을 행사하여 지역적 또는 시간적인 제한을 둘 수 있다. 즉, 저작물을 배포함에 있어서 지역적 범위를 한정하고 언제까지만 배포할 수 있다는 규정을 두게 되면 저작권의 관리는 물론 이익의 폭도 넓힐 수 있다는 것이다. 아울러 배포를 정의함에 있어 "양도하거나 대여하는 것"이라고 명시하였으므로 배포에는 대여까지도 포함된 것으로 보이지만, 권리의 작용상으로는 배포권에 대여권이 포함된 것으로 보기는 어렵다. 배포권과 대여권은 엄연히 별도의 독립된 권리로 보는 것이 국제적 추세이기 때문이다.

한편, 이러한 배포권을 철저히 보호하게 되면 이용자들에게는 상당한 번거로움이 따를 수밖에 없다. 저작물 또는 그 복제물을 어떤 방법으로 이용하든지 그때마다 배포에 따른 허락을 별도로 받아야 하기 때문이다. 예를 들어, 어떤 저작물을 책으로 출판하였을 때 그것이 독자의 소유가 되기까지는 복잡한 유통과정을 거치게 되는데, 그때마다 배포에 따른 권리를 따져야 한다면 어떻게 될까? 이러한 점을 감안해서 저작권법 제43조에서는 "저작물의 원작품이나 그 복제물이 배포권자의 허락을 받아 판매의 방법으로 거래에 제공된 경우에는 이를 계속하여 배포할 수 있다"고 규정하고 있다. 이는 저작권법 제2조 정의규정에서 발행(發行)이란 "저작물을 일반공중의 수요를 위하여 복제·배포하는 것"이라고 규정한 것과 같은 취지이다. 따라서 출판권처럼 발행을 전제로 한 이용허락을 얻게 되면 그 이용자는 이후로 별도의 허락이 없어도 임의로 저작물을 배포할 수 있다.

그런데 저작자의 복제권 안에 최초배포를 허락할 권리가 포함되어 있다 보니 과거의 경우 저작물의 배포로 인한 문제는 모두 복제권으로 해결할 수 있었기 때문에 베른협약은 일반적인 배포권을 규정하지 않았으며, 많은 나라에서도 배포권을 별도로 인정하지 않았다.[16] 그러나 매체기술의 진전에 따라 저작물의 이용수단이 다양화하고, 저작물의 복제와 배포가 별개의 업종으로 발전함에 따라 이를 각각 별개의 권리로 보고 보호할 필요성이 생겨나기에 이르렀다. 여기서 우리 법과 WIPO 조약 사이의 차이점을 알 수 있다. 즉, 우리 저작권법과 컴퓨터프로그램보호법에서는 배포의 개념에 양도와 대여를 모두 포함하고 있어서 양도의 경우에는 소유권의 이전을, 그리고 대여에 있어서는 점유의 이전을 수반하게 되어 있다. 그러므로 배포에 의해 소유권의 이전이 일어날 수도 있으며, 점유의 이전이 일어날 수도 있다. 그러나 WIPO 조약에서는 소유권의 이전에 의하여 일어나는 배포와 점유의 이전에 의한 대여를 구분하고 있다.

이미 배포의 개념을 정의하면서 배포에는 대여가 포함되지만 배포권에는 대여권이 포함되지 않음을 살펴보았거니와(제2조 제15호 참조), 외국의 입법례를 보더라도 배포권이 제한된 복제물의 대여업이 성행함으로써 저작재산권자의 경제적인 이익에 손실을 가져올 수 있으므로 이를 보상할 목적으로 대여권을 신설한 경우가 많았다.[17] 따라서 대여권은 저작재산권자의 기본적 권리인 복제권·전시권·공연권·방송권·배포권 등과 같은 독립적인 권리이기보다는 제1항에서처럼 거래의 안전을 위하여 배포권을 제한함에 있어서 저작재산권자에게 예상하지 못한 손실을 끼칠 우려가 있으므로 배포권 제한의 예외로서 부

---

16) 우리나라 저작권법에서도 1987년에 시행된 전면 개정법에서 비로소 배포권을 도입하였다. 그 전에는 배포권을 독립된 권리로 인정하지 않고 '발행'과 '출판'의 정의 속에 포함시켜 규정하였던 것이다.

17) 독일에서는 1972년에 서적 및 음반에 대하여, 미국과 일본은 1984년에 음반에 대하여 대여업에 따른 저작재산권자의 경제적 손실을 감안하여 '대여권'을 신설한 바 있다.

수적으로 인정한 권리라고 할 수 있다. 그렇다면 음반에 대해 대여권을 부여한 것처럼 출판물, 즉 도서에 대해서도 대여권을 인정해야 마땅하다. 왜냐하면 전국적으로 도서대여업이 성행함으로써 저작권자는 물론 출판권자들의 이익에도 커다란 위협이 되고 있기 때문이다. 도서대여점과 더불어 불법복제의 성행은 출판산업 성장에 있어 커다란 장애요인이 아닐 수 없다. 실제로 1997년 말 현재 8,700개에 이르는 도서대여점(문화관광부 집계)으로 인한 출판업계 피해액은 약 2,650억 원에 이르고 있으며,[18] 도서 불법복제로 인한 피해액은 1,200억 원 가까이 된다.[19]

이러한 폐해를 예방하기 위해서는 도서에 대한 대여권 신설이 절실히 요망되며, 도서에 대한 대여권은 별도의 조항을 두기보다는 제3장 출판권 조항 중에 삽입하거나 출판권 설정 조항에 단서로 부기하는 방안을 강구하는 것이 가장 타당한 것으로 보인다.

(2) 판면권 신설 문제

판면권(版面權) 입법론에 대해서는 이미 오래 전부터 제기되어 왔다.[20] 특히 한승헌[21]은 1992년도에 이미 "무단복제자에 대한 직접적 대응이 가능해진다"는 점에서 '판면권 입법론에 대한 검토'를 긍정적으로 생각해야 한다고 주장한 바 있다. 곧 저작물의 저작자가 출판물에 대해서 갖는 저작권과는 별도로 출판물의 판(edition)에 대해 출판자에게 독립된 권리를 인정할 것인가 하는 점은

---

18) 김경희 외, 한국출판연구소 편, 『도서대여점 실태분석 및 개선방안』(서울: 문화체육부, 1997), p. 94.
19) 김기태 외, 『전국 도서 무단복사 실태조사』(서울: 한국출판연구소, 1995), p. 101.
20) 이두영, 「판면에 관한 출판자의 권리」, 〈계간 저작권〉 (서울: 저작권심의조정위원회) 1988년 겨울호, pp. 40~45 및 김성재, 「저작권법상의 출판 실상과 출판권 확립」, 〈계간 저작권〉 (서울: 저작권심의조정위원회) 1989년 봄호, pp. 4~8 참조.
21) 한승헌, 「저작권관계법의 문제점과 개선방안」, 팽원순 외, 『출판관계법 개선방안 및 출판문화 진흥방안 연구』(서울: 한국출판연구소, 1992. 6.), pp. 61~63 참조.

오래 전부터 제기되어 왔던 것이다.

이러한 출판물의 판면은 사실 출판자 측의 창의와 비용에 의해 구성되는 것인데도 복사기와 복제기술의 놀라운 향상 보급에 따라 누구든지 손쉽게 그대로 복사할 수 있게 되어 출판자가 입는 불이익도 차츰 커지고 있다. 우리 주변에서 그 실태를 보더라도 과거에는 이른바 원서로 불리는 외국 서적에 대한 무단 복사만이 문제가 되었으나 요즈음에 와서는 국내 서적에 대한 무단 복사 또한 성행하여 서적의 판매량에 영향을 미치고 있다. 특히 대학가 주변의 복사점에서는 대규모의 단행본 복사행위가 공공연하게 이루어지고 있다는 사실은 출판계를 매우 당혹스럽게 만들고 있는 실정이다.

이와 같은 저작권자의 복제권 침해행위임은 분명하지만 그와는 별도로 출판권자의 권리를 침해한 것으로도 볼 수 있는지, 침해라면 무슨 권리의 침해인지를 따져보면 모호한 점이 있다. 출판권자에게는 단순허락계약의 경우에는 물론이고 출판권 설정계약에 의한 출판을 한 경우에도 저작물의 이용을 제3자에게 허락할 권리를 갖고 있지 않으므로 배포의 목적이 없는 무단 복사행위를 금지시킬 권리가 없기 때문이다. 하지만 출판사에서는 원고의 정리, 활자나 그림·사진 등의 선택 및 배열, 판면의 크기와 레이아웃 등을 포함한 판면구성 등에 창의력을 기울인다. 이처럼 출판물에 있어서 판면구성은 출판자의 창의와 노력의 성과임에 분명하므로 이것을 무언가 별도의 권리로 보호해야 한다는 논리가 설득력을 갖는 것이다.

이미 영국 같은 나라에서는 저작권법에 판면보호에 관한 규정을 두고 있다. 영국 저작권법 제1조에서는 발행물의 판면배열(typographical arrangement of published edition)을 저작물의 일종으로 명시하고 있으며, 1956년 영국 저작권법에는 "하나 또는 둘 이상의 문학적, 연극적 또는 음악적 저작물의 모든 발행된 판면에 저작권이 있다"라고 규정하고 있다. 그리고 이 권리[22]는 "판면이 최초로 발행된 역년(曆年)의 끝 날부터 기산하여 25년간 존속한다"라고 명시하고 있다. 아울러 영국 저작권법 제15조에서는 판면의 활판 인쇄상의 조판체제를 사진술 또는 이와 유사한 방법으로 복제하는 것을 권리의 침해로 본다고 분명하게 밝히고 있다. 그 밖에도 독일 저작권법에서는 저작권의 보호를 받지 못하는 저작물이라 할지라도 "학술적 조사의 성과로서 기왕의 판면과 본질적으로 다른 때에는 그 출판자는 발행 후 10년간 인접권적인 보호를 받는다"고 규정하고 있으며, 대만 저작권법에도 10년간 판면권을 인정하는 규정이 있다.

이 같은 국제적 동향과 국내 불법복제 이용실태를 감안할 때 우리나라에서도 저작권자와의 권리와는 별도로 출판물의 판면에 대해 출판자의 독자적 권리를 인정하는 것이 필요한 시점에 도달했으며, 이러한 판면권을 저작권의 일종으로 보기에 무리가 따른다면 최소한 저작인접권의 성격으로라도 보호해야 한다. 그리하여 실연자, 음반제작자, 방송사업자 등에게만 부여되고 있는 저작인접권을 '출판권자'에게까지 넓히는 방안을 적극적으로 강구해야 할 것이다.

3. 무단복제의 규제방안 마련

지난 2000년 개정 저작권법에서 제27조 '사적 이용을 위한 복제' 조항을 "공표된 저작물을 영리를 목적으로 하지 아니하고 개인적으로 이용하거나 가정 및 이에 준하는 한정된 범위 안에서 이용하는 경우에는 그 이용자는 이를 복제할 수 있다"라는 것에 덧붙여 "다만, 일반공중의 사용에 제공하기 위하여 설치되어 있는 복사기기에 의한 복제는 그러하지 아니하다"라는 단서를 신설한

---

22) copyright in published editions of works.

것은 매우 다행스러운 일이었다. 그러나 실질적으로는 이를 위반하였을 경우 어떠한 형사상 벌칙이 가해지는지, 민사상 손해의 구제방법은 어떠한지 규정된 바가 없어서 실효성에 대한 의문이 가중되고 있다.

사적 이용을 위한 복제뿐만 아니라 어떤 이유에서건 복제행위로 인한 수요의 감축은 저작자의 창작 의욕은 물론 출판자의 사업 의욕 또한 약화시키는 절대적인 요인임에 틀림없다. 이런 점을 감안하여 대부분의 나라에서 저작권자의 '복제권'을 핵심적인 권리로 인정하고 있다. 게다가 일부 국가에서는 출판자에게 '판면권'과 같은 저작권이나 저작인접권에 상당하는 권리를 부여하는 예도 있고, 심지어 복사행위 이외의 저작물 이용이 저작자의 합법적 이익을 해친다고 판단하여 대여권이나 대출권과 같은 새로운 제도를 도입하는 예도 있다. 또한 많은 국가에서는 '불법'은 아니라 하더라도 저작자의 이익을 해치는 복제행위에 대하여 복제보상금제도로 대처하기도 한다.[23] 따라서 현행 저작권법의 처벌조항 중에 "저작자 등의 허락을 받지 않은 저작물의 복제 또는 배포를 업으로 하는 경우 이를 제재할 수 있는 실질적인 규정"을 신설해야 하며, 도서의 대여권과 판면권이 신설된다면 무단복제를 규제하는 실효성이 더욱 증대될 것으로 기대된다.

한편, 저작권 보호가 법으로서 정착되는 과정에 영향을 미치는 제요소에는 정책의 주체인 정부, 매체기술의 진전, 이해당사자로서의 권리자와 이용자, 그리고 국내 환경을 둘러싸고 있는 국제 저작권 환경이라는 네 가지 차원에서 살필 수 있다.

이들 제요소가 저작권에 미치는 영향을 정리하면 〈그림 2〉와 같다. 즉, 정부는 주로 저작권법의 법제화 과정에서 주체적인 역할을 하면서 매체기술의 진

---

23) 최경수, 「불법 복사·복제 근절방안」, 강희일·최경수, 『도서 불법 복사·복제 실태와 근절대책』(서울: 문화광광부 외, 1999), pp. 39~40.

전에 따라 야기되는 여러 가지 문제점을 이해당사자 집단의 견해와 국제 저작권 환경의 변화를 통해 점검하고, 합리적인 대응에 필요한 법제화 노력에 나서게 된다.

이러한 법제화에 있어서 보다 유리한 입장이 반영되도록 하기 위해 이해당사자인 저작권자와 이용자들은 각각의 소속 단체를 중심으로 치열한 공방을 벌이게 되며, 보다 설득력 있는 논리를 개발, 법 제정 혹은 개정 공청회 등에 임하게 된다. 국제 저작권 환경의 변화는 사실 우리 입장의 반영이라기보다는 거의 일방적인 선진국의 합의에 따라 국제 무역규범이라는 질서 속에서 우리가 수용하고 국내 저작권법에 반영하는 식으로 진행되고 있는 것이 현실이다. 따라서 출판계 역시 범출판인 차원의 결속을 바탕으로 출판진흥의 당위성에 입각한 법

〈그림 2〉 저작권의 법제화에 영향을 미치는 제요소의 관계도

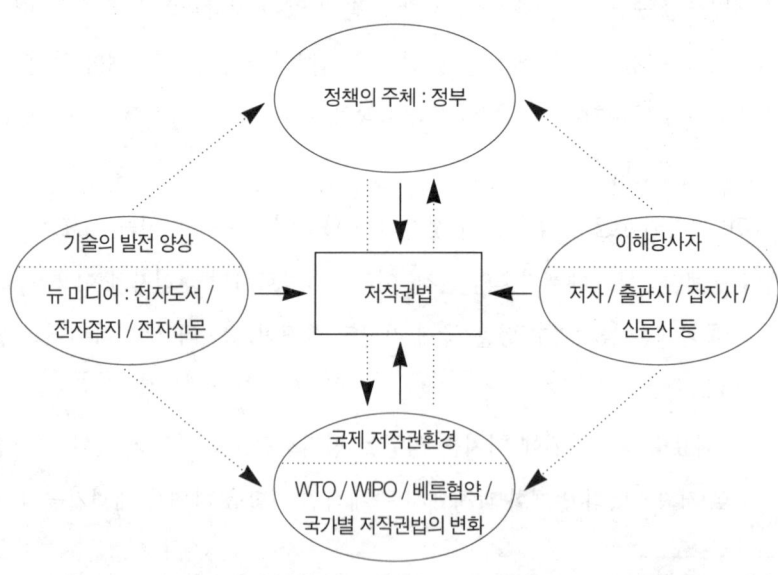

* 출처 : 김기태, "뉴 미디어의 기술진전과 저작권 보호에 관한 연구", 경희대학교 대학원 박사학위 논문(2000), p. 97.

제도 개선방안을 지속적으로 제시해야 하며, 이를 관철시키려는 노력 또한 체계적이면서도 중장기적으로 기울여 나가야 한다. 형식적인 세미나 혹은 간담회보다는 분야별로 권위 있는 전문가 그룹을 통한 과학적 연구가 반드시 필요하다. 결국 저작권법을 비롯한 출판관련법과 제도의 개선을 위해서는 학계 및 법조계와 정·관계를 망라한 조직적인 접근이 절실하다고 하겠다.

일찍이 1960년대부터 "재화경제가 지식경제로 옮아가고 있고, 지식이 현대경제의 기초가 되었다"는 주장이 제기되었거니와, 전통적으로 서양에서나 동양에서나 지식은 항상 어떤 존재하는 사물에 대해 적용되는 것으로 생각했으나 어느 순간 지식 그 자체가 자원이며 효용이 되기에 이르렀다. 과거에는 지식은 언제나 사유재산이었다. 그런데 어느 한 순간에 공공재산이 되어버린 것이다. 다시 말해 지식은 지금 빠른 속도로 자본이나 노동과 나란히 새로운 하나의 생산수단이 되고 있다.[24]

출판산업은 매체산업의 일부이기도 하지만 보다 본질적인 측면에서 본다면 지식산업의 본원(本源)이다. 이러한 측면에서 출판산업은 매체산업과 지식산업의 공통분모이며, 문화산업의 골간을 이룬다. 특히 21세기가 지식산업을 기반으로 한 문화경제시대임을 고려한다면 출판산업은 문화산업의 핵심기간산업으로 부상하게 된다. 이 중 출판산업이 차지하는 비중은 문화산업시대를 맞아 그 역할이 다른 산업과는 판이하게 다르다는 면에서 기간산업으로서의 중요성을 내포하고 있다. 즉, 출판산업은 문화산업에서 가장 핵심적인 자원이라 할 수 있는 창의력을 생산해 내는 원재료라는 면에서 기간산업의 면모를 갖추고 있다. 문화산업 가운데 여타의 산업, 특히 매체산업과 지식산업, 오락과 게임산업, 예술산업 등은 창의력을 모태로 이루어진다. 그러나 이러한 산업은 그 자체

---

24) 피터 드러커, 이재규 역, 『자본주의 이후의 사회』(서울: 한국경제신문사, 1993), pp. 45~46.

로 창의력을 향상시킬 수는 없다. 특히 시각과 청각을 모두 사용하는 환경에서는 창의력은 자생력을 상실한다. 하지만 문자를 바탕으로 한 출판산업은 창의력을 배양하는 데 지금까지 인류 역사가 개발해 낸 방법 가운데 가장 으뜸이 되는 분야이다. 왜냐하면 앞서 지적한 바와 같이, 문자는 인간에게 사고와 상상의 기회를 주며 보다 나은 감각과 창조의 기회를 제공하고 있기 때문이다.

출판산업 역시 다른 문화산업과 마찬가지로 21세기 정보사회에서 다양하게 변모해 나가겠지만 그 기본적인 사회적 기능, 즉 정보를 제공하고 지식의 축적을 도모하며, 교양 제공 및 오락적 기능에는 큰 변화가 없을 것이다. 하지만 출판산업이 사회에서 차지하는 비중은 종전의 종이책이 담당했던 비중보다 훨씬 커질 것으로 예상된다. 특히 지식기반사회를 토대로 하는 21세기에는 문화기간산업으로서의 출판의 위치가 더욱 확고해질 것으로 전망되며, 따라서 이에 따르는 정책적인 제도의 확립과 지원, 그리고 법제의 개선이 절실히 요청되는 산업이 바로 출판분야라고 할 수 있다.

2. 전자책(eBook)과 저작권

1. 전자책의 개념과 특성

지금까지 전자책에 대한 개념정의는 다양한 각도에서 이루어져 왔다. 따라서 명확한 정의에는 이르지 못하고 있는 것으로 보이며, 여기서는 선행 연구자들의 정의를 먼저 살펴보고자 한다. 그동안 공표된 전자책에 관한 개념정의에는 다음과 같은 것들이 있다.

"콘텐츠(contents)라고 불리고 있는 컴퓨터 파일로 이루어진 전문(full text) 정보를 인터넷을 통해 내려받아 개인용 컴퓨터, 노트북 컴퓨터, 개인용 정보 단말기(PDA), 전자종이(Electronic Paper) 등에서 읽을 수 있는, 전자적으로 유통되는 정보자료를 말한다." [25]

"eBook은 단말기를 말하는 경우도 있고, 화면책을 말하는 경우도 있다. 단말기를 뜻할 때에는 화면책 읽는 장치를 말한다. 그러나 화면책의 뜻으로 eBook을 말할 때에는 PC로 읽는 통신망용 책을 말한다. 통신망에 연결하여 읽는 책과 하드웨어인 단말기를 지적할 때를 혼동한다는 것이다. eBook은 화면책의 한 종류로서 3가지 종류가 있다. 첫째는 디지털 책을 읽는 전용 단말기 하드웨어이다. 둘째는 종이책의 내용을 워드프로세서로 쳐서 인터넷에 올려놓는 글틀 버전의 파일로 된 오프

---

25) 곽동철, "전자도서(eBook) 유통과 도서관의 역할", 『도서관』 제55권 제2호(2000. 6.), p. 7.

라인 화면책을 말한다. 셋째는 텍스트에 오디오와 비디오가 추가된 멀티미디어 화면책을 말한다. 출판분야에서 말하는 eBook은 하드웨어가 아닌 출판물로서의 eBook을 말한다." [26)

"전자책은 저작자의 메시지를 전달자에 의해 디지털 형태로 가공(편집 및 레이아웃, 디지털로 변환된 자료)하여 전자저장매체(CD-ROM, CD-I, DVD)에 담거나 또는 전자책 파일의 형태를 유·무선 통신망을 이용하여 전송하거나 오프라인으로 유통되어 전자책 전용뷰어나 전용 소프트웨어를 사용하여 보는 형태와 전자 단말기를 통하여 볼 수 있는 새로운 출판물을 말한다." [27)

결국 전자책이란, 기존의 종이책과는 달리 컴퓨터파일 형태의 출판물을 전용뷰어(viewer)를 통해 컴퓨터나 전용단말기로 읽는 디지털 출판물을 말한다. 한편으로는 내용으로서의 콘텐츠를 볼 수 있는 소프트웨어는 전용뷰어로, 하드웨어는 전자책 단말기로 분류하기도 한다. 하지만 일반적으로는 전자책이란 인터넷을 통해 다운로드하는 것은 물론 전용뷰어를 통해 개인용 컴퓨터나 단말기, 개인용 정보단말기로 볼 수 있는 디지털출판 영역을 통칭하는 것이라고 할 수 있다.

이 같은 전자책은 또한 종이책과 비교했을 때 다음과 같은 면에서 장점을 지닌다. [28)

---

26) 문화관광부, 『한국 전자책(eBook) 산업 발전방안 연구』(서울: 문화관광부, 2000. 12.), p. 13.
27) 성대훈, "국내 전자책(eBook) 서비스업체의 현황과 발전 방안에 관한 연구", 중앙대학교 신문방송대학원 석사학위 논문, 2000. 6., p. 16.
28) 성대훈, 위의 논문, pp. 16~19 참조.

① **비용의 절감**: 전자책은 기존의 종이책에 비하여 조판비용이나 용지대, 인쇄비 및 제본비, 발송비 등이 들지 않기 때문에 제작 및 유통에 따른 비용을 획기적으로 줄일 수 있다.[29] 아울러 반품과 재고의 염려가 없다는 점도 큰 장점이다.

② **휴대의 편의성**: 전자책 전용 단말기나 복합단말기에 데이터화된 여러 권의 책을 휴대하는 형식이므로 부피가 큰 종이책을 여러 권 가지고 다닐 필요가 없다.

③ **비거리성**: 전자책은 인터넷과 접목되어 있어 거리의 장애를 받지 않는다. 곧 서점에 가는 시간, 구매하는 시간, 또는 온라인 구매 후 기다리는 시간 등을 초월할 수 있다.

④ **영구성**: 기존의 종이책은 종이의 수명이나 제본의 견고성 여부에 따라 책의 보존 기간이 결정된다. 그러나 전자책은 그것의 유지와 보관이 용이하며 영구히 보존 가능하다.

⑤ **변형성**: 전자책은 변형성이 뛰어나다. 즉, 전자책은 동일한 내용을 다양한 형태로 표현하는 것이 가능하다. 기존의 종이책은 정형화되어 있어 어떠한 변형도 할 수 없는 반면, 전자책은 이른바 '다중이용(one-source multi-use)'이 가능하다는 점에서 차별화된다.

⑥ **환경보호**: 전자책 제작에는 종이가 전혀 필요없다는 점에서 펄프의 원료가 되는 나무의 벌채는 물론 인쇄과정에서의 잉크 및 각종 약품사용이 억제됨으로써 환경오염과 배송과정에서의 차량 이용에 따른 대기오염 등을 줄일 수 있다.

⑦ **멀티미디어화**: 음악, 영상 등의 멀티미디어가 포함된 콘텐츠를 즐길 수 있으며, 전자책 상호간의 하이퍼 링크가 가능하다.

⑧ **기능성**: 전자책은 책의 원형을 훼손하지 않으며 사용자가 임의대로 메모를 하거

---

29) 그러나 이러한 비용절감은 기존의 종이책을 그대로 전자책으로 전환하였을 경우에만 해당된다. 만일 멀티미디어 기능과 동영상 저작물이 첨부된 전자책으로 전환할 경우에는 오히려 종이책보다 더 많은 비용이 들 수 있다.

나 밑줄을 긋고 다시 지우거나 할 수 있고, 책의 내용을 검색하거나 사전을 탑재하여 복합적인 독서를 가능하게 해준다.[30]

⑨ **저렴한 가격:** 국내에서의 전자책 가격은 종이책의 40% 내지 50% 선에서 책정되고 있다. 이는 개인 사용자의 경우에는 종이책에 비하여 절반 정도의 가격으로 구매할 수 있다는 전자책의 장점을 보여주는 것이다.

⑩ **신속한 업그레이드:** 전자책은 기술적인 특성상 그것이 담고 있는 콘텐츠를 신속하고 용이하게 업데이트할 수 있다. 기존 종이책에서는 이미 발행된 도서가 소진되었을 경우 수정사항 등을 재판에서 수정하여 업그레이드하는 방식을 취할 수밖에 없었기 때문에 그 기간이 오래 걸리는 단점을 안고 있었지만, 전자책에서는 그런 문제점을 일시에 극복할 수 있게 되었다.

이 밖에도 오래 전에 절판된 책이나 잡지를 디지털화하여 다시 볼 수 있다거나 그동안 산업적 측면에서 영리성이 떨어지는 바람에 출판되지 못했던 많은 전문분야 도서들이 전자책의 형태로 쉽게 출판될 수도 있을 것이다. 또한 전자책이 일반화된다면 학생들이 무거운 책가방을 일일이 들고 다닐 필요도 없어질지 모른다. 그러나 이러한 여러 가지 장점에도 불구하고 전자책은 그것의 기술적인 부분에서부터 법적, 제도적 부분에 이르기까지 해결하지 않으면 안 될 여러 가지 문제점 또한 안고 있다.

예컨대, 전자책을 읽기 위한 판독장치(단말기 등)를 구입해야 한다는 측면에서 사용자의 고정비용이 증가한다는 점, 여러 가지 형태의 소프트웨어와 단말기 사양에 따라 그때그때 필요한 소프트웨어를 설치해야 하는 번거로움이 따른다는 점, 디지털로 표현되는 만큼 무한복제가 가능하다는 특성에 따라 완벽

---

30) 박근수, "전자책의 현황과 발전방향", 문화관광부/한국출판연구소, 『디지털 시대의 전자책(ebook) 발전방향』(서울: 문화관광부, 2000), p. 7.

한 보안장치의 개발이 어렵다는 점, 그리고 기존의 종이책에 비해 그것의 해상도나 전용 폰트의 문제로 인해 가독성이 좋지 못하다는 점 등이 큰 단점으로 지적될 수 있다. 뿐만 아니라 멀티미디어 형태의 전자책을 지향할 경우 그것의 복합 저작물성 때문에 저작권 사용료의 지불 규모가 커질 것이라는 점도 간과할 수 없다.

2. 전송권 사용료율 책정의 기준

(1) 전자책 서비스업체의 저작권 계약의 형태[31]

국내 전자책 서비스업체의 저작권 계약의 형태를 살펴보면 크게 3가지 방법으로 분류할 수 있다.

첫째, 전송권자인 저자와 직접 계약을 하는 형태이다. 이는 전송권자인 저자와 서비스업체와의 직접적인 계약이므로 문제의 소지가 가장 적은 계약방식이다. 대부분의 작가들은 출판사에 종이책 출판을 위해 송부했던 초교 원고의 상태인 데이터를 서비스업체에 전달하는데, 경우에 따라서는 데이터가 없는 경우도 있어 서비스업체가 데이터 자체를 생산해 내야 하는 부담을 갖기도 한다. 또한 저작권 보호의 강화로 인해 기존에 사용되었던 종이책의 표지 등을 사용할 수 없어 새로운 표지를 제작해야 하는 등 비용이 증가되기도 한다. 서비스업체들은 초기에 콘텐츠 수급에 어려움이 있어 이러한 방법을 사용하였으나 현재는 출판사를 통한 계약을 선호하고 있는 것으로 보인다.

둘째, 서비스업체와 출판사, 그리고 저자 등이 연결된 삼자간 계약의 형태

---

31) 성대훈, "국내 전자책(eBook) 서비스업체의 현황과 발전방안에 관한 연구", 중앙대학교 신문방송대학원 석사학위 논문, 2001. 6., pp. 46~48.

이다. 이는 서비스업체가 출판사와 전자책 서비스에 관한 계약을 체결함으로써 이루어지는데, 출판사가 다시 저자와 전송권 관련, 즉 2차적 사용에 관한 계약을 함으로써 진행된다. 초기에는 출판사와 저자 간의 인세에 대한 부분으로 많은 마찰이 야기되었으나 점차적으로 새로운 이익배분 방식을 취함으로써 작가나 출판사, 서비스업체가 가장 선호하는 방법으로 자리잡아 가고 있다. 이 계약의 장점은 서비스업체가 출판사로부터 완전한 데이터를 공급받음에 따라 전문영역을 세분화하여 각자의 역할을 충실히 할 수 있다는 점에 있다. 그러나 아직 이익배분에 관한 합의가 정확하지 않아 갈등의 여지를 안고 있으며, 데이터 자체가 출판사에 없는 경우 서비스업체의 입장에서는 비용의 증가를 가져올 수밖에 없다. 데이터가 없는 경우에는 오히려 작가와 계약을 하거나 출판사에 데이터의 복원을 요구하기도 한다.

셋째, 일부 서비스업체에서 행하여지고 있는 형태로서 저작권이 말소된 책을 서비스업체가 자체제작하는 방식이 있다. 하지만 이것 역시 말썽의 소지를 안고 있다. 이는 이미 저작권이 말소된 책이라고 하더라도 옛날 고어체나 번역에 의해 이루어진 것의 경우 2차적 저작물 작성에 따른 새로운 권리와 출판권 등으로 인해 말썽의 소지가 남아 있기 때문이다. 따라서 이는 출판사와 서비스업체 간의 원만한 협의를 통해 풀어야 할 문제라고 여겨진다.

부가적으로 해외저작물인 경우 국내에서는 여전히 어려움을 겪고 있다. 해외에서는 전송권이라는 새로운 권리까지 포함하는 계약에 있어 설득력이 부족하며, 전자책에 대한 부정적인 시각 때문에 계약이 원활하게 진행되지 못하고 있는 것이다.

(2) 전송권 사용료율 산정의 기준

우리나라 출판업계에서 그 동안 관행처럼 이루어져 온 저작권 사용료(인세)

지급방식은 도서정가의 10% 내외에서 발행부수에 따른 선지불 방식, 발행부수에 따른 후지불 방식, 발행부수에 따른 선지불 방식 및 후지불 방식의 절충형, 판매부수에 따른 후지불 방식, 발행부수와 판매부수를 혼합한 절충 방식, 세율의 누진(累進) 또는 누감(累減) 적용 방식 등이 이용되어 왔다. 그리고 매절형태의 일괄 고료지불 방식도 상당부분 적용되어 왔다.[32] 그러나 전자책의 경우에는 아직 이렇다 할 사용료율 산정의 기준이 마련되어 있지 못하다.

전송권 사용료율 산정기준을 마련하려면 우선 서비스업체별 제작방식과 가격정책의 특성을 이해할 필요가 있다.[33] 즉, 가격 대비 제작비용의 많고 적음을 기준으로 전자책 형태에 따라 차별적으로 적용할 수밖에 없다는 것이다. 이처럼 다양한 제작방식과 저작권 계약형태를 감안했을 때 전송권 사용료율은 다음과 같이 제시될 수 있다. 그러나 계약이란 어디까지나 계약당사자끼리의 합의에 따라 성립되고 이행되는 것이기 때문에 강제성을 띨 수는 없을 것이다.

① 종이책과 같은 내용과 체재로 전자책을 제작하기 위해 전자책 서비스업체와 전송권자(저작재산권자)가 직접 계약하고, 전송권자가 데이터를 제공하는 경우: 판매금액의 50%

② 종이책과 같은 내용과 체재로 전자책을 제작하기 위해 전자책 서비스업체와 전송권자(저작재산권자)가 직접 계약하되, 서비스업체에서 데이터를 새로 입력하거나 만들어야 하는 경우: 판매금액의 30%

③ 종이책과 같은 내용과 체재로 전자책을 제작하기 위해 전자책 서비스업체와 출판권자(출판사), 전송권자(저작재산권자) 삼자간에 계약하고, 출판권자가 일체의

---

32) 김기태, "우리나라 인세지불방법의 문제점과 개선방향", 대한출판문화협회·한국출판연구소 주최 제15회 출판포럼 발제논문집(1998. 12. 17. 출판문화회관 강당) 참조.

33) 성대훈, 앞의 논문, pp. 58~70 참조.

데이터를 제공하는 경우: 판매금액의 60%(출판권자 30%, 전송권자 30%)

④ 종이책과 같은 내용과 체재로 전자책을 제작하기 위해 전자책 서비스업체와 출판권자(출판사), 전송권자(저작재산권자) 삼자간에 계약하되, 출판권자에게 데이터가 없어 기존 종이책을 토대로 서비스업체에서 새로이 제작하는 경우: 판매금액의 40%(출판권자 10%, 전송권자 30%)

⑤ 멀티미디어 형식으로 완전히 새로운 전자책을 개발하기 위해 전자책 서비스업체와 전송권자(저작재산권자)가 직접 계약하는 경우: 판매금액의 20%

그 밖에 기존 출판계의 관행인 '매절방식'을 원용하여 출판사에서 기획 및 편집에 기여한 정도를 감안하여 이른바 '데이터 매수청구권'을 부여하고, 이를 토대로 전체 데이터에 대한 금전적 환산을 거쳐 그 금액을 산정, 전자책 서비스업체에서 출판권자에게 일괄 지급한 후 전송권자와 별도의 전송권 사용료율을 책정하는 방식으로 계약할 수도 있다. 물론 이 같은 방식은 전송권자와 저작재산권 양도계약에 준하여 적용될 수도 있을 것이다.

어떤 방식으로 전송권 이용계약이 체결되든지 현재로서는 콘텐츠 보유에 있어 절대적인 우위를 차지하고 있는 출판사와의 발전적인 제휴가 필수적인 것으로 보이며, 이를 위해 전자책 서비스업체와 전송권자들이 앞장서서 '데이터 매수청구권'을 적극적으로 보장해 주는 관행이 정착되어야 할 것이다.

3. 출판저작권 중개실태와 개선방안[34]

1. 문제의 제기

(1) 저작권위탁관리업의 주요내용

현행 저작권법 제6장에서는 '저작권위탁관리업'에 대하여 규정하고 있다.

저작권은 저작권자 자신에 의해 직접 관리되는 것이 가장 이상적이다. 그러나 엄청나게 다양해지고 있는 저작물과 그것을 이용하려는 사람들의 폭발적인 증가에 따라 적절한 저작물 또는 이용자를 선별하기가 사실상 어려워지는 추세에 있다.

우선 저작권자의 측면에서 보면, 저작권에 관한 전문지식이 부족하여 자신의 권리를 적절히 행사하지 못하는 경우가 많고, 누군가에 의해 자신의 저작물이 이용되고 있는지 파악하기 어려우며, 따라서 저작물에 대한 권리자의 직접적인 관리가 거의 불가능한 경우가 많다. 또한 이용자의 측면에서 보면, 이용허락을 얻기 위해 저작권자와 개별적으로 접촉하는 일이 쉽지 않은 경우가 많고, 허락을 받아내는 절차에 있어서도 전문지식이 부족한 경우에는 어려움이 많을 수밖에 없다. 특히 그것이 국제적인 경우에는 어려움이 훨씬 더 커지는 것이 현실적인 문제라고 할 수 있다.

따라서 저작권에 관한 전문적인 지식과 계약관계의 절차 등에 관한 이해를 갖춘 개인이나 단체가 저작권을 집중적으로 관리할 수 있도록 하여 저작권자가

---

34) 이 글은 필자가 2003년 5월 16일에 (재)한국출판연구소 주최로 열린 제31회 출판포럼 "해외 저작권 이용, 이대로 좋은가"에서 발제한 내용을 일부 수정한 것임.

그 저작물을 특정의 단체에 관리를 위탁함으로써 저작물의 이용에 따른 수익을 얻게 함은 물론 이용자 역시 이용하고자 하는 저작물에 대한 정보를 입수하거나 선별하기 쉽고, 계약에 있어서도 모든 면에서 편리를 추구할 수 있도록 하는 것은 합리적인 방법이 될 수 있다. 아울러 저작물의 국제적인 교류에 있어서도 각국의 저작권관리단체끼리 협의함으로써 개인간의 교류에서 파생되는 문제점들을 극복할 수 있다는 이점도 있다.

그런 취지에 따라 제6장에서는 3개조에 걸쳐 저작권위탁관리업에 관해 규정하고 있다.[35]

이러한 저작권위탁관리업에는 대리(代理)·중개(仲介)·신탁(信託)이 있으며, 이중에 하나 또는 여러 분야를 동시에 업으로 삼을 수도 있도록 규정하고 있다. 아울러 2000년도 개정법에서는 제2조 정의규정에 저작권신탁관리업과 저작권대리·중개업을 구분하여 정의함으로써 저작권위탁관리업의 내용을 보다 명확하게 구별하고 있다.[36]

과거에는 통칭 저작권위탁관리업자라고 일컬었던 것을 '저작권신탁관리업'과 '저작권대리·중개업'으로 구분하고 있다. 이때 저작권신탁관리업의 경우에는 문화관광부장관으로부터 허가를 받아야 하며, 대리·중개업의 경우에는 신고만 하면 된다고 규정하고 있다. 여기서 대리·중개업의 경우에는 신고만을 요건으로 규정하고, 신탁관리업의 경우에는 허가를 요건으로 규정한 것은 그만큼 신탁업무가 전문적이고 이해관계(利害關係)에 따른 비중이 높기 때문에 일정 요건을 강화한 것으로 볼 수 있으며, 그 절차 및 방법에 관한 자세한 사항은 저작권법 시행령과 시행규칙에 규정되어 있다.[37]

---

35) 저작권위탁관리의 시초는 1847년 프랑스에서 음악저작물의 저작자들이 'SACEM'이라는 저작권관리단체를 결성한 것이며, 오늘날에는 다른 저작물에 대해서도 집중관리제도가 정착되고 있다. 우리나라에서도 일반적인 허가 또는 신고에 따라 저작권위탁관리업을 하는 단체나 업체가 많이 생겨나고 있다.

여기서 저작권신탁관리업이란, "저작재산권자·출판권자 또는 저작인접권자를 위해 저작재산권·출판권·저작인접권 또는 그 이용권을 신탁받아 이를 지속적으로 관리하는 업"을 가리킨다. 또 저작권대리·중개업이란, "저작재산권자·출판권자 또는 저작인접권자를 위해 저작물 또는 저작인접물의 대상인 실연·음반·방송의 이용에 관한 대리(그 이용에 관한 포괄적 대리를 제외한다) 또는 중개행위를 하는 업"을 말한다.

---

36) 저작권법 제78조〈저작권위탁관리업의 허가 등〉

　① 저작권신탁관리업을 하고자 하는 자는 대통령령이 정하는 바에 의하여 문화관광부 장관의 허가를 받아야 하며, 저작권대리·중개업을 하고자 하는 자는 대통령령이 정하는 바에 따라 문화관광부 장관에게 신고하여야 한다.

　② 다음 각호의 1에 해당하는 자는 제1항의 규정에 의한 저작권신탁관리업 또는 저작권대리·중개업(이하 "저작권위탁관리업"이라 한다)의 허가를 받거나 신고를 할 수 없다.

　1. 금치산자·한정치산자

　2. 파산선고를 받고 복권되지 아니한 자

　3. 이 법에 위반하여 벌금 이상의 형의 선고를 받고 그 집행이 종료되거나 집행을 받지 아니하기로 확정된 후 1년이 경과되지 아니한 자 또는 형의 집행유예의 선고를 받고 그 집행유예 기간 중에 있는 자

　4. 대한민국 내에 주소를 두지 아니한 자

　5. 제1호 내지 제4호의 1에 해당하는 자가 그 대표자 또는 임원으로 되어 있는 법인 또는 단체

　③ 제1항의 규정에 의하여 저작권위탁관리업의 허가를 받거나 신고를 한 자(이하 "저작권위탁관리업자"라 한다)는 그 업무에 관하여 저작재산권자 그 밖의 관계자로부터 수수료를 받을 수 있다.

　④ 제3항의 규정에 의한 수수료의 요율 또는 금액은 저작권위탁관리업자가 문화관광부 장관의 승인을 얻어 이를 정한다. 다만, 저작권대리·중개업의 신고를 한 자의 경우에는 그러하지 아니하다.

37) 먼저 저작권신탁관리업의 허가를 받기 위해서는 1. 업무의 구분, 2. 취급할 저작물의 종류, 신탁관리의 인수에 관한 계약약관 및 저작물의 이용에 관한 계약약관, 4. 저작물 사용료율 또는 금액에 관한 사항, 5. 저작재산권자 또는 그 밖의 관계자로부터 받을 수수료의 요율 또는 금액에 관한 사항을 정한 '저작권신탁관리업무에 관한 규정'을 작성하여 '저작권신탁관리업허가신청서'와 함께 문화관광부장관에게 제출해야 한다. 아울러 허가를 받은 신탁관리업자는 매년 전년도의 사업실적 및 당해연도의 사업계획을 보고해야 한다. 저작권대리중개업의 신고에는 신탁관리업과 마찬가지로 위의 5가지 사항이 포함된 '저작권대리중개업무에 관한 규정'을 작성하여 '저작권대리중개업신고서'와 함께 문화관광부장관에게 제출하면 된다. 이때 신청서 및 신고서에 첨부해야 할 구비서류가 있으므로 이를 확인한 후 함께 준비하는 것이 좋다.

한편, 저작권위탁관리업의 종류로서 열거하고 있는 대리·중개·신탁의 내용을 살펴보면 다음과 같다.

첫째, 저작권위탁관리에 있어서의 '대리(代理)'란 권리자인 본인을 대신한 다른 사람(대리인)이 저작물의 이용허락 등의 법률행위를 수행하고 그 법률행위의 효과는 본인에게 귀속되는 것을 말한다. 즉, 법률행위는 다른 사람이 하지만 그에 따른 효과는 권리자에게 귀속되므로 대리인에게는 아무런 직접적인 권리가 주어지지 않는 셈이다.[38]

둘째, '중개(仲介)'란 권리자와 저작물 이용자 사이에 저작물의 이용에 관한 계약이 성립되도록 노력하는 사실행위를 업무로 하는 것을 말한다. 예를 들면, 부동산이나 상품 판매에 있어서의 주선(周旋) 또는 거간(居間) 등의 중개업무와 같은 것이다. 이는 권리자를 위한 행위이기는 하지만 권리자를 대리하여 법률행위를 하는 것이 아니므로 앞의 대리와 다르며, 처음부터 자기 명의로 계약을 체결하는 것이 아니므로 다음에서 언급하는 신탁과도 다르다.

셋째, '신탁(信託)'에 의한 저작권위탁관리란 신탁업무를 설정하는 자인 저작권자(위탁자)와 그러한 신탁을 인수하는 자(저작권위탁관리업자인 수탁자)가 서로의 신뢰를 바탕으로 위탁자가 저작재산권 등을 수탁자에게 이전하거나 기타의 처분을 하고, 수탁자는 위탁자의 이익을 위해 그 재산권을 관리하거나 처분할 수 있도록 하는 것을 말한다.

---

38) 민법에서 규정하고 있는 대리에는 직접 본인에게 법률행위의 효과를 귀속시키는 '직접대리'와 1차적으로 간접 대리인에게 귀속한 법률행위의 효과가 본인에게 이전되는 '간접대리'가 있으며, 외국 저작물의 경우 그 외국에서 대리업무를 수행하는 자가 국내의 대리인에게 또 다시 대리업무를 수행하게 하는 것처럼 대리인이 자기의 권한 내에서 또 다른 대리인을 선임하는 형태의 '복대리(復代理)'가 있다. 하지만 법률행위의 효과가 전부 권리자인 본인에게 돌아간다는 점에서는 모두 같다고 할 수 있다.

따라서 신탁업무를 수행하는 수탁자는 권리자인 위탁자의 수익을 고려해서 저작물을 관리할 의무를 부담하며, 관리의 결과로 생기는 이익이나 손실은 위탁자인 저작권자에게 귀속하므로 대리나 중개업무와는 확실히 구별되나 결과적으로는 신탁에 의한 관리를 해주고 그에 대한 일정액의 수수료를 받을 수 있을 뿐이다. 그러므로 신탁의 방법으로 위임된 권리는 법률상으로는 수탁자인 위탁관리업자에 속하지만 경제적인 면에서는 위탁자인 저작권자에게 속하는 것이다.

한편, 주무관청의 허가를 받지 않고 신탁관리업을 하다 적발되면 1년 이하의 징역 또는 1천만 원 이하의 벌금형에 처해질 수 있으며, 신고를 하지 않고 대리·중개업을 하는 자는 500만 원 이하의 벌금형에 처해질 수 있다.

(2) 저작권위탁관리업과 수수료의 문제

저작권법에서는 "저작권위탁관리업의 허가를 받거나 신고를 한 업자는 그 업무에 관하여 저작재산권자 그 밖의 관계자로부터 수수료를 받을 수 있다"고 규정하고 있다. 한편, 대리위임계약이나 중개의뢰계약 또는 신탁관리계약을 맺으면서 당사자끼리의 합의에 의해 정해진 수수료를 다른 사람을 위해 일정한 업무를 수행한 저작권위탁관리업자의 보수라고 여길 수 있음은 당연하다. 그러나 저작권법에서는 신탁관리업의 경우에 있어서 수수료를 임의로 정하지 말도록 규정하고 있다. 즉, 수수료의 요율 및 금액은 저작권신탁관리업자가 문화관광부 장관의 승인을 받아 정하도록 한 것이다.

일반적인 관행에 의하면 어떤 업무를 직접 수행하지 않고 다른 사람에게 의뢰하는 경우에 그 이행에 따른 대가나 보수는 당사자끼리의 합의에 따르는 것이 원칙이라고 할 수 있다. 이는 상대방으로서의 당사자가 모든 면에서 서로 대등한 경우라고 보아 합리적일 것이라는 판단에 다른 것이다. 하지만 그렇지 못할 경우, 즉 어느 한 쪽이 다른 쪽에 비해 열세의 위치에 있다면 일방적인 지급으로 인한 폐해를 염려할 수밖에 없다. 특히 저작권신탁관리업에서의 수수료는 저작물 등의 이용에 따른 대가로서 권리자에게 지급되는 사용료에서 공제되는 것인바, 어느 한 쪽의 강압에 의해 수수료가 너무 많게 책정된다면 저작물 권리자의 창작 의욕이 꺾일 것이며, 반대로 너무 적게 책정된다면 정상적인 위탁관리업의 유지가 힘들어져 변태 또는 탈법에 의한 운영을 염려하지 않을 수 없다. 따라서 건전한 저작권신탁관리업의 정착을 위해 저작권신탁관리업자가 수수료의 요율이나 금액을 결정함에 있어서 문화관광부장관의 승인을 받도록 한 것이며, 문화관광부장관은 이를 승인함에 있어서 저작권관련 전문기관인 저작권심의조정위원회의 심의를 받도록 규정한 것이다.[39]

여기서 유념해야 할 것은 신탁관리업의 경우에만 이 같은 규정의 적용을 받으므로 대리·중개업의 경우에는 사업자가 자율적으로 그 요율을 결정할 수 있다는 점이다.

2. 출판저작권 중개실태와 개선방안

국내 신간도서 중에서 번역서가 차지하는 비중이 큰 이유는 "아무래도 국내 필자를 키워 책을 펴내는 단행본 기획의 어려움 때문에 쉬운 길을 가는 것이 좋다는 출판사들의 심리 때문"이라는 지적[40] 속에 고스란히 담겨 있다. 대한출

---

39) 적정한 수수료에 대해서는 저작물의 종류 또는 이용형태에 따라 다르게 생각할 수 있다. 다만 저작재산권자 등이 저작물의 사용료로서 받게 되는 인세 또는 로열티에서 일정의 요율에 따라 수수료가 공제되므로 저작권신탁관리업자의 입장에서는 사용료 자체가 많아야 수수료의 금액 또한 많아진다는 생각을 떨쳐버리기 힘들어서 그에 따른 사용료의 인상이라는 부작용이 우려된다고 할 수 있다.

판문화협회 발행 2002년도 『한국출판연감』에 따르면 2001년도 번역도서 발행 종수 규모는 초판을 기준으로 무려 9,680종에 이른다(만화 포함). 1999년에 6,860종, 2000년에 8,839종 등으로 최근 들어 꾸준히 늘어나고 있으며, 통계수치가 나오기 시작한 1970년도에 495종에 불과했던 것을 보면 괄목할 만한 성장이 아닐 수 없다. 따라서 2001년도 출판시장으로만 보더라도 전체 발행종수 25,162종 대비 38.5%라는 매우 높은 비중을 차지하고 있는 분야가 바로 번역도서 시장임을 알 수 있다.[41]

이를 중개 수수료를 토대로 추측해 보면 금액으로 본 시장 규모는 다음과 같다.

2001년도 번역도서 발행종수 9,680종 × 종당 수수료 500,000원 = 4,840,000,000원

이를 다시 308개 중개업체로 나누면 1개사 당 2001년도에 약 1,570만 원의 수익을 올렸다는 계산이 나온다. 하지만 위에 제시한 종당 수수료는 최소한의 금액일 뿐 객관적인 근거가 없고, 비교적 활발한 활동을 보여주는 중개업체는 30여 곳에 불과하며, 1년간 단 한 건의 중개 실적도 없는 업체들이 대부분이라는 점에서 보면 중개업체 사이의 부익부 빈익빈 현상 역시 클 것으로 예상된다.

(1) 중개업체에 의한 비합리적 경쟁 유도

통상적으로 '에이전시'라고 불리는 중개업체들이 의도적으로 로열티를 높인다거나 특정 출판사에 이미 소개한 도서의 내용을 다른 출판사에 흘려 경쟁

---

40) 2003년 4월 26일자 〈중앙일보〉 '행복한 책읽기' B1, 조우석 기자의 " '로또' 하듯 感으로 찍는 해외 번역서" 참조.
41) 만화를 제외하면 번역도서 종수는 5,413종이므로 21.5%의 비중이다.

을 유도한다는 등의 말은 출판가에 널리 퍼져 있는 사실이다. 개연성이 매우 높지만 구체적으로 어떤 도서가 그랬는지 파고들려고 하면 더는 알 길이 없다. 아마 거기에 직접 관련된 출판사들이 함구하고 있을 것이라는 정도로만 또한 추측할 뿐이다.[42] 그렇다면 어떤 방식으로 비합리적인 경쟁 또는 과당 경쟁이 유도되고 있을까?

첫째, 이른바 '대박'의 조짐이 보이는 원서를 확보하는 중개업체에서는 몇몇 출판사에만 정보를 독점 제공하고 거래를 종결짓는 경우가 있다. 예컨대, "에이전시들이 일부 메이저 출판사들에만 고급정보를 제공하고, 영세 출판사들에는 쓰레기 같은 책들만 준다"는 주장이 대두되기도 한다. 더구나 자본력 있는 출판사들은 입도선매로 '좋은 책'들을 싹쓸이하기 때문에 작은 출판사들은 이삭줍기나 기대할 수밖에 없다는 것이다. 최근 출판계에 '부익부 빈익빈' 현상이 심화되고 있는 이유도 여기 있다는 분석이다.[43]

둘째, 다른 출판사보다 빠르게 중개업체의 제안서나 원고상태의 원서를 검토하고 나서 관심을 표명해도 그 이후의 진행상황이 더뎌지는 경우가 있다. 특히, 출간 이후에 더 크게 주목을 끌겠다 싶으면 정식 오퍼조차 받아주지 않는다. 이는 거래시점을 늦추면서 더 좋은 오퍼가 들어오기를 기다리는 것임에 틀림없다. 심지어는 어떤 출판사가 다른 채널을 통해 꼭 출간하고 싶은 책을 찾아내더라도 "그 책은 이미 여러 출판사가 관심을 보여 조만간 입찰에 부칠 것"이라는 답변이 돌아오면, 확인할 방법도 없고 난감해지기도 한다. 출판사의 오퍼에 아무런 답변 없이 한동안 책을 붙들고 있다가 갑자기 그 책을 경매에 부친다

---

42) 어떤 출판사의 외서 담당 직원은 "우리는 과당경쟁이 일거나 저작권사의 기대치가 너무 높은 타이틀에 대해서는 아예 오퍼를 넣지 않거나 오퍼를 진행하다가도 중지한다. 그런데 몇 번을 이렇게 선인세 경쟁 자체에서 빠졌더니 나중에는 알아서 불러주지도 않았다"라고 제보해 왔다.

43) 2003년 2월 8일자 〈조선일보〉, 승인배 기자, "출판에이전시 변화해야" 참조.

는 사실을 통보받는 경우도 종종 있다고 한다. 결국 부지런하게 앞장서서 상품감을 물색해 내더라도 정식으로 판권을 확보하기가 쉽지 않은 셈이다. 이처럼 일선 출판사의 의사표명과는 상관없이 또 다른 경쟁이 기다리고 있는 경우가 많은 실정이다.

셋째, 특정 출판사에만 제공된 원서 정보에 대한 보안이 잘 지켜지지 않는 경우도 있다. 예컨대, 가라는 책을 낼 예정이니까, 후속작을 찾아달라고 요청하면 나, 다를 소개해 주는 것이 아니라 비슷한 가를 시장에 또 소개하는 경우가 있다.

넷째, 중개업체에서 책의 상품성을 너무 높게 평가하는 경우가 있다. 예컨대, "나오기만 하면 무조건 1만 부는 기본적으로 나간다"거나 선금에 있어 '1,500달러 내지 2,000달러'면 되는 책을 '4,000달러 또는 5,000달러' 내라고 하는 경우에 출판사들로서는 과당경쟁인 줄 알면서도 심한 속앓이 끝에 수락할 수밖에 없는 처지이다. 이른바 경쟁입찰 등의 방식으로 출판사들간의 경쟁을 은근히 부채질해서 로열티를 터무니없이 올려놓는 일이 너무 잦다는 지적인 셈이다. 또 다른 문제는 에이전시들이 낙찰가를 포함한 일체의 정보를 사후에도 비밀에 부친다는 데 있다. 경쟁자가 누구인지, 낙찰가가 얼마였는지, 아무것도 알 수 없다는 것이다. 그저 에이전시가 하라는 날짜에 응찰을 하고 결과를 기다리는 수밖에 다른 방법이 없다는 것이다. 그러니 경쟁에서 탈락한 출판사로서는 답답한 노릇이 아닐 수 없으며, 입찰을 둘러싸고 잡음이 끊이지 않는 것도 이 때문이라는 지적이다.[44]

다섯째, 저작권료의 형평상 문제를 들 수 있다. 현재 대부분의 중개업체들은 국내에서 번역출간하게 될 도서 정가의 6~7%를 해외의 원저작권자에게 로

---

44) 2003년 2월 8일자 〈조선일보〉, 승인배 기자, 앞의 기사 참조.

열티로 지불하는 조건으로 번역계약을 맺고 있다. 그렇다 보니 도서정가 대비 10% 이상 저작권료로 지불하기 어려운 국내 출판사로서는 원저작권자에 비해 상대적으로 낮은 3~4%의 비율 내에서 번역자에게 저작권료를 지불하고 있는 실정이다. 국내 저작자들이 10% 내외의 저작권료를 받고 있는 현실을 감안할 때, 아무리 2차적 저작자라고는 하지만 그래도 제2의 창작, 경우에 따라서는 창작보다 더 어려운 과정을 거쳐야 하는 번역자들에게 너무 적은 저작권료를 줄 수밖에 없는 것이 아닌가 한다.[45]

여섯째, 중개업무란 굳이 수입에만 국한되는 것이 아님에도 수출을 위한 나름대로의 전략을 구사하는 중개업체가 거의 없다는 점이다. 국내 도서의 시장성을 파악해서 수출 전략을 수립하고, 외국 중개업체 또는 외국 출판사를 상대로 팔아보려는 노력을 어떻게 하고 있는지 알 수 없다.

(2) 출판사에 의한 문제들

출판사 또한 과당경쟁으로 대표되는 번역서 시장의 난맥상이라는 책임으로부터 자유로울 수는 없다. 우선 우리 출판사들의 기획 역량이 날로 커지고 있는 시점에서 유독 외국도서 선택에 있어서만큼은 중개업체 의존성향이 강하다는 점으로부터 모든 문제가 파생한다. 독자적으로 해외 유수의 국제도서전에 참가하기도 하지만 거기서 해외 시장을 개척하거나 자체적으로 외국 판권을 확보할 수 있는 출판사가 거의 없는 실정이다.

첫째, 국내 출판사들의 외국 도서에 대한 안목과 선택에 일정 기준이 없다.
도서의 주제와 성향, 그리고 자사의 이미지까지 고려한 정교한 선택이 아니

---

45) 실제로 다른 산업 분야에서의 로열티는 3~5%가 일반적이다.

라 도서 제목과 표지, 그리고 해외에서의 명성을 감안한 '느낌에 의한 찍기'로 흐르는 경향이 적지 않다는 것이다. 좋은 번역서 '찾아내기'가 아니라 '찍기'로 가는 행태 속에서 에디터십은 실종되고 복권처럼 당첨을 바라는 요행심리가 작용하는 것이다.[46]

둘째, 부정경쟁을 부추기거나 스스로 부정하게 경쟁하려는 데 문제가 있다.

원저작권자에 대한 저작권료에서 일정 비율을 수수료로 챙기는 것이 곧 수익의 대부분인 중개업체이다 보니 과다한 저작권료를 조장할 수밖에 없다면 이를 스스로 조정하고 각각의 도서에 걸맞는 출판사에 양보하는 자세가 필요한데, 그것이 잘 지켜지지 않는다는 점이다.

셋째, 출판사 입장에서 모든 중개업체들이 무조건 거품만 조장한다고 생각하다 보니 함께 발전해 나갈 비즈니스 동반자로 여기지 않는다는 점이다. 깊숙이 관련되어 함께 일해보지 않은 출판사일수록 그런 선입견이 더하다는 게 중개업체들의 주장이다. 함께 일해보고, 느껴본 후에 비판하는 것이야 이해할 수있지만, 그저 들은 것으로만 중개업체를 판단한다는 것이다. 중개업체 입장에서는 해외 출판사들과의 관계(비즈니스 룰)가 있기 때문에 신뢰를 잃은 출판사에게 좋은 책을 소개시키기가 곤란하다는 반응이다.

예를 들면 다음과 같은 점들이 중개업체들이 국내 출판사들로부터 느끼는 답답함의 사례들이라고 한다.

① 출판 담당자들이 마켓 밸류와 브랜드 밸류를 모른다는 것.
② 해외저작권 업무에 대해 잘 모르고 있다는 것.
③ 국내 작가들은 애지중지하면서 해외 작가들은 자신의 출판사 작가로 생각하지

---

46) 〈중앙일보〉, 조우석 기자, 앞의 기사 참조.

않고, 그저 계약에 따라 돈을 벌게 해주는 수단이라고 생각하고 있다는 점.

결국, 현재 해외저작물 이용실태에 있어 가장 큰 문제점으로 지적되고 있는 것은 뭐니뭐니 해도 '에이전시와 출판사와의 신뢰 구축'이 제대로 이루어지지 않았다는 점이다. 묘하게도 출판사는 중개업체를 그냥 거간꾼으로 생각하고, 중개업체들은 저작권료 정산 문제 등을 이유로 출판사를 신뢰하지 못하는 경우가 많다. 문화산업의 근간으로서 국제교역 무대에서 날로 그 비중이 커지고 있는 지적재산권의 인프라를 내포하고 있는 출판산업의 긍정적인 팽창을 위해서라도 저작권 중개업체와 출판사의 상생적 협조관계 구축은 필수적인 조건이 아닐 수 없다.

출판계 전반에 걸친 국가적 차원의 배려가 여전히 아쉬운 형편이지만, 그나마 저작권 중개업체에 대한 지원은 전무한 형편이고 보면 요구사항만 거창하다는 모순을 떨치기 어렵다. 거듭 강조하거니와 '저작권은 문화'다. 법적·제도적 장치에 의한 강제 이전에 인간 본연의 심성으로부터 솟구쳐서 누구나 공감하는 가운데 '문화'라는 꽃으로 활짝 피어나야 하는 게 곧 '저작권'이며 이를 둘러싼 문화산업이라는 사실을 결코 잊지 말아야 하겠다.

4. 광고의 저작물성과 저작권 보호범위

1. 광고의 저작물성

오늘날 문화산업 분야에서 저작권을 둘러싼 논의가 활발한 것과는 상대적으로 광고산업 분야에서는 저작권 의식이 희박할 뿐만 아니라 저작권 관련 연구에 있어서도 소홀하게 취급되어 온 것으로 보인다. 광고는 특정 스폰서에 의해 대가가 지불되는 제품, 서비스, 상표, 기업 또는 점포 등에 관한 비개인적 의사전달 방법을 총칭하는 말이다. 대개 광고는 소비자들의 인식에 영향을 주려는 의도로 만들어진다. 특히, 소비자들의 제품이나 상표에 대한 이미지, 믿음 또는 태도에 영향을 미치려는 광고가 많으며, 텔레비전이나 라디오 등의 방송매체는 물론이고 신문, 잡지 등의 인쇄매체, 옥외 간판, 애드벌룬, 그리고 인터넷을 통한 배너 형태 등의 다양한 매체를 활용한다. 따라서 광고 그 자체는 소비자들의 시선을 끌기에 충분하도록 제작되어야 한다. 그렇지 않으면, 즉 소비자들의 눈에 띄지 않으면 애초의 목적을 달성할 수 없기 때문이다.

이러한 광고는 그것이 기업광고이든 상품광고이든 간에 광고로서의 소기의 목적을 달성하기 위해 여러 형태의 구성요소와 복수의 참여자에 의해 만들어지고 이용된다. 그리고 그것의 프리젠테이션, 제작, 이용의 주체와 역할이 분화되어 있기 때문에 매우 복잡한 법률관계를 형성하게 된다. 나아가서 광고 자체의 형태와 이용매체가 다양하게 변모함에 따라 종래의 안일하고 미봉적인 통념만으로는 대응하기 어려운 국면을 맞고 있다.

이렇듯 광고물을 제작함에 있어 다른 사람의 저작물을 이용하는 경우가 많기 때문에 저작권을 침해하는 등의 심각한 문제가 발생하게 된다. 또한 광고주와 광고회사의 협조 아래 심혈을 기울여 제작한 광고물이 다른 업체에서 무단으로 이용함으로써 누군가의 저작권이 침해되는 경우가 발생하고, 그리한 경우 어떠한 보호 내지 구제를 받을 수 있는지 미리 알아둘 필요가 생기기도 한다. 아울러 광고주와 광고회사 및 광고디자이너, 카피라이터 등의 내부적인 관계에 있어서 광고물에 대한 저작권이 누구에게 최종 귀속되는지를 둘러싼 다툼이 발생하는 경우도 있기 때문에 그러한 내부의 권리귀속 문제를 미리 명확하게 규정해 둘 필요가 있는 것이다.[47]

한편, 광고에 있어서 저작권 보호와 관련하여 제기될 수 있는 기본적인 논점을 제시하면 다음과 같이 정리할 수 있다.[48]

첫째, 광고는 과연 저작물인가? 저작물이라면 무슨 저작물이며, 광고 그 자체(전체로서의 광고)가 하나의 독립된 저작물인가, 아니면 그 구성부분 중의 일부가 각기 독립된 저작권의 보호를 받는 것인가?

둘째, 광고를 구성하는 요소 중 저작권의 보호대상인 것과 그렇지 않은 것의 구별 및 각 요소의 이용에 따른 이해관계자 간의 권리 조정은 어떻게 기대할 수 있는가?

셋째, 광고에 남의 저작물을 이용할 경우, 어떠한 절차를 밟아야 하며, 이때 이용자의 지위는 어떻게 되는가?

넷째, 광고의 구성이나 제작에 참여한 사람들은 각자 어떠한 권리를 갖는가?

다섯째, 완성된 광고제작물의 저작권 및 이용권은 누구에게 귀속되는가?

---

47) 김기태, "광고의 저작물성과 저작권 침해요소에 관한 연구", 한국출판학회 편, 『'98출판학연구』(서울: 한국출판학회, 1998), p. 25.
48) 김기태, "광고의 저작물성과 저작권 침해요소에 관한 연구", 위의 논문집, pp. 27~28.

여섯째, 광고에 실재인물을 등장시킬 경우에 어떠한 법적인 문제가 따르는가?

이러한 논점 중에서도 특히 저작물성 판단 여부는 곧 광고물이 저작권 보호의 대상이 되는지 그렇지 않은지를 판단하는 출발점이라고 할 수 있다. 광고제작물은 일반적으로 인쇄매체 광고, 영상매체 광고, 음향매체 광고, 전시시설 및 선전물 등으로 나누어 볼 수 있는데, 어느 형태의 광고이든 그 구성요소는 복합적인 경우가 많다. 그리고 음악, 그림, 사진, 영상, 문장 따위의 구성요소에는 저작물성을 띠고 있는 것과 그렇지 않은 것이 섞여 있게 마련이다.

현행 저작권법 제4조의 저작물 예시규정에 의하면 저작물은 어문저작물, 음악저작물, 연극저작물, 미술저작물, 건축저작물, 사진저작물, 영상저작물, 도형저작물, 컴퓨터프로그램저작물 등으로 나뉜다. 만일 어떤 광고가 저작물이라면 그 대부분은 음악, 미술, 사진, 영상 등을 포함한 저작물일 것이다. 다만, 하나의 광고물을 구성하고 있는 개개의 요소가 저작물의 요건을 갖추고 있을 경우에는 그것은 별도로 저작권 보호의 대상이 된다. 예컨대, 하나의 광고제작물을 이루고 있는 그림, 사진, 영상, 음악 따위는 그것들에 의한 종합적 존재로서의 광고물 자체와는 독립된 개개의 저작물로 보호되는 것이다. 아울러 각각의 저작물은 특정 매체와 결합하여 다시 출판물, 음반, 영상물 등으로 분류될 수 있다.[49]

또한 광고물 자체가 소재의 선택과 배열에 있어서 창작성을 발휘한 편집물이라면 그것은 그 구성물인 소재가 저작권법의 보호대상인 저작물인가 아닌가에 관계없이 저작권법 제6조 제1항의 규정에 따라 구성요소인 소재와는 별개의 독자적인 편집저작물로서 보호된다. 이와 관련하여 좀더 구체적으로 각각

---

49) 김기태, "광고의 저작물성과 저작권 침해요소에 관한 연구", 앞의 논문집, p. 31.

의 저작물 형태가 광고에 이용될 수 있는 경우를 살펴보면 다음과 같다.[50]

① **어문저작물**: 광고용 팜플렛이나 라디오 및 텔레비전의 CM에 인용[51]되어 사용될 수 있다.

② **음악저작물**: 무선방송, 유선방송, 위성방송, 기타 전광판 등의 CM에 사용될 수 있다.

③ **연극저작물**: 텔레비전의 CF나 사진 또는 포스터 형태로 인용되어 사용될 수 있다.

④ **미술저작물**: 광고제작에 응용될 수 있는 장르가 너무 광범위하여 모두 열거할 수는 없지만, 인쇄매체뿐만 아니라 영상매체에도 매우 폭넓게 인용될 수 있다.

⑤ **건축저작물**: 대부분 광고물 제작에 있어 실제로 건축물을 인용하는 경우보다는 모형물을 제작하는 사례가 많으며, 경우에 따라서는 외국 도시의 특징을 묘사한 건축물의 모형도 여기에 포함될 수 있다.

⑥ **사진저작물**: 인쇄매체와 영상매체의 광고물 제작에 폭넓게 인용될 수 있다.

⑦ **영상저작물**: 지나간 영화의 장면을 인용한 패러디 광고가 한 예가 될 수 있으나, 앞으로 디지털 압축기술의 발전으로 인하여 영상을 자유자재로 복제, 편집, 변형할 수 있게 됨으로써 영상저작물에 대한 개념도 달라질 수 있다.

⑧ **도형저작물**: 인쇄매체나 방송매체의 광고에 응용될 수 있다.

⑨ **컴퓨터프로그램저작물**: 뉴미디어의 등장에 따라 더욱 발전될 수 있는 분야로, 방송매체용 광고뿐만 아니라 인터넷 광고, 모바일 광고 등에 두루 응용되고 있다.

---

50) 김상훈, "분야별 법적 보호방안-광고", 한국언론연구원 편, 『뉴미디어와 저작권』(서울: 한국언론연구원, 1996), pp. 287~288.

51) 여기서 말하는 '인용'은 저작권법 제25조에서 규정하고 있는 '공표된 저작물의 인용'에서 말하는 것과는 구별된다. 여기서는 단순히 "다른 작품에서 한 부분을 참고로 끌어다 쓰는 것"을 말하며, 저작권법에서 말하는 '인용'은 "공표된 저작물을 보도·비평·교육·연구 등을 위하여 정당한 범위 안에서 공정한 관행에 합치되게" 이용하는 것을 뜻하기 때문이다. 이하 저작물의 예시 부분에서는 모두 같다. 김기태, "광고의 저작물성과 저작권 침해요소에 관한 연구", 앞의 논문집, p. 32.

2. 저작권의 보호범위와 광고

저작권의 내용을 저작권법의 규정에 따라 살펴보면 크게 저작인격권, 저작재산권, 그리고 저작인접권 등 세 가지로 나눌 수 있다. 이를 광고제작물에 적용한다면 그 제작과 이용과정에 참여하는 이들이 다양하기 때문에 권리의 주체에 있어서 매우 복잡한 양상을 띨 수밖에 없다. 여기서는 각각의 권리내용이 광고에 어떻게 적용될 수 있는지 살펴보기로 한다.

(1) 저작인격권의 측면

저작인격권이란 "저작자가 자신의 저작물에 대하여 갖는 정신적·인격적 이익을 법률로써 보호받는 권리"라고 할 수 있다. 그러므로 인격을 소유한 저작자로서의 당사자만이 권리의 침해에 대한 정도를 느낄 수 있기 때문에 재산권처럼 양도하거나 상속될 수 없다는 '일신전속성'을 띠며, 따라서 저작자가 사망하게 되면 자동적으로 저작인격권은 소멸된다. 저작권법에서 규정하고 있는 저작인격권에는 공표권, 성명표시권, 동일성유지권 등이 있다.

공표권이란 "저작물을 대외적으로 공개하는 권리"라고 할 수 있는데, 그 방법은 물론 공개 여부에 대한 판단은 전적으로 저작자만이 행사할 수 있다는 것이 그 취지이다. 따라서 공표되지 않은 저작물을 저작자의 동의 없이 광고제작물에 사용한다면 이는 저작인격권으로서의 공표권을 침해하는 것이 된다.

성명표시권이란 "저작자가 그의 저작물을 이용함에 있어서 자신이 저작자임을 표시할 수 있는 권리"라고 할 수 있으며, 저작자가 저작물에 자신이 저작자임을 다양한 방법으로 표시하는 것뿐만 아니라 표시하지 않을 수도 있다는 뜻을 포함하고 있다. 따라서 이용자가 이용저작물에 저작자를 표시함에 있어서 원저작자를 무시하고 다른 사람으로 표시하는 것은 명백히 성명표시권 침해가 되는 것이다.

동일성유지권이란 "저작자가 자신이 작성한 저작물이 어떠한 형태로 이용되더라도 처음에 작성한 대로 유지되도록 할 수 있는 권리"라고 할 수 있으며, 저작자의 의사에 관계없이 이용자로부터 저작물의 내용을 변경당하지 않을 권리라고도 할 수 있다. 따라서 어떠한 저작물을 저작자의 허락을 받고 광고제작물에 이용함에 있어 일정한 변형에 관한 동의 없이 원저작물을 훼손하여 이용한다면 이는 저작인격권상의 동일성유지권을 침해하는 것이 된다.

이와 같은 저작인격권 침해와 관련된 국내 판례를 살펴보면 공표권 침해에 해당하는 것은 찾아볼 수 없고, 성명표시권과 동일성유지권에 관한 것들이 있다. 그 중에서 특히, 성명표시권의 범위가 저작유형물, 즉 상품 그 자체에는 미치지만 그것에 대한 광고물에는 미치지 않는다는 판례(대법원 제3부 1989. 1. 17. 판결, 87도2604)가 주목된다. 곧, 저작물로서의 도서 등에 만일 저작자 성명표시를 하지 않았다거나 잘못 했다면 성명표시권 침해가 성립되지만, 그것의 제품광고물에 저작자 표시를 하지 않았다는 것은 저작자가 스스로 저작자임을 주장하는 데 장애를 가져오는 것이 아니므로 성명표시권을 침해한 것으로 볼 수 없다는 것이다.

또, 동일성유지권과 관련한 판례(대법원 제3부, 1992. 12. 24. 판결, 92다31309)를 보면 광고업계에서 수시로 시행되고 있는 공모전 형태의 각종 광고제작물 시상제도와 관련하여 시사하는 바가 매우 크다. 즉, 어느 기업에서 만일 그 기업제품 또는 이미지를 소재로 한 광고제작물을 공모하여 어느 작품을 뽑은 다음 애초에 제시한 대가로서의 상금을 지급하였다면 이후 이에 대한 기업의 수정제의에 끝까지 응하거나 아니면 기업 스스로 이를 수정해도 이의를 제기해서는 안 된다고 해석할 수 있기 때문이다. 아울러 이러한 경우의 광고제작물은 그 성격상 단체명의저작물로 보아도 무방한 것으로 보인다.

(2) 저작재산권의 측면

저작재산권이란 "저작자가 자신의 저작물에 대하여 갖는 재산적인 권리"를 뜻한다. 따라서 일반적인 물권가 마찬가지로 지배권이며, 저작인격권과는 달리 양도와 상속의 대상일 뿐만 아니라 채권적 효력도 가지고 있다. 또한 저작재산권은 저작자가 자신의 저작물에 대하여 갖는 배타적인 이용권이라고도 할 수 있다. 그러나 실제로는 자신이 직접 저작물을 이용하는 경우보다는 남에게 저작물을 이용하도록 허락하고 그 대가를 받는 경우가 대부분이다. 저작권법에서 규정하고 있는 이러한 저작재산권에는 복제권, 공연권, 방송권, 전송권, 전시권, 배포권, 2차적 저작물 등의 작성권 등이 있다. 이러한 저작재산권은 저작자의 생존하는 도안과 사망한 다음 해부터 기산하여 50년간 존속하며, 그 밖에 무명 또는 이명저작물과 단체명의저작물 등은 공표한 다음 해부터 기산하여 50년간 존속한다. 그리고 저작재산권이 소멸되면 그 저작물은 자유이용 상태에 놓이게 된다.

이러한 저작재산권을 저작재산권자가 어떻게 행사하느냐에 따라 광고제작물의 성격도 달라진다. 즉, 저작재산권은 전부 또는 일부를 양도할 수도 있고, 저작물의 이용을 허락할 수도 있기 때문이다. 따라서 광고에 쓰인 개별적인 저작물의 경우 그것의 이용이 저작재산권자의 양도에 의한 것인지, 아니면 단순히 이용허락을 한 것인지 구별하는 것이 중요하며, 애초에 그 저작물을 광고제작물에 이용하기로 한 계약서상의 표시는 어떠한지도 신중하게 살필 필요가 있는 것이다.

(3) 저작인접권의 측면

저작인접권은 저작권에 준하는 권리로서 권리의 성질로 보아 재산적인 권리인 동시에 배타적인 권리이기는 하지만 저작권에서처럼 인격적인 권리는 주어지지 않는다. 앞서 살핀 것처럼 현행 저작권법에서는 실연자, 음반제작자, 방송사업자에게 저작인접권을 부여하고 있다. 따라서 광고물 제작과정에 참여하는 모든 사람들, 특히 CF와 같은 영상광고물의 경우 감독, 촬영기사, 음향담당, 조명담당, 음악연주자, 모델 등과 CM에 있어서 나레이터와 가창자를 포함한 이들은 저작인접권자로서 일종의 저작권적 권리를 취득할 수 있다.

결국, 이들과 광고대행사 혹은 제작회사 사이에 어떤 계약관계를 맺었는가에 따라 이들의 권리내용은 보다 확실해질 수 있을 것이다. 즉, 그것이 고용관계에 입각해서 만들어졌다면 개별적으로 저작인접권 혹은 저작권이 주어진다기보다는 단체명의저작물로서 그 제작사 또는 광고주에게 모든 권리가 집중될 것이고, 또 그것이 영상저작물이라면 저작권법상의 특례규정에 의하여 영상제작자에게 모든 권리가 양도된 것으로 보아 그 이용권을 포함한 저작재산권적 권리는 영상제작자에게 집중된다고 볼 수 있을 것이다.[52]

3. 방송광고에서 제기될 수 있는 저작권 문제와 개선방향

다른 사람이 이루어 놓은 저작물의 전부 또는 일부를 그 저작권자의 허락 없이 이용하는 것을 가리켜 '무단이용', '무단복제' 또는 '표절'이라고 하며, 이는 전형적인 저작권 침해의 유형이라고 할 수 있다. 물론 이러한 저작권 침해가 성립하려면 원저작물이 보호대상으로서의 저작물에 해당되어야 하고, 그 행위가 저작권법에서 규정한 저작재산권의 제한규정에 해당하지 않아야 한다.

일반적으로 무단이용이 성립하기 위해서는 다른 사람의 저작물에 접근하여

---

52) 김기태, "광고의 저작물성과 저작권 침해요소에 관한 연구", 앞의 논문집, p. 41.

그 저작물의 전부 또는 일부를 이용, 동일하거나 유사한 작품을 만들어야 한다. 대법원의 판례에 따르면, "저작권의 보호대상은 아이디어가 아닌 표현에 해당하고, 저작자의 독창성이 나타난 개인적인 부분에 한하므로 저작권의 침해 여부를 가리기 위하여 두 저작물 사이에 실질적인 유사성이 있는가의 여부를 판단함에 있어서도 표현에 해당하고 독창적인 부분만을 가지고 대비하여야 한다"(대법원 제1부, 1993. 6. 8. 판결, 93다3073)는 것이 중론이다. 즉, 실질적 유사성 여부는 양적인 판단에 의해서가 아니라 질적 판단에 따르는 것이므로 유사성이 양적으로 많은 부분에 걸쳐 나타나지 않더라도 보호대상 저작물의 중요한 부분과 실질적으로 유사하다면 저작권 침해에 해당된다고 볼 수 있는 것이다.

특히 우리나라 광고에 있어서 외국의 광고 내용을 일부 또는 전부 무단복제하는 현상이 심각한 수준에 이르자 이를 통제하기 위해 방송광고심의위원회에서 1992년 3월에 방송에 관한 심의규정 제87조에 '방송광고의 모방·표절·복제에 관한 규정'을 삽입하여 "방송광고는 다른 광고를 모방하거나 표절하여서는 아니되며 국내외 제작물을 복제하여 사용하여서는 아니된다"라고 규정한 이래 광고의 모방에 관한 논의가 활발해지고 있다.

만일 표절광고와 관련하여 분쟁이 발생할 경우 우리 법원의 법리해석은 곧 실질적 유사성에 관한 질적 판단을 원칙으로 삼아 진행되겠지만, 한편으로는 저작권법 정신에 비추어 볼 때 저작권 침해 여부를 판단하는 기준으로서 실질적 유사성이 저작물의 종류 또는 그에 포함된 아이디어의 종류에 따라 달라질 수밖에 없는 결과를 초래할 수도 있다. 따라서 표절 또는 무단복제에 관한 최종 판단은 사례별로 인용정도와 범위, 표현방법, 그리고 전문분야에 따라 크게 달라질 수 있을 것이다.[53]

---

53) 김상훈, "분야별 법적 보호방안-광고", 한국언론연구원 편, 『뉴미디어와 저작권』(서울: 한국언론연구원, 1996), pp. 302~303.

결국 광고제작물의 아이디어는 저작권법에 의하여 보호받을 수 없고 그 표현만이 보호될 뿐이다. 이러한 아이디어와 표현의 이분법은 광고물의 저작물성에서 창작적인 광고물만이 보호된다고 보는 창작성 기준의 연장선상에서 이해될 수도 있고, 또한 저작권의 보호범위에 대한 원칙으로도 이해될 수 있다. 예컨대, 미국의 미시건주가 홍보용 광고물을 제작함에 있어서 어떤 광고회사가 광고 아이디어를 제시하였지만 궁극적으로 다른 제3의 광고회사에 광고제작을 위탁한 경우 광고제작에 있어서 아이디어 자체는 저작권법에 의하여 보호될 수 없다고 판시한 사례가 있고, 마찬가지로 경쟁적인 관계에 있는 두 광고주가 동일한 배우를 동원하여 광고물을 제작한 경우에 저작권 침해라는 주장이 제기되었지만 광고의 아이디어 자체는 보호받을 수 없다고 판시한 경우가 있다.

그 밖에 빈번하게 문제가 되는 것은 광고물을 제작함에 있어 광고주, 광고회사, 디자이너, 카피라이터, 사진작가 등 다수의 참여자 가운데 누가 저작권을 취득하게 되는가 하는 문제이다. 즉, 법인 등 단체에 고용된 종업원이 촬영한 사진이나 제작 디자인에 대하여 종업원이 아니라 법인 등이 저작권을 갖도록 규정한 '법인저작' 또는 '직무저작'에 대한 개념이 모호하고, 해당 여부가 애매한 경우에 누구에게 저작권이 있는가 하는 문제가 발생하게 되는 것이다. 이와 관련하여 영국 지방법원은 이른바 자유기고가(freelance artist)에게 저작권이 귀속됨을 판시한 바 있고, 저작물 제작 위탁계약을 체결함에 있어서 저작권의 귀속에 관한 합의를 명시적으로 해두어야 한다는 일본 판례도 있다.

이상에서와 같이 가장 애매한 경우로 꼽히는 단체명의저작물 또는 직무저작의 법적 해석에 관하여 중요한 것은 우선 저작물을 제작한 사람이 고용된 사람인지, 아니면 독립된 계약자인지를 판단하는 것이다. 이는 미국의 경우 '직무저작'의 개념을 고용관계에 있는 경우와 독립된 계약관계에 있는 경우로 나누어 정의하고 있는 점을 참고할 필요가 있다.

또한, 광고의 모방성과 관련하여 좀더 신중하게 생각해 봐야 할 문제가 바로 '패러디(parody)' 기법이다. 패러디란 원래 문학에서 "특정한 작품의 진지한 소재와 태도, 또는 특정작가의 고유한 문체를 모방해서 그것을 저급하거나 매우 걸맞지 않는 주제에 적용시키는 것"[54]을 말한다. 광고에 있어서도 패러디는 얼마든지 일어날 수 있다. 하지만 그것이 진정한 의미에서 패러디라고 여겨질 수 있을 정도의 작품성이 엿보인다면 다행이지만 무단복제에 불과하다면 문제는 달라진다.

이 같은 판단의 객관성과 타당성을 획득하기 위해서는 세계 각국의 판례에 관한 연구뿐만 아니라 광고업계 실무자와 광고학계 권위자, 그리고 저작권 관련 전문가들로 구성된 '광고의 저작물적 성격과 분쟁에 관한 심의위원회'를 두고 지속적인 지도와 계몽이 이루어져야 할 것이다. 아울러 실무자를 상대로 사례를 통한 저작권 의식을 고취시키는 일에도 업계의 공동노력이 필요하며, 특히 국제교역무대에서 저작권을 포함한 지적재산권의 비중이 매우 높아지고 있음을 상기하여 외국 광고를 무조건 베끼거나 비슷하게 포장하는 일은 삼가는 것이 국제사회의 일원으로 당당하게 살아가는 방법이 될 것이다.

---

54) 권택영·최동호 편역, 『문학비평용어사전』(서울: 새문사, 1985), p. 292.

5. 방송의 특성과 저작권 보호범위

1. 방송의 공공성과 저작물성

(1) 저작권과 공공영역

저작권 제도는 최초로 만들어 낸 것에 대한 보호를 목적으로 하는 것이 아니라 창의적 표현활동을 장려함으로써 문학·예술·과학·문화 등의 발전을 도모하는 데 근본목적이 있다. 즉, 저작권이란 "창의성을 나타내기 위한 노력에 대하여 주어지는 법적 대가"라고 정의할 수 있다.[55] 그런 의미에서 저작재산권은 저작권자의 재산적 권리를 보호하기 위해 마련된 제도적 장치임에 틀림없다. 하지만 저작권법을 제정한 목적이 저작자의 권리와 이에 인접하는 권리를 보호하는 것은 물론, 저작물의 공정한 이용을 도모함으로써 문화의 향상 발전에 이바지하는 데 있으므로(저작권법 제1조 참조) 공공성 또한 무시할 수 없다. 즉, 저작재산권은 물권과 같은 소유권에 속하는 배타적인 지배권이므로 법에 따라 보호되는 저작물은 그 보호기간이 지나지 않은 이상 저작재산권자의 허락 없이 함부로 이용할 수 없는 것이 원칙이지만, 저작권 역시 다른 사권과 마찬가지로 일정 부분에 있어서는 공익적인 차원의 제한이 불가피할 수밖에 없는 것이다.

따라서 저작권법에서는 저작자의 개인적 이익과 사회의 공공적 이익을 조화시키기 위해 일정한 범위 안에서 저작재산권의 제한, 즉 저작물의 자유이용

---

55) 김기태, "뉴 미디어의 기술진전과 저작권 보호에 관한 연구", 경희대학교 대학원 신문방송학과 박사학위 논문, pp. 17~18 참조.

을 허용하고 있다. 그러므로 저작권법에서 규정하고 있는 저작재산권의 제한 사유에 해당되는 경우에는 법이 정하는 조건에 따라 저작재산권자의 허락 없이도 저작물을 자유롭게 이용할 수 있는데, 이를 공정이용(fair use; fair dealing)이라고 한다.[56] 이와 같은 취지에 따라 현행 저작권법에서는 모두 12개조에 걸쳐 저작재산권에 가해지는 제한의 유형들을 규정하고 있다.[57] 이렇게 저작재산권을 제한하는 이유를 살펴보면 다음과 같이 유형화할 수 있다.

첫째, 저작물 이용의 성질에 비추어 보아 저작재산권이 미치는 것으로 해석해서는 타당하지 않은 것.

둘째, 공익적인 측면에서 저작재산권을 제한할 필요가 있다고 인정되는 것.

셋째, 다른 권리와의 형평을 위해 저작재산권을 제한할 필요가 있는 것.

넷째, 사회적 관행처럼 이미 행해지고 있으며, 저작재산권을 제한해도 저작재산권자의 경제적 이익을 부당하게 해치지 않는다고 인정되는 것.

이처럼 제한하는 이유에 약간의 차이가 있기는 하지만 결국에는 저작물이 문화적 소산이므로 이를 공정하게 이용할 수 있도록 배려한다는 취지에서 비롯된 규정이라고 하겠다.[58]

---

56) 한승헌, 『저작권의 법제와 실무』(서울: 삼민사, 1988), pp. 50~55 참조.

57) 제22조 재판절차 등에서의 복제, 제23조 학교교육목적 등에의 이용, 제24조 시사보도를 위한 이용, 제25조 공표된 저작물의 인용, 제26조 영리를 목적으로 하지 아니하는 공연·방송, 제27조 사적 이용을 위한 복제, 제28조 도서관 등에서의 복제, 제29조 시험문제로서의 복제, 제30조 점자에 의한 복제·배포, 제31조 방송사업자의 일시적 녹음·녹화, 제32조 미술저작물 등의 전시 또는 복제, 제33조 번역 등에 의한 이용 등. 그 밖에 제7절에서 규정하고 있는 '저작재산권의 보호기간' 역시 시간적 제한을 통해 저작권자의 재산적 권리를 제한한 규정이라고 할 수 있다. 즉, 일반적인 소유권은 보호기간이 정해져 있지 않고 영구적인 것이 특징이지만 저작재산권은 한 사회의 문화발전을 꾀하는 수단이어야 한다는 측면에서 법에 의해 그 보호기간이 한정되는 특징이 있는 것이다.

(2) 방송 콘텐츠의 저작물성에 관한 논의

저작권 보호를 받을 수 있는 저작물이 되려면 일단 창작성에 입각한 저작물성이 인정되어야 한다. 현행 저작권법 제2조에 의하면 지작물이란 "문학·학술 또는 예술의 범위에 속하는 창작물을 말한다"라고 규정하고 있는데, 여기서 핵심이 되는 것은 저작물(works)의 요건은 무엇이며, 요건 중의 하나로 명시되어 있는 창작성 여부를 어떻게 판단하느냐 하는 것이다. 이를 있는 그대로 해석한다면 창작성이 없는 저작물은 저작권법의 보호를 받을 수 없다는 것으로 해석될 여지가 있기 때문이다.[59] 대체적인 견해로 보아 저작물의 요건은 크게 세 가지로 나누어 볼 수 있다. 첫째로는 문학이나 학술, 또는 예술의 범위에 속해야 하고, 둘째로는 창작성 내지 독창성이 있어야 하며, 셋째로는 대외적인 표현물이어야 한다는 것이다.

한편, 저작권법 제5조의 규정에 따라 저작물은 다른 사람이 그것을 원저작물로 하여 2차적 저작, 즉 번역·편곡·변형·각색·영상제작 등의 방법으로 재창작할 수 있으며, 제6조의 규정에 따라 여러 저작물을 선택하여 창작적으로 배열함으로써 편집저작물을 만들 수도 있다. 이러한 2차적 저작물이나 편집저작물도 엄연한 저작물이므로 그것을 작성한 사람 역시 저작자가 될 수 있다. 다만, 원저작자의 권리에는 영향을 미치지 않으므로 미리 이용에 따른 허락을 받아야 하는 것은 별개의 문제이다.[60]

그렇다면 방송 콘텐츠 역시 개별적인 창작성 여부와 함께 보호받을 만한 가치가 있는가의 여부를 따져서 저작물성을 판단하여야 할 것이다.

---

58) 허희성, 『신저작권법축조개설』(서울: 범우사, 1988), p. 108 참조.
59) 김기태, 『저작권법의 해석과 적용(개정판)』(서울: 삼진기획, 2000), p. 60.
60) 김기태, 『저작권법의 해석과 적용(개정판)』(서울: 삼진기획, 2000), p. 63.

3. 영상저작물로서의 방송 콘텐츠와 저작인접권

방송 콘텐츠는 그야말로 복합성을 띠는 저작물이다. 만일 그것이 텔레비전용 영상물로 제작되었다면 저작권법 제5장 영상저작물에 관한 특례규정에 따라 그 영상의 저작재산권은 영상제작자에게 귀속되므로 큰 문제가 없다. 이러한 규정이 별도로 있는 이유는 영상저작물의 특성 때문이라고 할 수 있다. 즉, 영상저작물이란 "연속적인 영상이 수록된 창작물로서 그 영상을 기계 또는 전자장치에 의하여 재생하여 볼 수 있거나 보고들을 수 있는 것"을 말하는 것으로 영화나 비디오테이프에 수록된 것이 대표적인데, 그것은 어문저작물이나 음악저작물 또는 미술저작물 등의 저작물을 이용하는 것은 물론 영상제작자를 비롯한 감독·프로듀서·촬영기사·아트디렉터·연기자 등의 실연자들이 공동으로 참여함으로써 이루어지는 종합저작물인 것이다.

이렇게 하나의 영상저작물에는 다수의 권리자가 복잡하게 얽혀 있는 까닭에 이를 이용하려는 사람에게는 이용허락과 관련해서 매우 복잡한 문제가 발생할 수 있다. 물론 영상저작물의 창작에 관여한 권리자들의 권리행사에도 어려움이 많을 것은 분명하다고 하겠다. 따라서 제5장의 특례규정은 이러한 문제점들을 감안하여 영상저작물의 이용과 영상저작물에 관여한 각종 권리자들의 권리를 합리적으로 조화시키려는 취지에서 나온 것으로 해석할 수 있다.

한편, 우리나라의 영상저작물에 관한 특례와 비슷한 입법례나 관행은 여러 나라에서도 찾아볼 수 있으며,[61] 우리나라의 경우에는 이미 영상저작물의 이용과 관련하여 영상제작자와 각종 권리자들 사이에 계약을 맺음으로써 영상제작자에게 권리행사를 위임하는 형식을 취해 오고 있었다. 이는 영상저작물의 제작에는 투입되어야 하는 각종 장비와 인력의 규모에 따라 많은 제작비와 시간이 필요한 바, 영상제작자가 이를 전체적으로 기획하고 책임을 지는 위치에서 자본을 투입하고 완성하여 공표한다는 기업활동의 특성을 생각한다면 당연한 것인지도 모른다.

이렇듯 영상저작물에 따른 저작권의 행사는 법률로써 강제하는 것보다 당사자끼리 계약을 통해 원만하게 합의해서 집행하는 것이 바람직하지만, 그렇지 못한 결과로 영상저작물의 이용이 불가능해진다면 저작권법 제정의 근본취지에서 벗어나는 결과를 가져오게 된다. 그러므로 영상저작물의 이용과 관련한 권리만은 영상제작자에게 양도된 것으로 간주함으로써 원활한 이용을 도모하려는 취지에서 이 같은 특례규정을 둔 것이라고 하겠다.

그러나 최종 결과물이 영상저작물이 아닌 라디오용 작품이나 인터넷을 통한 전송용 게시물이 될 경우 방송콘텐츠에 관여한 여러 계층의 저작권자들(실연자 등 저작인접권자 포함)과의 관계가 매우 복잡해질 수밖에 없다. 특히 저작인접권자들 방송사 종업원에 속하지 않는 외주업체 직원, 프리랜서 스태프·작가·출연자 등과의 관계가 매우 미묘해질 수 있다.

(1) 저작인접권의 개념

저작인접권(neighbouring rights)은 저작권에 준하는 권리를 말한다. 그런데 권리의 성질로 보아 재산적인 권리인 동시에 배타적인 권리이기는 하지만

---

61) 영상저작물에 관한 각국의 입법례는 크게 네 가지로 나눌 수 있다.
   첫째, 영상저작물에 대한 저작권(저작인격권을 포함하여)을 처음부터 영상제작자에게 귀속시키는 것으로 영국과 튀니지 등이 대표적인 나라이다.
   둘째, 영상저작물에 대한 경제적 이용권인 저작재산권을 영상제작자에게 귀속시키는 경우로 일본, 이탈리아 등이 있다.
   셋째, 저작권법에는 영상저작물에 관한 특례규정을 두지 않되 관행적으로 영상제작자가 다른 권리자들과 계약을 맺음으로써 저작권 내지 이용권을 행사하도록 하는 것으로 미국이 대표적인 나라이다.
   넷째, 영상저작물의 저작권 귀속 여부는 규정하지 않았으나 영상저작물의 이용에 관한 권리만은 영상제작자에게 양도된 것으로 추정하는 경우로 독일과 프랑스가 대표적인 나라이다.
   우리나라는 이 중에서 독일과 프랑스의 예를 적용한 것이다.

저작권에서처럼 인격적인 권리는 주어지지 않는다. 우리 저작권법에서는 실연자, 음반제작자, 그리고 방송사업자에게 저작인접권을 부여하고 있는데, 이들은 저작물의 직접적인 창작자는 아니지만 그것을 해석하고 전파함으로써 문화발전에 이바지하는 공로가 크므로 그러한 행위에 일종의 정신적 창작성을 인정하여 저작권에 인접하는 배타적 권리를 인정한 것이다. 특히 저작물의 복제 및 전파수단이 급속도로 발전함에 따라 이들이 입는 경제적 타격도 무시할 수 없는 정도에 이르렀기 때문에 이를 조정한다는 측면에서 저작인접권에 관해서는 국내뿐만 아니라 국제적으로 그 관심도가 증폭되고 있다.

이러한 저작인접권에 관한 국제협약으로는 1961년에 로마에서 성립된 "실연자, 음반제작자 및 방송사업자의 보호에 관한 국제협약(International Convention for the Protection of Performers, Producers of Phonograms and Broadcasting Organizations; 통칭 '인접권협약' 또는 '로마협약'이라고 함)"이 있다. 또 1971년에 제네바에서 성립된 "음반의 무단 복제로부터 음반제작자를 보호하기 위한 협약(Convention for the Protection of Producers of Phonograms Against Unauthorized Duplication of Their Phonograms; 통칭 '음반협약'이라 함)"이 있다.

한편, 현행 저작권법 제61조 제3호에서는 저작인접권으로 보호되는 방송에 관해 규정하고 있는데, 방송사업자가 우리나라 국민인 경우에 그가 행하는 방송은 저작인접권으로 보호됨을 규정하고, 방송사업자에 관계없이 그 방송이 우리나라 안에 있는 방송설비로부터 행해진다면 그 방송 역시 저작인접권의 보호 대상임을 밝히고 있다. 또한, 우리나라가 가입 또는 체결한 조약에 따라 보호되는 방송이면서 효력이 미치는 나라의 방송사업자가 그 나라 안에 있는 방송설비로 행하는 방송 역시 국내법에 따라 저작인접권으로 보호받을 수 있음을 규정하고 있다.

(2) 방송사업자의 권리

현행 저작권법 제4장 제4절은 저작인접권자의 세 번째 유형인 방송사업자의 권리에 대해 구체적으로 규정하고 있다. 이에 따르면 방송사업자의 권리는 '복제권'과 '동시중계방송권'으로 집약된다. 여기서 말하는 방송이란 방송을 통해 전달되는 소리나 영상을 말하는 것으로 저작물적 성격을 띠는 프로그램 그 자체와는 다른 것이다. 즉, 음 또는 영상에 대한 방송사업자의 권리에 대한 규정이라고 할 수 있다. 이러한 권리 또한 인접권협약의 규정에 따른 것이다.[62]

먼저 방송사업자의 복제 및 동시중계방송권에 대하여 제69조에서는 "방송사업자는 그의 방송을 녹음·녹화·사진 그 밖의 이와 유사한 방법으로 복제하거나 동시중계방송할 권리를 가진다"고 함으로써 방송사업자에게 그의 방송을 녹음 또는 녹화나 사진 등의 방법으로 복제하거나 동시에 중계방송할 수 있는 배타적인 권리가 있음을 규정하고 있다. 여기서 녹음·녹화 또는 사진 등에 의한 복제란 방송의 유형적인 이용형태를 말하고, 동시중계방송이란 방송의 무형적인 이용형태라고 할 수 있다.[63]

첫째로 방송사업자의 복제권에 대해 살펴보면 다음과 같다.

먼저 녹음에 의한 복제란 방송을 청각적으로 고정하는 것을 뜻하고, 녹화에 의한 복제란 방송을 연속되는 영상을 시각 및 시청각적으로 고정하는 것을 뜻한다. 또한 사진에 의한 복제란 방송을 정지한 상태의 시각적 유형물로 고정한

---

62) 인접권협약 제13조에 따르면 방송사업자의 권리는 동시중계에 의한 방송물의 재방송(再放送), 방송물의 고정, 방송사업자의 동의를 받지 않고 만들어진 방송물의 고정물에의 복제 등, 그리고 입장료를 지급함으로써 공중이 입장할 수 있는 장소에서 텔레비전 방송물이 공중에 전달되는 경우의 그 전달 등에 미치도록 규정되어 있다. 이 중 네 번째 경우는 텔레비전 수상기의 폭발적인 증가로 별 실효성이 없으므로 우리 저작권법에서는 채택하지 않았다.

63) 김기태, 『저작권법의 해석과 적용(개정판)』(서울: 삼진기획, 2000), p. 267.

것을 말하며, '그 밖의 이와 유사한 방법'이란 녹음·녹화·사진을 제외한 방법으로 방송을 복제하는 것을 모두 포함한다는 뜻이다. 이러한 복제의 개념 때문에 재방송에 있어서 시간대를 달리하여 이루어지는 재방송에는 방송사업자의 복제권이 작용하면 되므로 동시에 이루어지는 중계방송만을 별도의 권리로 규정한 것이다. 한편, 음 또는 영상 자체는 같은 것이라도 그것이 방송사를 달리하여 방송된다면 그 방송을 송신한 방송사들에게 독립적인 저작인접권이 주어진다는 점과, 만일 실연이 녹음된 음반을 사용해서 방송하는 것을 녹음하는 경우에는 제63조에 의한 실연자의 복제권 및 제67조에 의한 음반제작자의 복제권 그리고 제69조에 의한 방송사업자의 복제권 등 세 기지의 권리가 동시에 작용할 수도 있다는 점에 주의해야 한다.

둘째로 동시중계방송권에 대해서 살펴보면, 다른 시간대에 이루어지는 재방송은 복제권을 적용해도 무방하므로 동시적인 재방송, 즉 동시중계방송에 방송사업자의 권리가 작용한다는 것을 명시한 것이다. 여기서 동시중계방송이란 어떤 방송사업자가 행하는 방송을 다른 방송사업자가 수신하여 동시에 중계하는 재방송 형태를 말하므로, 동시중계방송권이란 자기 방송사에서 행하는 방송에 대해 다른 방송사업자가 동시중계방송을 할 수 있도록 허락하거나 허락 없이 행하는 동시중계방송을 금지시킬 수 있는 권리를 말하는 것이다. 이러한 동시중계방송에 관한 권리를 방송사업자가 행사할 기회는 거의 없었는데, 최근에 지역마다 민간방송사가 많이 설립됨에 따라 이 권리의 행사가 부쩍 늘어날 전망이다.

(3) 저작인접권의 보호기간

1987년 저작권법 전면개정 당시만 해도 인접권협약이나 음반협약의 규정을 감안해서 실연 또는 소리의 맨 처음 고정, 방송 등이 있던 때의 다음 해부터 기산하여 20년간 존속하도록 규정했었으나 1994년의 개정에서는 이를 '50년' 으로 대폭 상향조정한 바 있다. 다만, 부칙에 규정된 경과조치에 따라 이 법 시행 전(1994년 7월 1일 이전)에 발생된 저작인접권의 보호기간은 종전대로 20년간 존속하는 것으로 본다(1994년 부칙 제3조).

현행 저작권법 제70조에서는 저작인접권의 효력발생시기와 보호기간에 대해 규정하고 있다. 저작인접권의 효력발생에 있어서는 저작권의 발생과 마찬가지로 어떠한 절차나 형식의 이행에 따른 요건이 필요 없이 저작인접권의 대상이 되는 행위 자체가 있는 때로부터 발생한다. 그리고 저작인접권의 보호기간 역시 저작권 보호기간의 기산과 마찬가지로 역년기산주의를 취해 그러한 행위가 있는 때의 다음 해부터 시작해서 50년간 존속한다.

따라서 방송사업자의 저작인접권은 그 방송을 한 때부터 발생하며 보호기간은 다음 해부터 기산하여 50년간 존속한다. 이러한 방송의 보호기간에 있어서는 특정 방송사의 방송시설을 이용한 소리 또는 영상을 보호하는 것이기 때문에 같은 내용의 방송이 각기 다른 방송사에서 시기를 달리하여 방송되었다면 각각의 방송사에 따라 보호기간이 달라질 수 있다는 점에 주의해야 한다. 따라서 저작재산권으로서의 방송권이 저작자 사망 후 50년이 지나서 만료된 경우라도 그 저작물을 방송에 이용한 방송사업자가 있다면 그 방송사업자의 저작인접권은 새로이 보호대상이 되는 것이다.

(4) 저작인접권의 제한

저작권법 제71조에서는 저작인접권의 제한에 관해 규정하고 있는데, 저작인접권의 목적이 된 실연·음반 또는 방송의 이용에 관하여 저작재산권의 제한 규정을 상당 부분 준용하고 있다. 먼저 재판절차 등에서는 실연이나 음반 또는 방송을 저작인접권자의 허락 없이 이용할 수 있다(제22조). 또한 교육목적상 필요하다면 방송이나 복제를 할 수 있으며(제23조 제2항), 시사보도를 위한 이용(제24조), 보도·비평 등을 위한 인용(제25조), 영리를 목적으로 하지 않는 공연·방송(제26조), 사적 이용을 위한 복제(제27조), 도서관 등에서의 복제(제28조), 시험문제로서의 복제(제29조), 앞을 못 보는 사람들을 위한 녹음(제30조 제2항), 방송사업자의 일시적 녹음·녹화(제31조), 번역 등에 의한 이용(제33조) 등에 있어서도 실연·음반·방송 등을 이용함에 있어서 저작인접권자의 허락을 필요로 하지 않는다.

하지만 제26조 내지 제29조, 제31조를 준용하는 경우를 제외하고는 실연·음반·방송을 이용함에 있어서 그 출처를 명시해야 하고(제34조 제1항), 출처의 명시는 이용상황에 따라 합리적이라고 인정되는 방법으로 함은 물론 실연자·음반제작자·방송사업자 등 저작인접권자의 실명(實名) 또는 이명(異名)을 표시해야 한다. 만일 그렇게 하지 않고 이용하면 500만 원 이하의 벌금형에 처해질 수 있다(제100조).

(5) 연기자 등 실연자 집단에서의 저작권적 쟁점

실연자란, 저작권법 제2조 제5호에 의하면 "실연의 주체로서 실연을 하는 사람 및 실연을 지휘·연출 또는 감독하는 사람을 포함하는 개념"이다. 이러한 실연자에게 주어지는 권리는 크게 보아 복제권, 실연방송권, 방송사업자에 대한 보상청구권, 음반의 대여허락권 등으로 나눌 수 있으며, 이러한 권리는 로마 인접권협약과 각국의 입법례에 따른 것이다.

먼저, 실연자에게는 첫 번째 권리로서 그 실연을 복제할 권리가 있다. 이렇게 실연자가 자신의 실연을 복제하거나 복제하도록 허락함에 있어서 가능한 구체적인 방법을 생각해 보면 녹음, 녹화, 사진촬영 등을 예로 들 수 있다. 녹음이란 반복적으로 전달될 수 있도록 내구적인 유형의 형식에 모든 종류의 소리를 담은 것을 말하므로, 여기서는 노래나 말소리 등 실연에 의해 나오는 소리를 음반 또는 카세트테이프나 CD 등에 청각적으로 고정하는 것을 말한다. 또한 녹화란 반복적으로 전달될 수 있도록 내구적인 유형물에 서로 관련이 있는 변화하는 영상을 시각적 또는 시청각적으로 고정하는 것을 말한다.

그러므로 실연자의 복제권은 "연기, 무용, 연주, 가창, 연술, 묘기, 곡예 등과 같은 실연을 어떤 장치를 이용하여 녹음하거나 녹화할 수 있는 권리"라고 할 수 있다. 아울러 실연을 연속적인 영상이 아닌 낱낱의 사진으로 촬영하는 권리가 포함되어 있으며, 최초 고정뿐만 아니라 이후에 녹음물 또는 녹화물을 더 만들어 내는 것에도 실연자의 권리가 미친다. 또한 실연의 녹음물 또는 녹화물을 사용한 공연이나 방송을 녹음·녹화하는 것도 실연을 녹음 또는 녹화하는 것과 같이 실연자의 권리가 작용한다. 따라서 실연을 녹음 또는 녹화하거나 사진으로 촬영하려는 사람은 실연자의 허락을 얻어야 하며, 만일 방송되는 실연을 녹음 또는 녹화하거나 사진으로 촬영하려는 경우에는 실연자의 허락과 함께 또 다른 저작인접권자인 방송사업자의 허락도 받아야 하는 것이다.

한편, 녹음 및 녹화와 관련해서 저작권자에게 주어지는 저작물의 복제권과 실연자에게 주어지는 실연에 대한 복제권을 비교해 보면 본질적으로 차이가 있음을 알 수 있다. 우선 저작물에 있어서는 그 저작물과 유사한 다른 저작물을 녹음·녹화하는 것에도 권리가 미칠 수 있지만, 실연의 녹음·녹화에 있어서는 실연자가 직접 행한 실연 자체를 녹음·녹화하는 것에만 그 권리가 미칠 뿐 그것과 유사한 다른 실연을 녹음·녹화하는 것에는 권리가 미치지 않는다는 점에서 차이가 난다.[64]

예컨대, 어떤 음악저작물의 저작자로부터 허락을 얻지 않고 편곡(編曲)을

---

64) 김기태, 『저작권법의 해석과 적용(개정판)』(서울: 삼진기획, 2000), pp. 251~252.

하여 사용한 사람이 있다면 저작권자는 그 사람을 상대로 저작권 침해를 주장할 수 있지만, 어떤 가수가 부른 노래를 또 다른 가수가 비슷한 음색으로 모창(模唱)을 했다고 해서 흉내 낸 가수를 상대로 권리침해의 주장을 할 수 없으며, 오히려 모창에 따른 실연의 주체는 흉내 낸 가수가 되는 것이다. 그 밖에도 실연을 복제하는 방법은 새로운 복제기술의 발달에 따라 다양해질 수 있다.

실연자에게는 또한 자신의 실연을 방송할 권리가 있다. 여기서 방송이란, 저작권법에 따라 "일반공중으로 하여금 수신하게 할 목적으로 무선 또는 유선통신의 방법에 의하여 음성·음향 또는 영상 등을 송신하는 것"을 말한다. 또한 실연의 방송에 대한 권리는 인정하면서 공연에 대한 권리를 언급하지 않은 것은 공연의 특성이 실연자의 직접적인 실연에 있으므로 공연에 출연할 것을 실연자가 허락하지 않는 한 공연 자체가 불가능하기 때문이며, 출연에 따른 계약을 통해 실연자의 권리행사가 가능하기에 별도의 규정을 두지 않은 것으로 보인다. 반면에 방송은 실연자의 의사가 미치지 않는 상황에서 그의 실연이 이용될 수 있다는 점에서 별도의 규정을 둔 것이다. 이러한 실연방송권은 실연자의 복제권에서와 마찬가지로 실연자가 행한 실연 자체에만 주어지는 것이므로 다른 사람의 모방실연에까지 미치는 권리가 아니라는 점에서 저작권자에게 주어지는 방송권과는 다르다.

한편, 단서를 두어 실연자의 허락을 받아 녹음된 실연을 방송하는 경우에는 실연자의 권리가 미치지 않는다고 규정한 것에 주의해야 한다. 이는 영상저작물의 제작에 협력하기로 약정한 실연자의 실연에 대한 권리는 영상제작자에게 양도된 것으로 본다는 규정과 함께 실연자의 실연방송권을 제한한 것으로, 또 다른 저작인접권자인 음반제작자와 방송사업자의 권리도 적절히 보장하기 위해 마련된 것이다. 따라서 음반 또는 영상저작물을 제작하기 위한 계약을 함에 있어서 실연자는 이러한 점을 감안하여 이후의 권리행사를 보장받고자 한다면 그 취지를 분명하게 밝혀 둘 필요가 있다고 하겠다.

또한 단서에서 녹음만을 규정하고 녹화에 대한 언급이 없으므로 실연자가 실연의 녹화를 허락함에 있어서 녹화물의 이용에 대한 자신의 이익을 보장받고자 한다면 그러한 취지를 분명하게 약정해야 하며, 그렇지 않을 경우에 녹화물에 대한 실연자의 권리는 영상제작자에게 양도된 것으로 간주된다. 결국, 저작권법에서 명시하고 있는 관련 규정을 모두 적용해서 실연자의 실연방송권이 미치는 범위를 요약하면 다음과 같다.

첫째, 직접 실연을 생방송하는 경우.

둘째, 직접 실연에 의한 방송을 수신하여 재방송하는 경우.

셋째, 실연자의 허락 없이 녹음 또는 녹화한 고정물을 방송에 이용한 경우 등.

또, 저작권법 제65조에서는 '방송사업자의 실연자에 대한 보상', 즉 실연자의 방송사업자에 대한 보상청구권과 그 행사방법 및 보상금의 금액 등에 관해 규정하고 있다. 먼저, 방송사업자가 실연이 녹음된 판매용 음반을 사용해서 방송하는 경우에는 그 실연자에게 일정의 보상을 하도록 규정하고 있다. 여기서 보상의 의무가 있는 사람은 방송사업자인데, 만일 그 실연이 실연자의 허락을 받아 녹음물로 만들어진 것이라면 제64조 단서의 규정에 따라 실연자의 방송권이 미치지 않으므로 보상할 필요가 없지만, 그런 경우가 아니고 시중에 발매된 판매용 음반을 사용해서 방송했다면 그에 상당한 보상을 할 의무가 있다는 것이다. 그런데 이러한 보상청구권이 미치는 범위가 저작인접권자인 실연자에게는 실연이 녹음된 판매용 음반을 방송에 사용한 경우로만 한정되지만 저작재산권자의 경우에는 다르다. 즉, 저작재산권자는 자신의 저작물이 수록된 판매용 음반이 방송에 사용된 경우는 물론이고, 유흥음식점을 포함해서 음악의 감상을 영업의 주요내용으로 하는 영업장소에서 판매용 음반이 사용된 경우에도 저작재산권을 행사할 수 있다(저작권법 제26조 제2항 참조). 한편, 단서에서는 저작인접권으로 보호되는 외국인의 실연에 있어서는 그것이 방송에 이용되었더라도 보상할 의무가 없음을 밝히고 있다. 따라서 우리나라 실연자만이 방송에 대한 보상을 청구할 수 있다.

또, 방송사업자의 실연자에 대한 보상을 받을 권리를 행사할 수 있는 자에 대해 문화관광부장관이 그 단체의 동의를 받아 지정하는 단체로 제한됨을 밝히고 있다. 이는 실연이 녹음된 판매용 음반을 방송에 사용함에 있어서 실연자 개개인마다 사용에 따른 보상금을 지급한다면 금액 자체도 얼마 되지 않을 뿐더러 그 번거로움이 이루 말할 수 없을 것이므로, 보상금을 받을 권리를 실연자 전체의 포괄적인 권리로 보아 실연자들로 구성된 단체를 문화관광부장관이 그 단체의 동의 아래 지정하고, 그렇게 지정된 단체를 통해서만 그 권리의 행사가 가능하게 한 것이다. 현재 실연자들의 저작인접권 행사를 위해 지정된 단체로는 "한국예술실연자단체연합회(1988.10.14. 지정)"가 있다. 따라서 징수된 보상금은 실연자 개인별로 지급된다기보다는 실연자 전체의 이익을 위하여 쓰여진다고 보면 무방하다.[65]

아울러 지정된 단체가 권리를 행사함에 있어서 그 단체의 구성원이 아닌 실연자의 신청이 있으면 이를 거부할 수 없으며, 신청이 있을 경우 단체는 자기의 명의로 그 권리에 대한 재판상 또는 재판 외의 행위를 할 권한을 가진다고 규정하고 있다. 여기서 지정단체의 구성원이 아닌 실연자의 신청을 거부할 수 없다

---

65) 한편, 지정된 실연자 단체의 권리행사 형태에 대한 규정이 별도로 없는데, 일반적으로는 실연자가 그의 권리를 지정단체에 양도하는 형식 또는 신탁(信託)하는 형식과 함께 실연자가 그의 권리행사를 지정단체에 위임함으로써 단체가 대리인의 자격으로 권리를 행사하게 하는 방법을 생각할 수 있다. 어쨌든 제1항에서 규정한 보상금을 받을 권리는 지정단체만이 행사할 수 있다.

고 한 것은 만일 그렇지 않을 경우에 그 단체의 구성원이 아닌 실연자들은 권리를 행사할 방법이 없으며, 일률적으로 모든 실연자들로 하여금 지정단체에 구성원으로 가입하도록 강요한다는 것 자체가 더욱 곤란한 일이기 때문이다. 또한 신청이라고 한 것은 특별한 방법을 예시한 것이 아니라 그것이 신탁에 의한 것이든 양도에 의한 것이든 아니면 위임에 의한 것이든 가리지 않고 권리자로서의 실연자가 권리행사를 바란다는 의사 표시가 있으면 된다는 뜻으로 해석할 수 있다. 그리고 "재판상 또는 재판 외의 행위를 할 권한을 가진다"고 한 것은 보상금을 받아 내기 위해 청구권을 행사했음에도 방송사업자로부터 납득할 만한 조치가 이루어지지 않을 경우에 지정단체가 권리의 주체가 되어 보상금을 지급받기 위한 수단으로서 소송을 제기하거나 그 밖의 방법을 취할 수 있다는 것을 말한다.

그리고 지정단체가 권리자를 위해 청구할 수 있는 보상금의 금액은 매년 그 단체와 방송사업자가 협의해서 정한다. 이 경우 판매용 음반을 제작하기 위한 실연의 1차적 사용에 이은 방송에 의한 2차적 사용에 대해 실연자 개개인의 실연을 또 각각의 실연으로 나누어 보상금을 산출한다는 것은 거의 불가능하다고 할 것이므로, 여기서 말하는 협의의 내용은 지정단체와 방송사업자가 연간 얼마 또는 방송사 연간 수익액의 몇 퍼센트 하는 식으로 보상금의 액수를 정하는 것을 말한다.

한편, 보상금은 그 취지로 보아 당사자끼리의 협의에 의해 원만하게 결정되는 것이 가장 바람직하지만, 만일 그렇지 못할 경우에는 어느 한 쪽의 주장대로 결정하거나 심지어 소송에 의해 해결하는 것도 곤란하므로 대통령령이 정하는 바에 따라 저작권심의조정위원회의 조정절차를 거치도록 규정하고 있다. 저작권심의조정위원회는 저작권에 관한 사항을 심의하고 저작권법에 의해 보호되는 권리에 관한 분쟁을 조정하기 위해 설립된 기관이다(저작권법 제81조 제1항 참조). 그리고 이 위원회의 조정절차에 의해 성립된 조정의 효력은 재판상 화해와 같아서 함부로 파기할 수 없는 성질을 가지고 있다.

마지막으로, 보상을 받을 권리를 행사할 단체의 지정 등에 관한 사항은 대통령령으로 정하도록 규정하고 있다. 이에 대한 자세한 것은 대통령령인 저작권법 시행령 제23조에 규정되어 있는데, 이에 따르면 문화관광부장관이 지정하는 실연자 단체는 다음과 같은 요건을 갖추어야 한다.

첫째, 영리를 목적으로 하지 않을 것

둘째, 구성원이 임의로 가입하거나 탈퇴될 수 있을 것

셋째, 구성원의 의결권 및 선거권이 평등할 것

4. 영상저작물에 관한 특례규정과 방송 콘텐츠

저작권법 제5장은 영상저작물에 관한 특례규정이다. 이러한 규정이 별도로 있는 이유는 영상저작물의 종합적 특성 때문이라고 할 수 있다. 이러한 특성을 감안해서 현행 저작권법 제74조에서는 '저작물의 영상화'와 관련해서 다음과 같이 규정하고 있다.

① 저작재산권자가 그 저작물의 영상화를 다른 사람에게 허락한 경우에 특약이 없는 때에는 다음 각호의 권리를 포함하여 허락한 것으로 본다.

　1. 영상저작물을 제작하기 위하여 저작물을 각색하는 것

　2. 영상저작물을 복제·배포하는 것

　3. 영상저작물을 공개상영하는 것

4. 방송을 목적으로 한 영상저작물을 방송하는 것

5. 영상저작물의 번역물을 그 영상저작물과 같은 방법으로 이용하는 것

② 저작재산권자는 그 저작물의 영상화를 허락한 경우에 특약이 없는 때에는 허락한 날로부터 5년이 경과한 때에 그 저작물을 다른 영상저작물로 영상화하는 것을 허락할 수 있다.

즉, 저작권법 제74조는 저작물의 영상화와 관련해서 저작재산권자가 영상제작자에게 양도하는 사항에 대한 간주규정이다. 영상저작물의 제작에 이용되는 원저작물의 저작재산권 행사에 일정한 제한을 가한 것으로, 저작재산권자가 자신의 저작물을 영상저작물에 이용하도록 허락함에 있어서 특별한 약정이 없는 한 몇 가지 권리를 포함해서 영상제작자에게 허락한 것으로 본다는 것과 일정의 기간 동안은 영상제작자에게 영상저작물의 이용에 따른 독점권을 인정한다는 내용이다.

먼저, 특약이 없이 저작물의 영상화를 허락했을 때에 저작재산권자로부터 영상제작자에게 양도되는 것으로 보는 사항이다. 즉, 영상저작물의 제작편의와 이용편의를 위해 저작물의 각색, 영상저작물의 복제·배포, 영상저작물의 공개상영, 방송목적의 영상저작물에 대한 방송, 영상저작물의 번역물에 대한 이용 등과 같은 권리도 함께 영상제작자에게 허락된 것으로 본다는 것이다. 여기서 "저작물의 영상화를 다른 사람에게 허락한 경우"란 소설이나 각본 같은 어문저작물을 영상저작물로 제작하려는 사람에게 그 이용을 허락한 경우가 대표적이다. 이는 저작재산권의 일종인 2차적 저작물의 작성권에 해당하는 것인데, 2차적 저작물이란 원저작물을 "번역·편곡·변형·각색·영상제작 그 밖의 방법으로 작성한 창작물"을 말하므로 이 중 영상제작에 해당하는 2차적 저작물의 작성권을 영상제작자에게 행사하는 것이 된다. 이렇게 해서 작성된 영상저작

물은 2차적 저작물로서 그것을 제작한 사람은 원저작권과는 별도의 새로운 저작권을 갖게 된다. 하지만 2차적 저작물에 대한 저작권의 행사가 원저작권에 우선하는 것은 아니므로 영상저작물의 이용편의를 위해 영상제작자에게 일정한 권리를 부여한 것이다.

특히, 저작재산권자가 방송을 목적으로 하는 영상저작물에 대해 자신의 저작물을 영상화하도록 허락한 경우에는 특약이 없는 한 제작된 영상저작물을 방송하는 것까지 포함된 것으로 본다는 규정에 주목할 필요가 있다. 이는 저작재산권상 방송권이 복제권·배포권·공연권과 함께 별도의 권리이므로 이용에 따른 충돌을 없애기 위한 것이다. 다만, "방송을 목적으로 한"이라고 규정하고 있으므로 당초의 목적이 방송이 아닌 경우에는 이 규정이 적용되지 않는다는 점에 주의해야 한다.

또한, 특약이 없는 한 영상화의 허락에 포함되는 것에는 제작된 영상저작물을 당초의 이용방법에 따라 번역해서 이용하는 권리도 있음을 규정하고 있는데, 이는 영상저작물의 수입 또는 수출에 있어서 외국어를 우리말로 또는 우리말을 외국어로 번역해서 영상저작물에 더빙하거나 자막으로 처리할 수 있음을 감안한 것이다.[66]

이러한 '영상저작물에 대한 권리'의 구체적인 내용은 저작권법 제75조에 규정되어 있다. 곧, 영상제작에 협력한 사람들의 권리 중에서 영상저작물의 이용권과 저작인접권은 영상제작자에게 양도된 것으로 간주한다. 하나의 영상저작물이 만들어지기 위해서는 많은 분야에서 많은 사람들이 서로 협력해야 하므로 권리관계가 복잡해질 수밖에 없다. 영상제작에 이용되는 저작물의 저작재산권자뿐만 아니라 통칭 '실연자'로 불리는 감독이나 프로듀서, 촬영 및 미술

---

66) 김기태, 『저작권법의 해석과 적용(개정판)』(서울: 삼진기획, 2000), p. 283.

이나 편집에 관여하는 사람, 조명 및 소품담당, 그리고 배우나 탤런트처럼 연기에 참여하는 사람 등이 영상제작에 관여하는 것이다.

만일 영상제작자가 법인이나 단체이고 영상제작에 참여하는 모든 사람들이 그 법인이나 단체의 업무에 종사하는 종업원이어서 단체명의저작물이 성립하는 경우라면 그 권리는 법인이나 단체에 있으므로 별 문제가 없지만, 그렇지 않다면 영상제작에 관여하는 사람 중에서 자신의 창작성을 발휘하여 별도의 저작권을 취득하는 경우도 있을 것이므로 문제가 생기지 않을 수 없다. 즉, 완성된 영상저작물은 일종의 공동저작물과도 같은 것이므로 그 기여한 바에 따라 저작재산권 역시 공유가 될 수 있고, 실연자들이 획득하게 되는 저작인접권 또한 발생하는 것이다.

또한, 정당한 방법으로 영상저작물을 제작한 영상제작자는 저작권법 제76조의 규정에 따라 "영상저작물이 수록된 녹화물을 복제·배포하거나 공개상영 또는 방송에 이용할 권리를 가지며, 이를 양도하거나 질권의 목적으로 할 수 있다." 즉, 영상제작자는 영상저작물이 수록된 녹화물을 복제하는 것은 물론 배포할 수 있으며, 그것이 영화 같은 영상저작물이라면 공개상영의 방법으로, 그것이 방송을 목적으로 한 영상저작물이라면 방송의 방법으로 이용할 수 있으며, 이용에 따른 저작재산권자의 허락은 필요 없다는 것이다. 또한 영상제작에 따른 이용권도 하나의 저작재산권이므로 이러한 권리를 가진 영상제작자는 영상저작물에 대한 일체의 권리를 제3자에게 양도하거나 질권의 목적으로 할 수 있음을 규정하고 있다. 따라서 영상제작자는 자신이 제작한 영상저작물에 대한 권리를 다른 사람에게 양도할 수 있으며, 이를 목적으로 한 질권을 설정할 수 있다. 이때에 영상저작물의 제작에 관여한 많은 권리자들로부터 동의를 얻을 필요는 없다. 일반적인 저작물 이용허락에 있어서는 이용에 따른 권리를 양도하거나 질권을 설정하고자 할 때에는 저작재산권자의 동의가 필요하지만(저작권법 제42조 제3항 참조), 여기서는 영상저작물의 특수성을 감안한 특례규정이기 때문에 이를 적용하지 않은 것으로 보인다.

마지막으로, 영상저작물은 저작권법 제77조의 규정, 즉 "영상저작물의 저작재산권은 공표한 때부터 50년간 존속한다. 다만, 창작한 때부터 50년 이내에 공표되지 아니한 경우에는 창작한 때부터 50년간 존속한다"는 규정에 따라 보호된다. 여기서 영상저작물의 원활한 이용을 위해 영상제작자에게 부여한 권리를 "영상저작물의 이용권"이라 하지 않고 "영상저작물의 저작재산권"이라 한 것은 이용권 자체가 저작재산권의 일종이기 때문이다. 그리고 그 이용권은 저작재산권자의 의사에 관계없이 영상제작자에게 주어진 권리이므로 약정에 의해 이용권 존속기간을 정할 수도 없는 노릇이다.

따라서 저작재산권의 존속기간과 이용권의 존속기간은 같은 것으로 영상저작물이 공표된 때로부터 50년간 존속하며, 창작한 때로부터 50년 이내에 공표되지 않은 경우에는 창작한 때부터 50년간 존속한다. 여기서 주의할 점은 보호기간의 기산점이 다음 해 1월 1일이 아니라 공표하는 그 시점이라는 것이다. 이는 실질적인 저작물의 저작재산권자보다는 영상제작자에게 대부분의 권리가 자동적으로 양도되므로 저작재산권자에게는 보호기간에 따른 이익이 별로 발생하지 않는다는 점을 감안해서 그렇게 규정한 것이며, 일반적인 저작재산권의 보호에서는 미공표로 인한 보호기간의 연장을 최대로 보장하고 있지만, 여기서는 오히려 보호기간의 연장을 꺼려서 영상저작물이 창작된 때부터 10년 이내에 공표되지 않은 경우에는 창작한 때부터 50년간으로 규정하였다. 따라서 단체명의저작물과 마찬가지로 영상저작물의 저작재산권은 최대 60년 이상 보호받을 수 없다는 점에 주의해야 한다.[67]

---

67) 김기태, 『저작권법의 해석과 적용(개정판)』(서울: 삼진기획, 2000), p. 289.

5. 방송 콘텐츠의 저작권적 특성

위에서 살핀 것처럼, 방송용 콘텐츠 혹은 영상저작물은 그것의 복합적인 특성으로 말미암아 수많은 분쟁의 소지를 안고 있기 때문에 현행 저작권법에서는 저작물의 영상화에 동의한 경우 모든 저작재산권적 권리를 영상제작자에게 양도하는 것으로 간주한다고 규정하고 있다. 즉, 저작재산권자가 자신의 저작물을 영상저작물에 이용하도록 허락함에 있어서 특별한 약정이 없는 한 몇 가지 권리를 포함해서 영상제작자에게 허락한 것으로 본다는 것과 일정의 기간 동안은 영상제작자에게 영상저작물의 이용에 따른 독점권을 인정한다는 내용이 저작권법에 규정되어 있는 것이다.

예컨대, 특약이 없이 저작물의 영상화를 허락했을 때에 저작재산권자로부터 영상제작자에게 양도되는 것으로 보는 사항, 즉 영상저작물의 제작편의와 이용편의를 위해 저작물의 각색, 영상저작물의 복제·배포, 영상저작물의 공개상영, 방송목적의 영상저작물에 대한 방송, 영상저작물의 번역물에 대한 이용 등과 같은 권리도 함께 영상제작자에게 허락된 것으로 본다.

여기서 "저작물의 영상화를 다른 사람에게 허락한 경우"란 소설이나 각본 같은 어문저작물을 영상저작물로 제작하려는 사람에게 그 이용을 허락한 경우가 대표적이다. 이는 저작재산권의 일종인 2차적 저작물의 작성권에 해당하는 것인데, 2차적 저작물이란 "원저작물을 번역·편곡·변형·각색·영상제작 그 밖의 방법으로 작성한 창작물"을 말하므로 이 중 영상제작에 해당하는 2차적 저작물의 작성권을 영상제작자에게 행사하는 것이 된다. 이렇게 해서 작성된 영상저작물은 2차적 저작물로서 그것을 제작한 사람은 원저작권과는 별도의 새로운 저작권을 갖게 된다. 하지만 2차적 저작물에 대한 저작권의 행사가 원저작권에 우선하는 것은 아니므로 영상저작물의 이용편의를 위해 영상제작자에게 일정한 권리를 부여한 것이다.

좀더 구체적으로는 영상화의 허락에는 원저작물을 각색하는 권리가 포함된다. 영상제작에 따른 허락을 받은 사람이라도 저작물의 영상화를 위해 각색을 하려면 별도로 각색의 허락을 받아야 하는 것이지만 허락의 절차를 간소화하고자 이러한 규정을 둔 것이다. 한편, 어문저작물을 원저작물로 하는 경우에 있어서의 각색뿐만 아니라 넓은 의미에서는 각색을 "영상화에 알맞도록 개작하는 것"이라고 보아 영상화의 허락을 얻은 음악저작물이나 미술저작물을 영상제작에 적합한 형태로 편곡하거나 변형하는 것도 각색의 범주에 드는 것으로 보아야 한다는 견해도 있다.

따라서 직접 영상제작에 이용할 수 없는 저작물을 영상화의 기본적인 과정인 각색 또는 변형을 하려면 일단 영상제작에 따른 허락만 얻으면 되는 것으로 해석할 수 있다. 또한 이러한 각색은 어디까지나 영상제작을 위한 목적 때문에 허락된 것이므로 각색 그 자체를 별도의 2차적 저작물에 대한 작성으로 보아 영상화와는 다른 새로운 저작권을 주장하는 것은 있을 수 없는 일이다. 그리고 저작물을 각색함에 있어서 주의할 점은 원저작물의 본질적인 창작성을 발휘하는 방향으로 이루어져야지 그렇지 않고 원저작물을 본질적으로 변경시키거나 훼손하여 원저작자의 명예를 실추시킨다면 오히려 저작인격권의 침해요인이 되며, 여기서 말하는 각색에 해당될 수 없다는 사실이다. 또, 저작재산권자로부터 영상화의 허락이 있었다면 특약이 없는 한 제작된 영상저작물을 복제 및 배포하는 권리도 함께 영상제작자에게 허락된 것으로 본다.

복제권 또는 배포권은 2차적 저작물의 작성권과 함께 별도의 권리이며, 일반적으로 2차적 저작물의 작성이 허락되었더라도 복제권이나 배포권이 함께 허락된 것으로 보지 않는다. 따라서 2차적 저작물에 대한 복제 및 배포는 원저작물의 복제 및 배포와 마찬가지로 원저작물의 저작재산권자가 그 권리를 행사할 수 있다. 물론 2차적 저작물의 작성자에게는 별도의 저작재산권이 주어지지만 그것은 원저작물의 저작자의 권리에 영향을 미치지 않기 때문이다.

그 밖에 저작재산권자가 방송을 목적으로 하는 영상저작물에 대해 자신의 저작물을 영상화하도록 허락한 경우에는 특약이 없는 한 제작된 영상저작물을 방송하는 것까지 포함된 것으로 본다. 또, 특약이 없는 한 영상화의 허락에 포함되는 것에는 제작된 영상저작물을 당초의 이용방법에 따라 번역해서 이용하는 권리도 있음을 규정하고 있다. 이는 영상저작물의 수입 또는 수출에 있어서 외국어를 우리말로 또는 우리말을 외국어로 번역하여 영상저작물에 더빙하거나 자막으로 처리할 수 있음을 감안한 것이다.

이처럼 저작재산권자가 그의 저작물에 대한 영상화를 영상제작자에게 허락한 경우에는 특약이 없는 한 허락한 날로부터 5년이 지나야만 그 저작물의 영상화를 다른 영상제작자에게 허락할 수 있다. 따라서 저작재산권자의 입장에서는 특약을 하지 않는 한 영상화의 허락을 한 날로부터 5년 동안은 그 저작물에 관한 영상화의 허락권을 행사할 수 없다는 것이며, 영상제작자의 입장에서는 특별한 약정이 없더라도 5년의 기간 동안에는 영상저작물의 이용에 관하여 독점적이고 배타적인 권리를 얻게 된다.

이는 저작재산권자보다는 영상제작자의 입장을 더 많이 고려한 규정으로 보이는데, 그것은 영상저작물의 제작에 많은 자본이 투입되는 점을 감안해서 투입자본의 회수에 유리하도록 일정기간 독점권을 인정해야 한다는 취지에서 비롯된 것으로 해석할 수 있다. 아울러 일반적인 저작물의 이용허락에 있어서는 저작재산권자와 이용자가 단순이용허락인지 독점이용허락인지를 협의해서 계약사항으로 명시해야 하지만, 저작물의 영상화에 있어서는 특약이 없는 한 영상제작자에게 독점권이 부여된다는 점에 주의해야 한다.

결국, 하나의 영상저작물이 만들어지기 위해서는 많은 분야에서 많은 사람들이 서로 협력해야 하므로 권리관계가 복잡해질 수밖에 없다. 영상제작에 이용되는 저작물의 저작재산권자뿐만 아니라 통칭 '실연자(實演者)'로 불리는 감독이나 프로듀서, 촬영 및 미술이나 편집에 관여하는 사람, 조명 및 소품담당, 배우나 탤런트처럼 연기에 참여하는 사람 등이 영상제작에 관여하는 것이다.

만일 영상제작자가 법인이나 단체이고 영상제작에 참여하는 모든 사람들이 그 법인이나 단체의 업무에 종사하는 종업원이어서 단체명의저작물이 성립하는 경우라면 그 권리는 법인이나 단체에 있으므로 별 문제가 없지만, 그렇지 않다면 영상제작에 관여하는 사람 중에서 자신의 창작성을 발휘하여 별도의 저작권을 취득하는 경우도 있을 것이므로 문제가 생기지 않을 수 없다. 즉, 완성된 영상저작물은 일종의 공동저작물과도 같은 것이므로 그 기여한 바에 따라 저작재산권 역시 공유가 될 수 있고, 실연자들이 획득하게 되는 저작인접권 또한 발생하는 것이다.[68]

한편, 저작인접권자에게는 전송권을 부여하지 않고 있었는데, 이는 현행 저작물 전송계약 관행상 '복제권'으로 저작인접권자의 권리보호가 가능하다는 점 때문이었다. 아울러, 국내법상의 실연자가 국제법상 인정되는 청각 실연 외에 시청각 실연까지 포괄함으로써 영상저작물의 원활한 이용관계가 저해될 가능성과 함께 세계지적소유권기구 실연·음반조약에서도 저작인접권자에게는 공중전달권이 아닌 '이용제공권(right of making availavle to the public)'만을 인정하고 있다는 점 등을 고려한 때문이기도 하였다.

그러나 저작물의 온라인 사용실태가 보편화하면서 저작인접권자들에게도 전송권이 절실하게 필요해졌다는 판단에 따라 2004년도 개정법에서는 저작인접권자에 대해 전송권을 전격 부여함으로써 저작인접권자의 권리가 강화되었다.

---

68) 김기태, 『저작권법의 해석과 적용(개정판)』(서울: 삼진기획, 2000), p. 285.

6. 영상화를 통한 문학의 새로운 가능성[69]

영상 하나.

하얀 눈으로 뒤덮인 시골 마을 종착역 '호로마이'. 평생 호로마이 역을 지켜온 철도원 '오토'. 눈이 내리면 그는 고개 들어 눈송이를 쏟아내는 먼 하늘을 하염없이 바라본다. 지난 날 잃어버린 소중한 이들의 흔적을 찾아 떠도는 시선이 애처롭다. 17년 전 겨울 어느 날, 철도 위에서 오토가 열차를 점검하고 있을 때 우윳빛 고운 얼굴의 아내 '시즈에'가 그에게 달려와서는 아기를 가졌다며 기쁨에 겨워 어쩔 줄 몰라하는 천진난만한 장면에 이어 오토의 넓은 어깨에 안겨 너무나 행복해하는 시즈에의 얼굴이 겹쳐진다.

오랜 기다림 끝에 태어난 딸에게 오토와 시즈에는 '눈의 아이'라는 뜻의 '유키코'란 이름을 지어줬다. 하지만 행복은 잠시. 유키코가 태어난 지 두 달쯤 된 어느 날, 급작스런 열병에 걸린 아이를 데리고 병원에 갔던 아내는 눈처럼 차갑게 식어버린 딸의 시신을 안고 돌아왔고, 딸의 죽음을 지켜보지 못한 채 어김없이 역을 지키고 있던 오토의 가슴엔 깊은 상처가 자라나기 시작했다. 그리고 또다시 아내 시즈에가 깊은 병을 얻어 큰 병원에 입원하는 날도 오토는 역에 남아 슬프도록 맑은 눈으로 자신을 바라보는 아내를 홀로 보내고 말았다. 그렇게 떠난 아내마저 쓸쓸히 유키코가 있는 하늘로 가버리고, 오토의 정년퇴임을 앞둔 새해 아침. 눈 쌓인 플랫폼을 치우고 있던 오토에게 낯선 여자아이 하나가 인사를 한다. 가슴에 인형을 안고 천진스레 웃고 있는 소녀는 처음부터 그를 알고 있었다는 듯 성큼 오토에게 다가오는데……

---

69) 이 글은 필자가 계간 문예지 〈문학수첩〉 2004년 여름호에 "일본 문학의 영상화에서 나타난 문학의 새로운 가능성"이란 제목으로 실은 것임.

영상 둘.

"오겡끼데스까?(잘 지내고 있어요?)", "와다시와 겡끼데스.(전 잘 지내요.)"

두 손을 모아 눈 덮인 산을 향해 외치는 여자의 목소리에서 금방이라도 눈물방울이 흩어져 내릴 것만 같다. 히로코의 연인 이츠키가 등반 사고로 죽은 지 2년이 지난 뒤에 열린 추모식. 이츠키를 잊지 못하고 있는 히로코는 이츠키의 집에서 그의 옛 주소를 발견하고 그곳으로 편지를 보낸다. 그리고 며칠 뒤 히로코는 예기치 못한 이츠키의 답장을 받게 된다. 히로코는 이츠키와 편지를 주고받으면서 이츠키가 자신의 죽은 연인과 이름이 같은 여자임을 알게 된다.

"당신이 그리워하고 있는 그는 제 기억 속에 살아있습니다."

히로코는 이츠키를 만나기 위해 먼길을 찾아가지만 집 앞에서 서성이다 편지 한 통만을 남기고 발길을 돌린다. 이츠키는 히로코가 남긴 편지를 통해 그녀의 연인이라는 사람이 자신의 중학교 동창생이었다는 사실을 깨닫고 놀란다. 그리고 두 사람은 본격적으로 편지를 주고받기 시작한다.

"당신이 가지고 있는 소중한 추억을 저에게도 나누어 주세요."

히로코는 죽은 연인을 잊을 수 없는 간절한 마음으로 그의 어린 시절에 대한 추억들을 이츠키에게 적어 보내 줄 것을 부탁하고, 이츠키는 잊고 지냈던 어린 시절을 추억들을 하나 하나 떠올리기 시작한다. 이름이 같다는 이유로 아이들의 놀림거리가 되었던 유쾌하지 못한 기억에서 시작된 과거로의 시간 여행은 점차 아쉽고 소중한 추억에 대한 진한 그리움으로 변해 간다.

"가슴이 아파서 이 편지는 보내지 못할 것 같습니다."

히로코는 이츠키가 숨을 거둔 산에 올라가 자신이 잡아두려 했던 이츠키를 마음으로부터 떠나 보내게 된다. 그리고 이츠키는 그동안 알지 못했던 사실을 깨닫게 되는데…….

영상 셋.

1945년 히로시마에 원폭이 있기 두 달 전 전쟁의 상처로 얼룩져 있는 일본의 어느 어촌 마을. 어색한 오프닝 선율에 맞춰 한 남자가 열심히 어딘가를 향해서 분주하게 움직이고 있다.

모든 환자의 병세를 간염이라고 진단하는 바람에 '간장선생(肝臟先生)'이라는 별명을 얻은 의사 '아카기'. 사람들은 그를 돌팔이라며 수군거리지만 아카기는 아랑곳하지 않고 의사로서의 책임과 의무를 다한다. 그는 자신의 아내를 병으로 잃었고 아들을 전장에 내보낸 아픔을 가지고 있다. 그러나 마을 사람들의 대소사에 일일이 귀기울여주고 왕진을 나갈 때면 하얀 양복과 나비넥타이를 챙겨 매는 멋쟁이(?)다. 우스꽝스러운 의상, 모두가 비웃는 고지식함, 게다가 그의 동료들은 사회가 철저히 배척하는 사람들이다. 몰핀에 중독된 외과의사, 알코올중독자인 승려, 2대째 창녀일을 하고 있는 어린 소녀, "조국을 위해 서비스를 제공한다"고 외치는 술집마담. 그러나 그들은 사회의 시선은 아랑곳하지 않은 채 간장선생을 도와 간염을 박멸시켜 인류를 구원하겠다는 숭고한 희생정신을 품은 사람들이다.

어느 날 간장선생 앞에 전직 창녀인 '소노코'가 간호사로 들어오게 되고 병원은 더욱 활기를 띠게 된다. 아카기의 헌신적인 모습을 본 소노코는 그의 모습에 사랑을 느끼게 되는데…….

1. 소설을 원작 삼아 만들어지는 일본영화들

맨 처음에 소개된 것은 일본에서 140만 부 이상 팔린 베스트셀러이자, 대중문학작품에 수여되는 가장 권위 있는 문학상인 '나오키상(直木賞)'을 수상한 '아사다 지로'의 단편소설 〈철도원〉을 영화화한 작품으로, 1999년 6월 일본에서 2주간 흥행 1위를 차지하면서 무려 450만 명의 관객을 동원한 작품이다. 1960년대 일본의 생활상을 생생하게 보여주는 이 작품은 계급 관계에 따른 아이러니와 부조리들이 사실적이고 유머러스한 대사 속에 잘 나타나 있다. 1999년 로테르담 영화제와 부산국제영화제에 출품되었고, 몬트리올 영화제에서는 남우주연상을 수상했으며, 우리나라에서도 개봉되어 28만 명의 관객을 동원했다. 이 영화는 한마디로 '후루하타 야스오' 감독과 일본의 국민배우로 불리는 '다카구라 켄'이 빚어낸 걸작이다. 하지만 그 이전에 작가 아사다 지로의 〈철도원〉이라는 원작이 없었다면 영화 〈철도원〉 역시 없었을 것이다.

두 번째 소개된 영상은 '이와이 순지' 감독의 작품 〈러브레터〉이다. 일본에서 1995년에, 우리나라에서는 1999년 11월에 개봉된 이 영화에서는 '나카야마 미호', '도요카와 에츠시' 등이 열연했고, '츠카모토 신야' 감독의 〈철남(鐵男)〉(1989)이 로마영화제에서 그랑프리를 거머쥔 이래로 각종 영화제 등에서 가장 좋은 평가를 받은 작품 중 하나다. 실제로 영화 〈러브레터〉는 홍콩에 수출되어 50만 달러 이상을 벌어들였으며, 1990년대의 또 다른 특징인 이미지 중심의 영화를 이야기할 때 빠뜨릴 수 없는 감독으로 '츠카모토 신야'와 함께 '이와이 순지' 감독을 떠올리게 만든 작품이기도 하다. 두 사람은 모두 TV나 CF 등 다양한 영상매체를 통해 새로운 영상감각을 익힌 신세대 감독이라는 점에서 여전히 주목받고 있다. 그런데 영화 〈러브레터〉 역시 같은 제목의 원작소설이 따로 있었다. 이와이 순지 감독 자신이 바로 원작소설 〈러브레터〉의 작가였던 것이다.

이처럼 일본에서는 소설을 원작삼아 텔레비전 드라마나 영화를 제작하는 일이 빈번하다. 세 번째 영상으로 소개된, 일본 대중문화 개방 이후 가장 많이 국내에 소개된 감독이기도 한 '이마무라 쇼헤이'의 영화 〈간장선생〉(2001) 역시 '사카구치 안고'의 동명소설을 영상화한 작품이다. 그런데 공교롭게도 우리나라에 소개된 이마무라 쇼헤이 감독의 다른 작품들 역시 문학작품을 원작으로 해서 영상화한 것이다. 영화 〈나라야마부시고〉는 '후카사와 시치로'가 쓴 같은 제목의 소설을, 그리고 〈우나기〉는 '요시무라 아키라'의 소설을 원작으로 하고 있다.

2. 문학의 영상화가 뜻하는 것들

영화가 원작소설을 어떤 식으로 변형시켰는가에 대해 분석해 보는 작업은 무엇보다도 영상이미지를 통해 감독이 전달하고자 하는 메시지를 파악하는 중요한 과정이라고 할 수 있다. 원작의 의도를 그대로 살리려는 작품도 있겠지만 변형이 심하면 심할수록 감독의 의도가 보다 선명하게 드러날 수 있기 때문이다.[70]

이처럼 문학에서는 작품의 구성과 더불어 문체, 대사 등이 중요한 표현수단이 되지만, 소설의 문장을 영상으로 표현하는 영화나 드라마에서는 카메라의 움직임, 구도, 연기, 음향 등이 중요한 표현수단이 된다. 곧 관객이 영상을 통해 보는 세계는 사실 카메라를 통해 제시되는 세계인 것이다. 관객은 단지 카메라가 보여주는 현실의 단면만을 볼 뿐이다. 따라서 카메라의 시점을 분석해 봄으로써 드라마에서 중요하게 부각된 것이 무엇이며, 연출자의 의도는 무엇인지, 그리고 그가 관객에게 보여주고 싶은 단면들은 무엇인지 역으로 추적해 볼 수 있는 것이다.

한편, 현대사회에서 문학의 생산과 소비는 문학을 포함한 모든 매체에서 수

---

70) 유재연, "『肝臟先生』과 파시즘", 한국일본어문학회, 〈일본어문학〉 제13집(2002) 참조.

용되고 있다.[71] 그 대표적인 예가 바로 문학작품의 영상화라고 할 수 있는데, 텔레비전 드라마나 영화는 문학을 시각적인 생산물로 변화시킨 것이다. 특히 텔레비전 드라마는 발생 초기부터 문학과 밀접한 관계를 맺고 있는바, 영상매체는 기법적 측면에서 그 방법들을 문학에서 빌려오고 있는 것이다. 그리하여 문학작품에서 나타나는 대화는 대부분 드라마에 그대로 적용되고, 장면에 대한 긴 서술은 화면 배경으로 처리되곤 한다.

그러나 드라마나 영화는 문학과는 다른 독특한 문법을 가지고 있다. 구석구석 파고드는 카메라의 눈, 일상생활에 대한 감각적 접근, 실제 일터에서나 거리에서 사용되는 일상언어를 무기로 하여 새로운 극적 리얼리티를 이루어내는 것이다.[72] 시간에 쫓기는 현대인들의 특성을 반영하고, 문자매체보다 영상매체에 길들여져 있는 젊은 세대들을 겨냥해서 최근에는 많은 문학작품들이 영상물로 각색되고 있으며, 거꾸로 영상물이 문학시장을 유지해 주는 역할까지도 한다.[73]

그렇다면 원작소설과 그것을 각색하여 만들어진 영상은 본질적으로 어떻게 다른 것일까?

우선 시간적·공간적 제한이라는 영상매체의 특성에서 비롯된 차이점을 들 수 있다. 만일 대하소설을 시간이 110분으로 한정된 영화로 만드는 경우, 사건의 변화와 내용의 첨가 및 삭제는 불가피하다. 문학의 산만한 이야기체 스타일을 간결하고도 긴박감이 느껴지는 형태로 각색하여 극적으로 밀도 있게 구성해야 하기 때문에 원작소설의 양이 어쩔 수 없이 압축되어야 한다. 그렇다 보니

---

71) 송희영, "문학과 TV드라마 '도망치는 말'—마틴 발저의 노벨제와 페터 보베의 TV드라마 비교", 한국독어독문학회, 〈독일문학〉 제75집 41권 3호(2000) 참조.

72) 레이먼드 윌리엄스, 박효숙 옮김, 『텔레비전론』, 현대미학사(1996) 참조.

73) 실제로 영화나 드라마가 히트함으로써 원작소설이 많이 팔리는 예는 얼마든지 있다. 또, 영화로 만들어져 흥행에 성공했던 〈죽은 시인의 사회〉나 〈행복은 성적순이 아니잖아요〉 등에서 보이는 것처럼 창작시 나리오가 영상물 히트 이후에 소설로 각색되어 책으로도 성공하는 경우도 있다.

묘사를 위한 긴 문장은 물론 심리적 상태의 묘사와 내면독백, 그리고 스토리의 극적 진전에 직접적으로 기여하지 않는 사건과 줄거리들은 과감히 삭제되고 변형되는 것이다.

또, 같은 영상매체라 해도 그 매체적 특성상 텔레비전 드라마와 영화는 서로 다른 영상과 문법을 추구한다. 영화와 텔레비전 드라마의 차이점은 첫째, 보는 입장의 차이, 즉 영화관과 안방극장의 차이에서 온다. 스크린에 비치는 영상은 한 개인만을 위한 것이 아니라 극장에 앉은 관객 전체를 향해 비치는 것이다. 그렇기 때문에 전체적으로 압도되는 분위기 속에서 강한 몰입의 경지에 이르게 된다. 이에 반해 텔레비전 드라마는 안방에 있는 개개의 시청자들에게 일대일의 관계로 호소하는 느낌을 준다.[74] 그러므로 텔레비전 드라마에서는 친근감이 느껴지는 반면 영화보다 몰입되는 정도는 약하다. 아울러 화면이 크고 선명한 영화는 말(대사)로 하는 설명보다 그림, 즉 영상언어로 표현하고자 하는 특성이 강하다. 따라서 정지된 그림을 배척하고 대상을 움직임 속에서 포착하여 역동감 있는 입체적 공간을 창조하는 것이 영화적 영상의 매력이다.

반면, 텔레비전 화면은 좁다 보니 변화와 움직임을 추구하는 영상보다는 오히려 정지상태를 지속하려는 경향이 강하다. 따라서 텔레비전 드라마는 클로즈업과 바스트 샷을 주로 사용하여 인간의 일상적인 갈등을 세심하게 표현함으로써 우리의 삶의 모습을 더 세심하게 보여주는 매체적 특성을 지니고 있는 것이다.

결국 소설의 세계는 서술과 묘사를 통해 작가의 상상력이 무한정 펼쳐지는 공간이라면 영상의 세계는 카메라 기법의 활용을 통해 연출자의 과감한 생략과 극적 표현이 생동감 있게 펼쳐지는 공간이라고 할 수 있다. 곧 영상연출자가 원

---

74) 최상식, 『TV드라마작법』, 제삼기획(1997) 참조.

작을 어떻게 해석하고 있으며, 그 중 무엇을 중점적으로 영상기호로써 표현할 것인가에 따라 원작은 변형될 수밖에 없는 것이다.

3. 일본문학의 영상화 작업에서 우리가 배워야 할 것들

요사이 지적재산권(知的財産權)이라는 용어가 국제교역무대의 중심으로 떠오르고 있다. 그 중에서도 저작권은 문화산업에 있어 매우 중요한 개념으로 자리잡았으며, 그 토대가 되는 것이 바로 문학작품이다. 현행 저작권법에 의하면 "원저작물을 번역·편곡·변형·각색·영상제작 그 밖의 방법으로 작성한 창작물은 독자적인 저작물로서 보호된다"고 규정하고, 이러한 저작물을 가리켜 '2차적 저작물'이라고 부르고 있다.

이렇게 원작소설을 영상물로 바꾸는 것처럼 이미 작성되어 있는 저작물을 다른 장르로 변형시키는 것을 각색(脚色)이라고 하며, 같은 장르일지라도 성인용 저작물을 청소년용으로 다시 쓰는 것처럼 이용의 각 상황에 따라 적당하게 변경하는 것도 포함한다. 또한 이러한 각색은 표현형식만을 바꾸는 번역과는 달리, 저작물의 구성을 변경하는 경우도 포함한다. 예를 들어, 소설을 영화 시나리오로 고쳐 쓴다면 영화 제작과정의 특성에 맞추어 원저작물의 구성이 불가피하게 변경될 수밖에 없을 수도 있기 때문이다.

이렇듯 여러 가지 방법에 의해 원저작물을 토대로 작성된 2차적 저작물은 원저작물과 관계없이 '독자적인 저작물'로서 보호된다. 따라서 원작 소설을 영상화한 것이 바로 2차적 저작물이 되는 것이며, 2차적 저작물을 작성하고자 하는 사람은 원저작자의 허락을 얻어야만 비로소 정당한 독자적 저작물의 저작자로 인정받을 수 있다. 바로 이런 점 때문에 저작권을 가리켜 '권리의 다발'이라고 부른다.

저작권의 적절한 행사라는 관점에서 볼 때 우리는 이제 일본에서 문학작품들이 속속 영상화되어 흥행에 성공하고, 나아가 해외로 수출되어 외화 획득의 주요한 통로로 기능하는 것을 간과해서는 안 된다. 앞서 "현대사회에서 문학의 생산과 소비는 문학을 포함한 모든 매체에서 수용되고 있다"는 점을 지적했거니와, 일본의 경우에는 특히 문학을 영상과 연계하여 그 부가가치를 드높이고 있다는 사실을 잘 알 수 있었다. 문학작품을 영상화한다는 것은 곧 내용을 구체화하여 시각적으로 바꾼다는 것을 의미한다. 등장인물의 내면세계와 심리적 갈등, 그리고 독백 등은 문학 작품 속에서 작가의 상상력에 따라 자유롭게 묘사될 수 있으나 영상에서는 그것들을 일일이 표현하기 어렵다. 따라서 추상적인 관념들은 영상 속에서 과감히 누락되고, 등장인물들의 대사나 연기로 표현될 수 있는 요소들만 선별되는 것이다.

순수문학이니 참여문학이니 갈라져 갈등했던 1970년대와 1980년대의 질곡을 넘어 이제 대중문학과 순수문학의 경계마저 모호해진 지금, 문학의 본령을 잃지 말아야 한다는 당위적 목소리를 저버리지 않는 선에서 이제 우리 문학도 모든 매체와 화해를 시도해야 한다. 나아가 상생을 향해 제휴해야 한다. 그런 점에서 우리 문학과 가장 잘 어울리는 매체가 바로 영상이 아닐까 한다.

따라서 문학과 영상의 차이점을 잘 이해한 다음 각각의 매체가 지니는 고유한 특성을 조화시킨다면 문학의 영상화를 통한 부가가치 창출과 문학의 저변 확대라는 두 마리 토끼를 동시에 잡을 수 있을 것이다. 날로 발전하는 영상기술에 힘입어 문학작품들이 속속 영상화하는 가운데 문학은 또한 영상산업에 있어 중요한 콘텐츠로서 기능하는 것만이 문학과 영상산업이 고루 발전하는 길이 될 것이다.

제2부 _ 판례 분석

1. 제호의 저작물성

1. 저작권법상 제호의 의미

　제호(題號)란 저작물의 제목을 일컫는 말이다. 이러한 제호는 저작물의 내용을 집약하여 짧은 문구로 표현한 것이므로, 이를 무단으로 변경한다면 저작자에게는 사실상의 인격적 침해가 될 수 있다. 나아가 주제나 내용과는 상관없이 저작물의 상업적 이용만을 위해 제호를 무단으로 바꾸게 될 경우에는 더욱 심각한 문제가 생길 수도 있다.

　그런데 원래 제호 자체는 저작권법에서 보호하는 저작물이 아니므로 저작물을 작성하는 사람이 다른 저작자의 제호를 무단으로 사용하더라도 저작권 침해가 성립되지 않는다. 제호를 독립적인 저작물로 인정하지 않는 이유는 저작권법 제정의 취지에서 찾아볼 수 있다. 즉, 저작권을 보호하는 궁극적인 목적은 문화의 향상 발전인데, 만약에 모든 제호를 저작물로 인정할 경우에—예를 들어, 어떤 사람이 '사랑'이란 제목으로 글을 썼다면 이후에는 그 누구도 '사랑'이란 제목으로는 저작행위를 할 수 없을 것이기 때문에—엄청난 혼란이 일어남으로써 문화의 향상 발전보다는 일부에 의한 독점현상 때문에 폐해가 생길 수 있기 때문이다.

　물론 일부 국가에서는 매우 독창적인 제호에 대해서는 독립적인 저작물로 인정하여 보호하기도 한다.[75] 하지만 우리나라에서는 저작물의 제호에 한해서

---

75) 제호를 독립적인 저작물로 보아 보호하는 대표적인 국가로는 프랑스가 있다. 프랑스 저작권법 제5조 참조.

는 저작물성을 인정하지 않고 있다.[76] 다만, 그것이 저작물의 내용과 어울릴 경우에는 저작인격권으로서의 동일성유지권의 대상이 된다는 점에 주의해야 하는 것이다.

2. 판례 ①: "행복은 성적순이 아니잖아요" 사건
—서울민사지방법원 제11부 1990. 9. 20. 판결, 89가합62247 손해배상

(1) 사건 개요

A(원고)는 무용극(舞踊劇)의 창작 안무가로서 "행복은 성적순이 아니잖아요"라는 제명(題名)의 무용극을 창작, 무대에 올려 널리 알려지게 되었다. 이에 영화제작자인 B(피고)는 A의 승낙을 받아 위 무용극과 같은 제명의 영화를 제작하여 흥행에 성공하게 되었고, 이후 B는 C로 하여금 자신이 제작한 영화의 시나리오를 바탕으로 같은 제명의 소설을 집필하게 한 다음 이를 책으로 간행함으로써 좋은 반응을 얻어 대량의 판매부수를 기록하게 되었다.

한편, 이러한 B의 행위에 대해 A는 위 영화 및 소설에 원저작자로서의 자기 성명을 표시하지 않음으로써 자신의 저작인격권이 침해되었다고 주장하면서, 이에 대한 위자료의 지급과 함께 사과광고의 게재, 그리고 B와의 영화제작허락 계약상의 저작권사용료 및 위 소설의 무단발행으로 인한 손해배상을 청구하는 소송을 제기하기에 이르렀다.

이에 대해 B는 영화를 제작함에 있어서 A로부터 위 무용극의 제명만을 정

---

76) 제호 자체가 저작권법에서 보호하는 저작물이 될 수 없다고 하여 보호할 수 있는 방법이 없는 것은 아니다. 즉, 저작물이 복제된 출판물을 예로 든다면 출판물도 하나의 상품이기 때문에 매우 독창적인 제호라면 산업재산권에서의 상표로서, 또는 부정경쟁방지법에 의한 상표로서 보호받을 수 있다.

당하게 매수(買收)하여 자신이 제작한 영화의 제명으로 삼았을 뿐 A의 무용극 자체는 전혀 고려의 대상이 되지 않았으므로, 위 무용극을 원작으로 해서 영화를 제작하기로 했다거나 그에 따른 원작사용료를 지급하기로 한 사실은 전혀 없다고 주장했다. 이에 대해 재판부에서는 A(원고)의 청구를 기각하는 판결을 내렸다.

(2) 판결 이유

A의 승낙은 무용극 자체를 영화화하는 것이 아니고 무용극의 제명만을 영화에 사용하는 것을 승낙한 것으로 인정되므로 A의 영화화허락계약의 체결을 전제로 한 저작권 사용료의 지급청구는 이유가 없다. 또한 제명은 사상이나 감정의 표현이라고 볼 수 없어서 저작권 보호의 대상이 될 수 없으므로 같은 제명을 사용한 영화 및 소설의 제작이 저작권을 침해한 것이라고 볼 수 없다.

다음으로, 어떤 저작물이 원작에 대한 2차적 저작물이 되기 위해서는 단순히 사상·주제·소재가 같거나 비슷한 것만으로는 부족하고, 두 저작물 사이에 실질적 유사성 즉, 사건의 구성(plot) 및 전개과정과 등장인물의 교차 등에 공통점이 있어야 한다. 그럼에도 A의 무용극과 B의 영화 및 소설은 등장인물과 사건 전개 등 실질적인 구성면에 있어서 현저한 차이가 있으므로 원작 및 2차적 저작물의 관계를 인정할 만한 근거가 없다.

따라서 A의 원작 및 B의 2차적 저작물 무단 작성을 전제로 한 A의 청구 부분 역시 이유가 없으며, B의 영화 및 소설은 A의 무용극에 변경을 가한 것이 아닌 독창적인 저작물이므로 A의 저작물에 대한 동일성유지권 침해 역시 있을 수 없다.

3. 판례 ②: "自由人" 사건

—서울지방법원 서부지원, 1990. 9. 21. 결정, 90카6150 가처분신청

A는 "自由人"이라는 제호로 자서전을 저술하여 출간했는데, 이후 이 저작물은 국내에서 베스트셀러를 기록하면서 널리 알려지게 되었다. 그런데 대학교수인 B를 저자로 하여 출판업자 C가 "自由人, 자유인"이라는 제호로 저작물을 출간한 후 발매와 함께 광고를 하기 시작하자 A는 그러한 행위가 "自由人"이라는 제호의 저작물에 관한 권리침해와 부정경쟁행위라고 주장하며 법원에 "自由人, 자유·인"의 제작금지 가처분신청을 제기하였다.

이에 대해 B와 C는 저작물의 제호는 저작권법상 저작물로서 보호되지 않을 뿐만 아니라 책의 제호는 부정경쟁방지법상의 주지의 상품이 아니라고 주장하며 맞섰다. 아울러 책 제호 자체나 그 내용, 책의 외관과 장정에 있어서 영업주체나 상품주체의 혼동을 일으킬 여지가 없으므로 A에게는 가처분신청을 할 권리가 없다고 주장했는데, 법원은 이를 심리한 끝에 B와 C의 주장을 받아들여 A의 신청을 기각하였다.

4. 판례 분석

위의 사례에서 쟁점이 되는 것은 저작물의 제호가 과연 저작권법상의 보호를 받을 수 있느냐의 여부이다. 따라서 위의 사건들이 주는 가장 큰 의미는 저작물의 제호(제목)는 저작권법상 보호되는 저작물이 아니라는 재판부의 판단에 있다. 원래 저작권을 보호하는 취지는 법 제1조 '목적'에 잘 나타나 있듯이 "문화의 향상 발전에 기여"하기 위한 것인데, 만일 무분별하게 제호를 보호하

다 보면 내용의 보호에 앞서 저작행위가 크게 위축될 수밖에 없기 때문이다. 그렇지 않아도 출판계 실무자라면 그럴싸한 제목 생각하는 일이 가장 큰 업무 중하나가 되어버린 마당에 보호되지 않는 제목까지 생각해 내려면 아마 본말이 전도될 것은 뻔한 일일 것이다.

또 하나, 이 판결에서 주의해야 할 대목은 "어떤 저작물이 원작에 대한 2차적 저작물이 되기 위해서는 단순히 사상·주제·소재가 같거나 비슷한 것만으로는 부족하고, 두 저작물 사이에 실질적 유사성 즉, 사건의 구성 및 전개과정과 등장인물의 교차 등에 공통점이 있어야 한다"고 판시한 점이다. 여기서 눈여겨보아야 할 표현이 바로 '실질적 유사성'이며, 아이디어 수준의 그것은 구체성을 결여하고 있기 때문에 저작물성을 갖고 있다고 볼 수 없다는 사실이다.

다만, 제목과 관련해서 주의할 점은 그 자체가 저작권의 보호대상은 아닐지라도 저작인격권상의 동일성유지권을 침해해도 좋다는 뜻은 절대로 아니라는 점이다. 즉, 잡지나 신문 등에 종사하는 실무자들이 아무 생각 없이 외부 필자가 보내온 원고를 함부로 손대거나 마음대로 제목을 갈아치우는 행위는 동일성유지권을 침해하는 행위가 된다는 사실을 절대 잊지 말아야 할 것이다.

2. 저작재산권 양도의 효력

1. 저작권법상 저작재산권 양도의 의미

저작재산권은 인격권과는 달리 일반적인 소유권과 마찬가지의 성격을 띠고 있어서 권리자가 자신의 경제적 이익을 위해 여러 가지 방법으로 그 권리를 행사할 수 있다. 저작권법 제41조에서는 저작재산권의 양도(assignment)에 관해 규정하면서 저작재산권을 다른 사람에게 양도할 수 있다고 밝히고 있다. 그런데 여기서 주목해야 할 것은 "전부 또는 일부를 양도할 수 있다"는 규정이다.

일반적으로 물권(物權)에 있어서의 소유권인 경우에는 전부가 아닌 일부를 양도한다는 것은 생각하기 어렵다. 예를 들어, 어떤 집을 소유하고 있는 사람이 그 집을 전세(專貰)의 방법으로 다른 사람에게 임대하고 나서 또 그 집의 소유권을 다른 사람에게 양도할 수는 없는 노릇이다. 즉, 일반적인 소유권에서는 유체물로서의 소유물과 소유권을 분리할 수 없다. 그러나 저작재산권은 다르다. 저작재산권 자체를 전부 양도하는 경우에는 소유권과 별 차이가 없지만, 일부를 양도할 수 있다는 점에서는 저작재산권만의 특성을 엿볼 수 있다.

우선, 저작재산권의 경우에는 저작물을 이용하는 방법에 따라 그 권리 또한 분리하여 행사할 수 있는 여지가 매우 많다. 즉, 저작재산권으로서의 복제권, 공연권, 방송권, 전송권, 전시권, 배포권, 2차적 저작물 등의 작성권 등이 각각 별개의 재산적 권리이므로, 이용형태에 따라 권리를 분할하여 양도할 수 있는 것은 당연하다. 또 경우에 따라서는 그러한 별개의 재산적 권리조차도 쪼갤 수가 있다. 예를 들어, 복제권 하나만 살펴보더라도, 저작재산권자는 인쇄의 방법으로 저작물을 복제하려는 출판사업자와 녹음의 방법으로 저작물을 복제하려는 음반사업자, 또는 녹화의 방법으로 저작물을 복제하려는 영상사업자 등에게 복제권을 각각 별도로 양도할 수 있다. 어떤 방법으로 복제하느냐에 따라 같은 복제권이라도 완전한 별개의 권리로 쪼개질 수 있다는 가분적(可分的)인 저작재산권의 특성 때문이다. 뿐만 아니라 저작재산권자는 하나의 저작물에 대해 종이책의 형태로 출판사에 출판권을 부여하는 동시에 전송권을 발휘해서 또 다른 업체 혹은 개인에게 '전자책(eBook)'을 만들도록 허락할 수도 있다.

다음으로는 2차적 저작물 등의 작성권과 관련한 재산권의 분할을 생각할 수 있다. 예를 들어, 어떤 장편소설의 저작자가 있다면, 그는 그것을 원작으로 하는 번역은 물론 각색하여 공연에 이용하거나 영상제작에 이용하려는 사람들에게 각각 별도로 그 부분에 대한 권리를 양도할 수 있는 것이다. 뿐만 아니라 같은 공연이라도 공연의 주체가 달라진다면 그들에게도 별도의 권리를 양도할 수 있다.

또한 시간적, 공간적 제한에 의한 저작재산권의 분할 및 양도를 생각할 수도 있다. 먼저 시간적인 측면에서 예를 든다면, 저작재산권자는 자신의 권리를 다른 사람에게 양도함에 있어서 언제부터 언제까지, 즉 '3년' 또는 '5년'이라는 기간을 정할 수 있는데, 그런 경우에는 그 정해진 시간이 지나면 자동적으로 저작재산권은 원래의 권리자에게로 귀속된다. 따라서 실질적으로는 '3년' 또는 '5년' 동안의 배타적 이용허락과 같다. 그 밖에 공간적 측면에서 예를 든다면, 번역에 의해 저작물을 출판함에 있어서 그것을 '한국 내에서만' 또는 '일본 내에서만' 하는 식으로 제한하여 양도할 수 있는데, 그런 경우에는 배포권의 성질에 비추어 보더라도 지역이 바뀔 때마다 각각 별개의 권리가 작용할 수 있다.

한편, 저작권법에서는 저작재산권을 전부 양도하는 경우라고 하더라도 특약이 없을 때에는 2차적 저작물 또는 편집저작물을 작성할 권리까지 포함된 것으로 볼 수 없다고 규정하고 있다. 즉, 저작재산권의 전부를 양도하는 계약을 체결함에 있어서 "2차적 저작물 또는 편집저작물을 작성할 권리까지도 포함한 전부를 양도한다"는 양도자의 의사가 명백히 나타나 있지 않는 한 2차적 저작물 등의 작성권은 포함되지 않고 양도하는 사람에게 유보되어 있음을 뜻하는 것이다. 이러한 규정은 저작재산권자의 이익을 보호함에 있어서 합리성을 추구한 것으로 보인다. 왜냐하면 저작재산권을 양도해야 하는 상황은 대개가 저작재산권자로서는 매우 불리한 경우가 많을 것이며, 그렇다면 저작재산권을 양도받으려는 측의 일방적인 계약내용으로 체결되는 상황을 우려하지 않을 수 없기 때문이다.

예를 들어, 어느 가난한 소설가가 한 순간의 경제적 궁핍으로 고통을 겪고 있을 때, 그동안 써 놓은 어떤 작품의 저작재산권 전부를 양도할 경우에 상당액의 금전적 대가를 치를 수도 있다는 사람이 생겼다면 그 소설가는 앞뒤 가릴 겨를 없이 계약을 체결할 것이고, 그랬을 때 저작재산권의 전부에 2차적 저작물 등의 작성권까지도 포함되어 있다면 이후로 소설가는 그 작품에 대한 아무런 재산적 권리를 행사할 수 없게 된다. 즉, 경제적으로 약자의 입장에서 어쩔 수 없이 저작재산권을 양도해야 하는 저작재산권자를 보호할 필요 때문에 이 규정이 생겨난 것이라고 할 수 있다.

그러므로 일방적인 계약이 아니라 대등한 상황에서의 계약에 있어서 저작재산권자가 2차적 저작물 등의 작성권이 포함되는 계약임을 잘 알고 있거나 금전적 대가가 그것까지도 포함하는 것으로 볼 수밖에 없을 정도로 막대한 금액이라면 여기서의 추정규정은 적용되지 않을 수도 있다. '추정'이란 확실한 증거에 의해 언제든지 번복될 수 있는 것이기 때문이다. 따라서 양도하는 사람이 충분히 알 수 있는 정도로 2차적 저작물 등의 작성권까지도 포함되는 양도임을 특약으로서 분명히 한다면 이런 규정의 적용은 피할 수 있다. 단지 '저작재산권의 전부' 또는 '일체의 재산적 권리'라는 표현만으로 양도계약이 이루어졌을 때 문제가 되는 것이다.

2. 판례: "저작권양도등록 무효" 사건

—서울민사지방법원 제17부 1989. 5. 23. 판결, 88가합51561 저작권침해행위금지 등 청구사건

(1) 사건 개요

A(원고)는 출판업자로서 1973년 5월경 당시 입시학원 및 수험학습용 영문법 해설서 "영어실력기초" 외 7종(이하 "이 사건 저작물"이라 함)을 저작하고 발간하는 출판사를 경영하던 '갑'이 경영난에 봉착하자 갑의 채무 1천7백만 원을 변제하는 방법으로 이 사건 저작물 및 그 개정판에 관한 저작권 일체를 갑으로부터 양도받는 약정을 체결하였다. 이후 A는 출판사 이름을 여러 차례 변경하면서 이 사건 저작물을 출판, 배포해 오다가 1987년 5월경 자신의 아들에게 위 출판사를 인계함과 동시에 자신이 보유하고 있던 이 사건 저작물의 저작권에 입각하여 이 사건 저작물을 출판할 수 있는 권리를 설정해 주었다.

한편, B(피고) 역시 출판업자로서 1987년 8월경 이 사건 저작물의 원저작자인 갑이 이 사건 저작물에 관한 저작권의 회복을 꾀하고 있다는 사실을 알고 갑으로부터 이 사건 저작물 및 개정 10판까지의 저작물에 관한 저작권을 금 2억 원에 양수하는 계약을 체결하고, 당시 문화공보부에 이 사건 저작물에 대한 저작권이 A의 명의로 등록되어 있지 않음을 알고 이를 B의 명의로 하는 저작권 양도등록을 마쳤다. 이후 B는 이 사건 저작물을 내용으로 하는 서적을 출판하여 배포하기에 이르렀고, 이를 안 A는 B가 자신의 저작권을 침해한다고 주장하며, B를 상대로 이 사건 저작물을 복제, 배포, 발행하거나 이에 대한 일체의 침

해행위를 하지 못하도록 해달라는 취지의 청구를 서울민사지방법원에 제기하기에 이르렀다.

이에 대해 B는 A와 갑이 저작권양도계약을 맺을 당시의 상황이 갑의 채권자들로부터 강제집행을 당할 처지에 놓여 이를 면하기 위해 진의가 아닌 상태에서 이루어졌으며, A가 갑의 채권자들에 대한 채무를 변제한 후 이 사건 저작물의 저작권을 반환하기로 한 약정 하에 이루어진 양도 또는 신탁적 양도에 불과하므로 이후 갑에게 저작권 및 출판권을 반환해야 함에도 오히려 지금에 와서 적법하게 저작권을 양수한 자신을 상대로 저작권 침해금지를 청구하는 것은 신의성실의 원칙에 위반한 부당한 청구라는 항변을 내놓았다. 또한 B는 자신이 등록된 저작권자로서 A의 저작권 양수계약은 10년 이상이 경과되었으므로 저작권양도등록의 청구에 대한 시효가 소멸되어 무효라고 항변했으나 법원에서는 A의 청구를 받아들여 "피고 B는 이 사건의 각 저작물을 복제, 배포, 발행하거나 이에 대한 그 밖의 일체의 침해행위를 하여서는 아니된다"고 판결하였다.

(2) 판결 이유

우선 A와 저작자 갑이 저작권양도계약을 맺을 당시의 상황을 살펴보면 갑의 형편이 대단히 어려웠던 점과 갑의 채무 1천7백만 원을 A가 변제한 점, 그리고 당시 도산 직전에 있던 위 출판사를 다시 살려 줄곧 이 사건 저작물을 출판, 배포해 온 사실이 인정되는 등의 정황으로 미루어 보아 저작권양도계약이 부당하게 이루어진 것이 아닌 적법한 행위임을 알 수 있는바, A의 청구가 신의성실의 원칙에 위반한 부당한 청구라는 B의 항변은 이유가 없다.

다음으로 B가 자신이 등록된 저작권자로서 등록하지 않은 A의 권리는 무효라는 주장에 대해 살펴보면 먼저, A가 갑의 저작권을 양수할 당시의 이 사건 저작물의 내용이나 현재 B가 발행하고 있는 이 사건 저작물의 내용이 크게 달라진 것이 없어 동일한 저작물임이 인정된다. 아울러 저작권 중 저작인격권을 제외한 저작재산권의 이전에 따른 변동은 당사자 사이의 양도에 따른 의사표시만으로 당연히 그 효력이 발생하고 이를 제3자에게 대항하기 위해서는 그 이전등록이 있어야 하지만, 이 경우 제3자라 함은 그 등록의 흠결을 주장함에 법률상 정당한 이익을 갖는 자를 뜻하는 것이지 정당한 원인 없이 등록을 받은 제3자 또는 불법행위관계에 있는 제3자는 이에 포함되지 않는다.

그렇다면 갑은 이미 A에게 이 사건 저작물에 관한 저작권을 양도하고서도 아직 A가 권리이전에 따른 등록을 하지 않았음을 기화로 위와 같은 사실을 명백히 알고 있던 피고 B에게 다시 이 사건 저작물의 저작권을 양도한 것이라고 볼 수 있다. 이러한 이중양도행위는 형사상 배임(背任)에 해당하는 불법행위임이 명백하고, 피고 B의 양수행위는 갑의 배임행위에 적극 가담한 행위라 할 것이므로, 갑과 피고 B 사이의 양도계약은 사회정의 관념에 위배된 반사회적 법률행위로서 무효라고 하지 않을 수 없다. 따라서 무효인 양도계약을 바탕으로 이루어진 피고 B 명의의 저작권양도등록 역시 무효이므로 이에 대한 B의 항변은 마찬가지로 이유가 없다.

끝으로, 양도계약일로부터 10년이 지났으므로 민법에 따라 이 사건 저작물에 대한 A의 저작권양도등록청구권의 시효가 소멸되었다는 B의 항변에 대해 살펴보면 다음과 같다. 저작재산권의 양도에 있어서 등록을 제3자에 대한 대항요건으로 규정한 우리 저작권 체제에 의하면 저작권은 당사자 사이의 양도계약만으로 적법하게 이전한다고 보아야 할 것인바, 갑으로부터 이 사건 저작물에 대한 저작권을 적법하게 양도받은 A의 행위가 적법한 이상 저작권법이 규정하고 있는 저작재산권의 존속기간이 경과하여 소멸되지 않는 한 민법상의 소멸시효 규정이 적용될 여지는 없는 것이다. 따라서 오직 등록된 사실 하나만을 통해 대항하려는 B의 항변은 이유가 없다.

3. 판례 분석

이 사건이 주는 가장 큰 교훈은 선의의 이용자가 법적으로 무지함을 기화로 누군가 악의를 품고 법적 완결성을 주장하더라도 결국 법은 선한 이용자의 손을 들어준다는 데 있다. 하지만 이 사건 당시에는 등록의 효력이 그다지 크지 않았음에 유의해야 한다.

현행 저작권법 제52조에서는 등록에 의해서만 제3자에게 대항할 수 있는 경우에 대해 규정하고 있다. 이는 저작재산권의 권리변동에 따른 거래의 안전을 도모하기 위한 것으로 풀이된다. 여기서 '제3자'란 원래 권리 또는 의무의 당사자를 제외한 모든 사람을 뜻하지만 이 조항에서는 등록이 없었음을 주장함으로써 이익을 얻을 수 있는 '제3자'로 해석해야 한다. 즉, 등록 자체는 저작재산권 발생의 요건이 아니며, 등록을 해야만 저작재산권을 가지지 않은 자에게 대항할 수 있다는 것이 아니므로 저작물의 무단 이용자에게는 등록 유무에 관계없이 권리주장이 가능한 것이다.

먼저 저작재산권을 양도하거나 처분을 제한할 경우에는 등록해야만 제3자에게 대항할 수 있다. 이 경우 민법상의 상속인이나 회사의 합병과 같은 사유로 모든 재산권을 일괄 취득하는 일반승계인 등은 원권리자와 같은 권리를 행사할 수 있으므로 제외하고 있다. 이러한 저작재산권의 양도에 있어서 문제가 되는 것은 이중양도의 경우이다. 예를 들어, 갑이 어느 저작재산권을 양도받았는데 을도 그러한 사실을 모르는 상태에서 정당한 절차를 거쳐 같은 저작재산권을 양도받았다면 갑은 을에 대해, 을은 갑에 대해 각각 제3자의 위치가 되는 것이며, 이 경우 갑이 먼저 양도에 따른 등록을 마쳤다면 갑은 을을 상대로 권리주장을 할 수 있지만 을은 갑을 상대로 권리주장을 할 수 없다는 것이다. 다만, 을이 그에 따른 손해배상을 저작재산권을 이중으로 양도한 원권리자에게 청구하는 것은 별개의 문제이다.

　다음으로 처분제한에 대한 등록이란, 예를 들어, 어느 저작재산권자가 갑에게 재산적 권리를 신탁에 의한 방법으로 양도함에 있어서 갑이 허락 없이 제3자에게 그 권리를 재양도하거나 질권 등을 설정할 우려가 있다고 판단할 때에는 그러한 처분을 제한하는 내용의 등록을 함으로써 재양도 또는 질권설정 등을 제한할 수 있다는 것이다.

　또, 저작재산권을 목적으로 하는 질권의 설정·이전·변경·소멸 또는 처분제한의 경우에도 등록해야만 제3자에게 대항할 수 있다. 먼저 질권설정등록의 경우를 예로 들어보면, 갑이 자신의 저작재산권을 목적으로 한 질권을 을에게 설정하고 나서 질권이 설정된 상태에서 그 저작재산권을 병에게 양도하였다면 질권자인 을과 저작재산권을 양도받은 병 사이에는 질권설정 여부를 둘러싼 분쟁이 생길 수밖에 없는데, 이 경우 질권자인 을이 질권설정의 등록을 하지 않았다면 병에게 질권설정에 따른 권리주장을 할 수 없다는 것이다.

　다음에 질권의 이전이란 질권자가 질권 자체를 양도의 방법으로 다른 사람에게 이전하는 것을 뜻하며, 이 경우 저작재산권의 양도에서처럼 이중양도의 부작용이 있을 수 있기 때문에 등록을 대항요건으로 규정한 것이다. 그리고 질권의 변경이란, 저작자인 갑이 자신의 저작재산권을 목적으로 한 질권을 을에게 설정하고 일정기간이 지난 후에 저작물의 내용을 수정 또는 증감하여 변경된 저작물을 작성했다면 설정된 질권의 내용도 변경되는 것을 뜻한다. 즉, 그렇게 변경된 저작물의 저작재산권을 원권리자가 병에게 양도했다면 을과 병 사이에는 변경된 질권을 놓고 분쟁이 있을 수 있으므로 질권의 변경내용을 등록함으로써 제3자에게 대항하도록 한 것이다.

　마지막으로 질권의 처분제한이란 제1호에서 규정한 저작재산권의 처분제한과 같은 것으로, 갑이 을에게 질권을 설정함에 있어서 을이 제3자에게 또 다시 그 질권을 양도할 수 없다는 내용의 특약을 하였는데도 불구하고 을이 병에게 질권을 양도했다면 그러한 질권의 처분에 따른 분쟁이 있을 수 있다. 따라서 질권의 처분제한에 따른 등록을 대항요건으로 규정한 것이다.

결국 현행 저작권법상 출판권 등 저작권이 등록되지 않으면 제3자에게 대항할 수 없도록 했다는 것, 즉 대항력 자체를 인정하지 않는 방향으로 개정되었다는 사실을 잊지 말아야 한다. 만일 앞으로도 이 사건의 피고와 같은 악의의 이용자들이 속출하지 않으리라는 보장이 없는 시점에서 출판권 등 이용권의 입증효력과 함께 제3자에 대한 대항력까지 자동적으로 주어지는 등록을 간과해서는 안 된다는 점이 가장 큰 교훈이라고 할 수 있다.

3. 매절계약의 해석

1. 매절계약의 효력

우리 출판계의 오랜 관행 중에 이른바 '매절(買切)'이라는 것이 있다. 흔히 번역물일 경우, 또는 여러 사람에 의한 공동저작물일 경우, 그리고 무명의 작가로부터 원고가 들어왔을 경우 한꺼번에 얼마간의 금액을 지불하고 이후에는 아무런 금전적 대가를 지불하지 않는 형태를 가리킨다. 문제는 이를 저작권 양도계약으로 해석하는 데 있다. 과거 저작권에 관한 인식이 희박하던 시절에는 누구나 이를 당연한 관행으로 생각했을지 모르지만, 이제 상황은 그렇지가 않다.

예컨대, 저작물 이용에 따른 대가를 발행부수 또는 판매부수에 따라 지급하는 것이 아니라 미리 일괄지불하는 형태로서 이른바 '매절계약'은, 그것이 일반적인 인세를 훨씬 초과하는 고액이라는 등의 증거가 없는 한 이는 출판권설정계약 또는 독점적 출판허락계약이라고 봄이 타당하며, 출판권은 저작권법에 의하면 당사자 사이에 특별한 약정이 없는 한 3년간 존속하는 것이므로 계약일로부터 3년이 경과하면 출판권은 소멸되는 것이 명백하다는 판결까지 나와 있는 상황이므로 매절이 곧 저작권 양도라는 해석은 매우 위험한 것이다.

설령 그것이 저작권양도계약이라 하더라도 저작자 일신에 전속하는 저작인격권은 이에 해당하지 않으며 오직 저작재산권만 양도될 수 있으므로 저작자로서의 성명표시권이라든가 동일성유지권은 훼손될 수 없다. 아울러 저작재산권의 양도에 있어서도 저작권법 제41조의 규정에 따르면 "저작재산권의 전부를 양도하는 경우에 특약이 없는 때에는 2차적 저작물 또는 편집저작물을 작성할 권리는 포함되지 아니한 것으로 추정한다"고 했으므로 주의할 필요가 있다. 이 규정은 저작재산권자의 이익을 보호함에 있어 합리성을 추구한 것으로, 저작재산권을 양도해야 하는 상황은 대개 저작재산권자로서는 매우 불리한 경우가 많을 것이며, 그렇다면 저작재산권을 양도받으려는 측의 일방적인 계약내용으로 계약이 체결되는 상황을 우려하지 않을 수 없기 때문이다.

2. 판례: "녹정기" 사건

―서울민사지방법원 제51부 1994. 6. 1. 판결, 94카합3724 가처분이의

(1) 사건 개요

A(신청인)는 서적출판업자로서 '갑'을 번역자로 하는 중국 무협소설인 "녹정기"라는 제목의 서적 전 11권을 출판한 바 있고, B(피신청인)는 그 후 위 서적에 약간의 수정을 거쳐 이를 전 12권으로 한 서적(이하 "이 사건 서적"이라 한다.)을 출판했으며, 신청인 A는 1993년 5월 27일에 이 사건 서적의 제호인 "녹정기"를 특허청에 상표로 등록한 사실이 있다.

원래 '갑'은 1979년경부터 중국 무협소설을 전문적으로 번역해 오던 중 대만 작가 김용의 "녹정기(鹿鼎記)"라는 작품을 번역하여 서적출판업을 하는 A로부터 원고 1매당 6백 원 내지 1천 원에 상당하는 원고료를 받고 1987년 10월부터 1990년 12월까지 같은 제목의 서적 전 11권을 출판하게 되었다. 그런데 서적이 출판되는 과정에서 그 번역 마감일 및 원고료 지급 날짜를 명백히 하기 위해 1987년 3월 31일자로 원고계약서 형식의 서면계약을 체결했으며, 신청인 A는 이를 저작권 양도계약으로 해석하고 있다.

그러던 중 A가 경영하는 출판사가 노사분규로 인하여 1991년 4월경 폐업을

하게 되어 더 이상 출판업을 하지 못하게 되자 갑은 1992년 7월경에 다른 서적 출판업자인 B와 신청인인 A가 출판하던 위 서적을 일부 수정하고 가필하여 이를 다시 출판하기로 하는 출판권설정계약을 체결하고, 원고료로 원고지 1매당 금 1천8백 원을 지급받기로 하였다. 그리고 갑은 1994년 1월 26일에 이 사건 서적에 대한 저작권을 등록했고, 피신청인인 B는 같은 날 출판권설정등록을 마친 바 있다.

한편, B가 "녹정기"라는 제목의 이 사건 서적을 발행한다는 사실을 안 A는 1987년 당시에 번역자 갑과 체결한 서면계약서를 근거로 하여 이 사건 서적에 대한 저작권이 자신에게 있으므로 B의 이 사건 서적에 대한 인쇄·제본 및 그 판매를 금지하게 해달라는 가처분 신청을 서울민사지방법원에 제출하였다. 이에 법원에서는 A의 주장이 타당하다는 판단에 따라 "피신청인 B는 이 사건 저작물의 인쇄·제본 및 그 판매 또는 반포를 하여서는 아니된다"고 결정하였다. 그러나 B는 이러한 법원의 결정에 대하여 불복하여 곧바로 이의를 제기했고, A는 갑과의 계약이 저작권 양도를 전제로 한 것으로서 번역의 완료와 동시에 그 번역저작권은 자신에게 귀속되었으며, 또한 이 사건 서적의 제호를 상표로서 등록하였으므로 다른 사람은 "녹정기"라는 제목의 서적을 출판할 수 없다는 이유를 들어 결정의 정당함을 계속 주장하였다.

이에 법원에서는 이들의 주장을 새로이 심리한 끝에 앞서의 결정을 뒤엎고 "신청인 A의 이 사건 신청을 모두 기각한다"고 판결하였다.

(2) 판결 이유

먼저 신청인 A가 주장하는 저작권 양도 부분에 대해서는 모든 정황을 살펴보건대 저작물 이용에 따른 대가를 판매부수에 따라 지급하는 것이 아니라 미리 일괄지급하는 형태로서 이른바 '매절계약'이라고 봄이 타당하며, 그 원고료로 일괄지급한 대가가 인세를 훨씬 초과하는 고액이라는 등의 증거가 없는 한 이는 출판권설정계약 또는 독점적 출판계약이라고 봄이 상당하므로 위 계약이 저작권 양도계약임을 전제로 한 신청인 A의 주장은 이유가 없다. 설령 신청인 의 위 주장에 이러한 출판권에 근거한 침해금지의 뜻이 포함되어 있다 하더라 도 출판권은 저작권법에 의하면 당사자 사이에 특별한 약정이 없는 한 3년간 존속하는바, 신청인의 출판권은 위 계약일로부터 3년이 경과하여 이미 소멸되 었음이 명백하다.

또한 신청인은 갑을 고용하여 이 사건 서적을 번역하게 하였다거나 계약에 의해 이 사건 서적의 저작권을 신청인에게 귀속시키기로 약정하였으므로 그 번 역저작권은 신청인에게 있다는 주장에 대해서 살펴보면, 갑이 신청인에게 고용 되어 신청인의 지시와 감독에 따라 이 사건 서적을 번역하였음을 인정할 만한 아무런 증거가 없으며, 설령 위 계약을 신청인 주장대로 번역의 완성과 동시에 그 번역저작권을 신청인에게 귀속시킨다는 합의로 본다 해도 이러한 합의는 저 작물의 저작권은 그 저작과 동시에 저작자에게 귀속되고 특히 저작인격권은 저 작자 일신에 전속하도록 한 저작권법의 취지에 위배되어 무효라고 보아야 할 것이므로 이러한 신청인의 주장 또한 모두 이유 없다.

아울러 신청인 A는 이 사건 서적의 제호를 상표로서 등록했으므로 피신청 인 B가 이 사건 서적에 동일한 제호를 붙여 출판하는 것은 신청인의 상표권을 침해하는 행위라는 주장에 대해서 살펴보면, 신청인이 이 사건 서적의 제호인 "녹정기"를 상표로서 등록한 사실은 인정되지만 상표법 제51조에 의하면, 상표 권은 등록되어 있다 하더라도 품질을 나타내는 보통 명칭으로 사용하거나 관용 상표(慣用商標)인 경우에는 상표권의 효력이 미치지 아니한다고 규정하고 있는 바, 서적의 제호를 상표로 등록한 경우 이 문자를 동일한 서적의 제호로 사용하 는 경우에는 그것은 그 해당 저작물의 창작물로서의 명칭 내지는 그 내용을 나타내는 것으로, 이러한 창작물을 출판하고 제조하여 판매하고자 하는 자는 저작권법에 저촉되지 않는 한 누구든지 사용할 수 있어야 할 것이므로 이 사건 서적의 제호 역시 상표권의 효력이 미치지 않는다고 해석되어 신청인의 위 주장 역시 이유가 없다.

3. 판례 분석

이 사건 판례가 주는 가장 큰 의미는 그 동안 출판계에서 관행처럼 이루어졌던 '매절계약'과 '저작재산권양도계약'의 차이점을 명확하게 구분해 주었다는 점에서 찾을 수 있다. 즉, 출판계약을 체결하면서 저작물의 이용대가를 발행부수나 판매부수에 따라 지급하는 것이 아니라 미리 일괄지급하는 형태의 매절계약을 체결한 경우, 그 원고료로 일괄지급한 대가가 인세를 훨씬 초과하는 고액이라는 등의 소명이 없는 한 출판권설정계약 또는 독점적 출판계약이라고 보는 것이 옳다는 판단을 내린 것이다. 실제로 이 사건에서 A가 원고료로 지급한 금액은 원고 1매당 600원에서 1,000원 정도였는데, 이는 당시 업계의 원고료 수준으로 보아 저작재산권 양도의 대가로 보기에는 미흡했음이 분명하다.

또, 저작자의 일신에 전속되는 저작인격권의 본질도 분명하게 지적하였다. 즉, 번역의 완성과 동시에 그 번역저작권을 신청인 A에게 귀속시키는 합의가 있었더라도, 저작물의 저작권은 그 저작과 동시에 저작자에게 귀속되고 특히 저작인격권은 저작자 일신에 전속하도록 한 저작권법에 위배되어 무효라고 판시한 것이다.

결론적으로, 저작권법상 적법하게 저작재산권 양도계약을 맺고 그에 합당한 대가를 지급했을 때 해당 저작물의 저작권이 양도된다는 점, 그리고 그렇게 저작권이 양도되었더라도 저작재산권을 제외한 저작인격권은 여전히 저작자에게 남아 있다는 점을 이용자들은 절대 잊지 말아야겠다.

4. 북한저작물의 저작권

1. 저작권법상 북한저작물의 보호원칙[77]

(1) 기본원칙

우리나라 헌법 제3조의 규정과 이에 입각한 일관된 법원의 태도에 비추어 볼 때 현재 북한의 저작자도 대한민국의 국민이다. 따라서 북한 저작자의 저작권은 우리나라 저작권법이 규정하고 있는 저작권과 동일하게 보호된다. 아울러 북한의 저작자는 북한이 베른협약 동맹국의 일원이 되었으므로 베른협약이 규정하고 있는 내국민대우원칙에 따라 우리나라 국민과 동등하게 보호를 해주어야 한다. 결국 북한의 저작물은 그 저작권자의 허락을 얻어 이용해야 하는 것이 기본원칙인 셈이다.

실제로 북한의 저작물을 이용할 경우에 북한의 저작권자와 접촉할 수 있는 방법은 남북교류협력에관한법률(1990년 8월 1일 제정, 법률 제4239호)에 의하는 것밖에 없다. 동법 제1조(목적)는 "이 법은 군사분계선 이남지역(이하 '남한' 이라 한다)과 그 이북지역(이하 '북한'이라 한다) 간의 상호교류와 협력을 촉진하기 위하여 필요한 사항을 규정함을 목적으로 한다"고 함으로써 남한과 북한 사이의 상호교류 등에 관한 사항을 규정함을 목적으로 하고 있다. 이 법은 이러한 목적달성을 위해 제9조에서 남·북한의 합법적인 왕래에 관해 규정하고 있다. 따라서 북한의 저작물을 이용하기 위해서는 이 법에 의해 북한의 저작권자와

---

77) 이호흥, "북한저작물의 저작권 보호", 서울북인스티튜트 역음, 출판저작권실무과정 교재(2005), pp. 185 ~198에서 발췌함.

접촉할 수 있다. 구체적으로 동법 제9조는, i) 남한과 북한의 주민이 남한과 북한을 왕래하고자 할 때에는 대통령령이 정하는 바에 의하여 통일부장관이 발급한 증명서를 소지해야 하며(제1항), ii) 재외국민이 외국에서 북한을 왕래하는 때에는 재외공관의 장에게 신고해야 하고(제2항), iii) 남한의 주민이 북한의 주민 등과 회합·통신 기타의 방법으로 접촉하고자 할 때에는 통일부장관의 승인을 얻어야 하며(제3항), iv) 제1항의 규정에 의한 증명서의 발급절차, 제2항의 규정에 의한 재외국민의 범위와 신고절차 및 제3항의 규정에 의한 승인절차 등에 관해 필요한 사항은 대통령령으로 정하도록 규정하고 있다. 남한의 주민이 북한을 왕래하거나 북한의 주민 등과 회합 등을 하는 경우에는 통일부장관의 승인을 얻어 합법적으로 접촉할 수 있다는 것이다.

이렇듯 북한의 저작물은 남북교류협력에관한법률에 의해 북한의 저작권자와 접촉하여 이용하는 것이 기본원칙이다. 그러나 이러한 접촉이 쉬운 것은 아니며, 더욱이 북한의 저작물에 대한 소재정보나 관리정보를 알 수 없는 현재의 상황에서 그 이용은 결코 용이하다고 할 수 없다.

한편, 다음과 같이 납·월북 저작자의 저작물을 이용할 경우에는 남한 자체에서도 적법한 이용이 가능한 때가 있다.

(2) 남한에 가족이 있는 경우

1) 북한 저작자가 생존해 있는 경우

납·월북된 북한의 저작자가 생존한 경우에는 부재자 재산관리제도에 따라 저작물의 이용이 가능하다. 부재자 재산관리제도란 부재자가 재산관리인을 선임하지 않은 경우 법원이 부재자의 신분적 또는 경제적 이해관계인(주로 그의 가족) 또는 검사의 청구에 의해 관리인을 선임하고 그 관리인으로 하여금 부재자의 잔류재산을 관리할 수 있게 하는 제도다. 우리나라 민법은 종래의 주소나 거소를 떠나 조만간 돌아올 가망이 없어서 재산을 관리해야 할 필요가 있는 자 (부재자)를 위해 재산관리제도를 규정하고 있다(민법 제22조 내지 제27조). 북한에 생존중인 북한의 저작자는 종래 남한에 주소나 거소를 가졌으나 용이하게 돌아올 가망이 없는 부재자에 해당된다. 또한 그의 남한에서의 잔류재산에는 저작재산권도 포함된다.

이렇듯 납·월북된 북한의 저작자가 생존하고 있더라도 납·월북 이전에 창작된 저작물의 저작재산권은 부재자 재산관리제도에 포함될 수 있으며, 그 경우 저작물의 이용이 가능하게 된다. 부재자 재산관리인은 일종의 법정대리인으로서 그 재산의 보존행위와 그 물건이나 권리의 성질을 변하지 않는 범위에서 이용 또는 개량하는 행위를 할 수 있기 때문이다(민법 제118조 참조). 즉, 처분행위는 불가능하나 그 이용과 보존관리를 위한 행위는 가능한 것이다. 예컨대, 저작재산권의 양도 등은 처분행위에 속하기 때문에 불가능하나 저작물의 이용허락이나 침해구제 등의 행위는 이용 또는 개량하는 행위에 해당한다. 따라서 부재자 재산관리가 되어 있는 납·월북 저작자의 남한에서의 저작물에 대해서는 부재자 재산관리인에 의해 저작물 이용이 적법하게 이루어질 수 있다.

그러나 납·월북된 저작자가 북한에서 창작한 저작물의 경우에는 이에 의할 수 없다. 그 저작물이 남한에서의 잔류재산에 속할 수 없기 때문인데, 이 점에서 부재자 재산관리제도의 경우에는 한계를 지닌다. 현실적으로 부재자 재산관리제도에 의해 납·월북 저작자의 저작재산권이 관리되고 있는 경우도 그리 많지 않을 것으로 보인다.

2) 북한 저작자가 사망한 경우

납·월북된 저작자가 사망한 경우에는 그 저작자가 갖고 있는 모든 저작재산권은 상속된다. 이 경우 상속인이 없는 때에는 우리나라 저작권법에 따라 저작재산권은 소멸되나, 상속인이 있는 때에는 그에게 저작재산권이 상속한다. 따라서 사망한 납·월북 저작자의 저작물을 이용하고자 할 때에는 그 상속 여부를 확인할 필요가 있다.

그러나 실제로는 다음과 같은 이유로 이를 알기는 매우 어렵다.

첫째, 사망사실을 아는 데 따른 어려움이 크다. 납·월북된 저작자의 사망사실을 증명하려면 사망사실을 알 수 있는 확정적인 증거 즉, 사체검안서나 사망진단서 등이 있어야 하는데, 이를 확보하기가 어려운 것이다. 특정의 경우 사망이 인정된 예는 있다. 월북 저작자 '이기영'의 사망사실과 관련해서 법원은 "월북작가의 묘에 대한 사진으로 인정되는 잡지의 영상과 국가안전기획부장에 대한 위 작가에 대한 사실조회 결과 및 심문"을 가지고 그가 사망한 사실을 인정했던 것이다(서울민사지법 1989. 7. 26. 선고, 89카13962 결정). 그러나 이러한 경우는 그야말로 특정의 경우다. 사망사실을 입증하지 못하면 호적법상 생존한 것으로 추정되고 상속은 당연히 이루어지지 않게 된다. 물론, 이 경우 호적법의 규정에 따른 인정사망(동법 제90조), 실종선고제도(민법 제27조제2항 및 제12항)에 의한 장치를 통해 사망을 의제할 수는 있다.

둘째, 사망한 것이 인정되더라도 상속인과 관련된 문제가 있다. 상속인이 남한에만 있는 경우에는 간단하지만, 남북한 모두에 걸쳐 있는 경우에는 쉽지 않다. 상속인은 남북한 사람이라고 해서 달리 취급하지 않기 때문이다. 그러나 북한유족의 경우에는 북한에서 살고 있다는 사실이 인정되어야만 남한유족과 함께 상속을 받을 수 있다. 북한유족이 밝혀지지 않는 이상에는 남한유족만이 저작재산권을 상속받는다. 그렇기 때문에 의외로 저작물 이용이 간편할 수 있다. 그에 반해 북한의 상속인이 인정되는 경우에는 남한의 상속인과 함께 상속된 저작재산권의 준공동소유관계에 있게 된다(민법 제278조). 그에 따라 공유물의 처분에 속하는 저작재산권의 양도는 북한 상속인의 동의를 필요로 하며 (민법 제264조), 공유물의 사용·수익에 속한다고 볼 수 있는 이용허락은 자신의 지분비율에 한해서 가능하다(민법 제263조). 또한 저작재산권 침해의 구제와 같은 보존행위는 공유물의 보존과 같이 상속인 각자가 할 수 있다(민법 제265조). 즉, 이 경우에도 남한의 상속인이 단독으로 저작재산권을 처분할 수는 없으나 이용허락은 가능하다고 할 수 있다. 따라서 이 경우에도 사실상 남한의 상속인을 통해 납·월북 저작자의 저작물 이용이 가능하다.

이와 관련해서 차후 북한의 상속인이 자신의 상속권을 주장하는 경우에는 어떻게 되는지 의문이 생긴다. 북한의 상속인이 탈북하거나 통일이 이루어지는 경우에 이러한 문제가 발생할 수 있는데, 이 경우 북한의 상속인은 남한의 민법 제999조에 따라 상속회복청구의 소송을 제기해서 자신의 상속분을 회복할 수 있다.

북한의 상속인이 자신의 상속분을 회복한다는 것은 남한의 상속인이 저작재산권의 지분을 반환해야 하며, 또한 만일 남한의 상속인이 저작재산권의 이용행위로서 취득한 이익이 있는 경우에는 북한 상속인의 지분을 반환해야 한다는 것을 의미한다. 달리 남한의 상속인이 저작재산권을 제3자에게 양도한 경우도 예상될 수 있다. 이 경우에는 거래안전을 위해 유효한 행위로 보아야 할 것이다. 다만, 북한의 상속인은 남한의 상속인에 대해 부당이득반환청구가 가능할 것이다. 그러나 이와 같은 효과를 발휘할 수 있는 상속회복청구권과 부당이득반환청구권은 제척기간(각각 침해가 있음을 안 날로부터 3년 또는 상속이 개시된 날로부터 10년)과 소멸시효기간(10년)이 있는 것에 유의해야 하는데, 이 기간이 만료되면 남한 상속인에게 상속이 확정되기 때문이다.

이렇듯 납·월북 저작자가 사망해서 남한의 상속인이 그 저작재산권을 상속받은 경우에는 사실상 저작물 이용이 가능하게 되고, 그 대상 저작물은 납·월북 저작자의 저작물 모두에게 미친다. 그러나 이 경우에는 현실상 사망사실의 입증에 어려움이 있으며, 남한의 상속인이 없거나 북한의 상속인이 다수일 때에는 그 행사에서 제한이 따를 수 있다.

3) 북한 저작자가 생사불명인 경우

납·월북된 저작자가 증명자료의 부족 등으로 사망이 인정되지 않는 경우에는 생사불명의 자로서 실종선고제도에 의해 남한의 유족이 저작재산권을 상속받을 수 있다. 실종선고는 종전의 주소나 거소를 떠난 자가 일정기간 동안 생사불명 상태가 계속되고 생존의 가능성이 희박한 때에 그를 사망한 것으로 보고, 그 사람을 중심으로 하는 법률관계를 확정·종결하게 함으로써 그의 이해관계인에게 불이익이 없도록 하는 제도이다. 따라서 납·월북된 저작자가 남한에서 활동하다가 북한으로 넘어가 전혀 생사를 알 수 없을 때에는 실종선고가 가능하다.

실종선고는 신청인이 법원에 신청하고 법원이 이를 결정해야 한다. 여기에서 신청인은 법률상 이해관계인으로 경제적 또는 신분적 이해관계인 또는 검사 등으로, 남한의 배우자나 상속인 또는 채권자 등이 여기에 속하며 검사는 공익상 필요한 경우에 한정된다(실제 검사가 이를 신청한 예는 없는 것으로 보인다). 또한 납·월북된 저작자의 가족이 월남하여 그 잔류자를 호적에 올렸으나 그의 생사를 알 수 없는 경우에는 호주 또는 가족이나 검사가 부재선고를 신청할 수 있다.

법원이 실종선고나 부재선고를 결정함으로써 일정한 시기에 사망효과가 발생하는데, 그 효과는 종래의 주소를 중심으로 한 사법적 법률관계다. 납·월북된 저작자가 종래의 주소를 중심으로 맺었던 법률관계나 잔류자의 가족이 월남하기 전에 형성된 법률관계에 한해서 확정·종결되는 것이 실종선고나 부재선고의 효과이다. 그에 따라 상속인은 상속법에 따라 저작재산권을 상속받게 되며, 저작재산권을 상속받은 자는 저작재산권자의 지위에서 저작재산권의 처분을 비롯한 이용허락 등을 행할 수 있다.

이렇듯 납·월북된 저작자가 생사불명인 경우에는 남한의 유족 등이 실종선고나 부재선고를 통해 저작재산권을 상속받을 수 있으며, 그에 따라 저작물의 이용이 가능하다. 그러나 실종선고나 부재선고는 그 효과가 종래의 주소를 중심으로 맺었던 법률관계 등에만 미치므로, 그 이후 납·월북된 저작자가 북한에서의 창작활동으로 인해 발생한 법률관계에 대해서는 효과가 미치지 않는다. 따라서 이때에 창작된 저작물에 대해서는 기본원칙으로 돌아갈 수밖에 없다.

(3) 남한에 가족이 없는 경우

납·월북된 저작자의 가족이 남한에 없는 경우에는 저작권이 북한의 저작자에게 있더라도 실제 이를 보호받기는 쉽지 않다. 현재로서는 북한의 저작자가 자유롭게 남한사람에게 이용을 허락하기가 어렵고, 아울러 저작권 침해에 대해 민사적·형사적 구제를 행하기도 어렵기 때문이다. 그렇다 보니 바로 이 부분이 납·월북 저작자의 저작권 보호에서 사각지대로 지목되어 왔던 것이다. 물론 북한이 독자적인 저작권법을 제정하고 베른협약에도 가입했기 때문에 향후 북한 저작자의 자유로운 저작권 행사에 진척이 있을 것으로 예상되기는 하지만 아직까지는 별다른 진전이 없는 것으로 보인다.

남한사람이 납·월북 저작자의 저작물을 이용하는 적법한 길은 물론 기본원칙에 입각한 것이 있으나, 그와 별개로 저작권법 제47조 제1항이 규정하고 있는 법정허락을 통한 방법을 생각할 수 있다. 동 조항은 누구든지 상당한 노력을 기울였어도 공표된 저작물의 저작재산권자나 그의 거소를 알 수 없어 그 저작물의 이용허락을 받을 수 없는 경우에는 대통령이 정하는 바에 의하여 문화관광부장관의 승인을 얻고, 문화관광부장관이 제82조 제1호에 의한 보상금의 기준에 의하여 정한 보상금을 공탁하고 이용할 수 있도록 규정하고 있기 때문이다.

그러나 여기에는 문제되는 부분이 있다. 법정허락에 의한 이용은 위에서 규정하고 있는 일정의 요건을 충족해야 하는데, 그 중에서 상당한 노력과 관련된 요건의 충족 여부에 대한 문제가 그것이다. 납·월북 저작자가 남한에 가족이 없는 경우에는 남한에서 저작재산권자를 찾을 수는 없다. 결국 북한에서 저작재산권자를 찾아야 하는바, 이 경우에도 전제되는 요건인 상당한 노력을 기울여야 한다. 즉, 이 경우에 상당한 노력이 무엇인지가 문제되는 것이다.

상당한 노력이 무엇을 의미하는지에 대한 명확한 기준은 저작권법에 규정되어 있지 않다. 따라서 이에 대한 해석을 통해 접근할 수도 있겠으나, 뚜렷한 견해를 찾아볼 수 없다. 그 점에서 저작권심의조정위원회가 승인한 실제사례에서 이를 찾아보는 것이 유력하고 보다 실질적이다. 극히 희소한 실제사례에서 보면 일정기간 동안 관련되는 여러 곳에 문서 등으로 문의한 사실이 상당한 노력으로 평가되었음을 알 수 있다. 다시 말해 일정기간에 걸친 일종의 조회라는 형태로 상당한 노력이 나타나고 있음을 알 수 있는 것이다.

이에 입각한다면 납·월북 저작자를 찾는 상당한 노력도 결국 북한의 관련되는 여러 곳에 일정기간에 걸쳐 조회해야 한다는 것을 의미한다. 그렇다면 법정허락 신청자는 현재 시행되고 있는 남북교류협력에관한법률의 규정에 따라 조회를 할 수밖에 없다. 동법 제9조 제3항은 남한의 주민이 북한의 주민 등과 통신 등의 방법으로 접촉할 때 통일부장관의 승인을 얻도록 하고 있기 때문이다. 이렇게 볼 때 법정허락을 얻어 이용하는 방법은 기본원칙에서의 이용방법과 별다른 차이가 없을 것이다.

이렇듯 납·월북 저작자의 가족이 남한에 없는 경우에는 법정허락을 통해 그의 저작물을 이용할 수 있다. 그러나 법정허락을 통한 경우는 그 조건충족을 위한 과정을 살필 때 기본원칙과 별다른 차이가 없다. 다만, 법정허락의 경우는 납·월북 저작자의 특정시기의 저작물에 한정되지 않는다는 점과 북한에서도 저작재산권자나 그 거소를 알 수 없는 때에도 이용이 가능하다는 점에서 다소 유리하다.

2. 판례: 소설 "두만강" 사건

—서울민사지방법원 제50부 1989. 7. 26. 결정, 89카13962 저작권 침해금지 가처분

(1) 사건 개요

소설가 '이기영'은 1946년 월북하여 북조선문학예술총동맹을 결성하고 문학활동을 하던 중 1954년부터 1957년 사이에 19세기 말엽부터 1930년대까지를 시대적 배경으로 삼아 두만강 일대에 살던 주민들의 계급투쟁을 묘사한 장편소설 "두만강"을 집필하고 이를 조선작가동맹 출판사와 조선문학예술총동맹 출판사에서 출간하였다. 그리고 이기영은 남한의 호적상으로는 생존한 것으로 기재되어 있으나 관계기관의 사실조회에 따르면 1984년 8월 9일에 북한에서 병으로 사망한 사실이 인정된다.

A(신청인) 등은 이기영의 손자로 남한 호적상 일정분의 상속지분이 인정되는 상속인으로서 출판업을 하는 B(피신청인) 등이 1988년 1월에 일본 국회도서관 및 동경대학 도서관에서 이 사건 저작물의 원본을 임의로 복사해 와서 이를 전 7권으로 나누어 이 중 일부를 출판한 데 이어 나머지도 출판할 예정인 것을 알고, B에 대해 저작권 침해금지 가처분신청을 서울민사지방법원에 내기에 이르렀다.

이에 B는 다음과 같이 항변하였다. 즉, 오늘날의 남북한 관계는 상호교차승

인 및 유엔 동시가입과 다각적인 경제교류 등이 추진되는 것으로 미루어보아 북한을 사실상 하나의 정부 내지 국가로 인정하지 않을 수 없게 되었으므로 이기영은 북한사람으로 보아야 하고, 그곳의 법률에 따라 저작권 여부를 살펴야 하며, 따라서 북한은 사회주의체제로서 저작권 등의 개인적 권리를 인정하지 않으므로 국가 또는 당의 소유로 보아 남한 상속인에게는 상속될 수 없다는 것이었다. 이에 대해 법원은 B의 항변을 기각하고 A의 청구를 받아들여 "B는 이 사건 저작물에 관하여 인쇄, 제본, 발매, 반포 등의 행위를 하여서는 아니된다"고 판결하였다.

(2) 판결 이유

먼저, 우리 헌법 제3조에 의하면 "대한민국의 영토는 한반도와 그 부속도서(附屬島嶼)로 한다"고 규정하고 있으므로 한반도의 일부인 북한지역은 대한민국의 영토에 해당되고, 따라서 북한은 대한민국의 주권 범위 내에 있는 것으로 보아 대한민국의 주권과 부딪치는 어떠한 주권의 정치도 법리상 인정될 수 없다(대법원 1961년 9월 28일 선고, 4292행상48 참조).

따라서 우리 헌법에 의거하여 제정 시행되는 저작권법이나 민법 등 모든 법령의 효력은 당연히 북한지역에 미친다고 보아야 한다. 설사 주권국가인 대한민국과 북한의 정치집단이 상호 대등한 자격으로 만나 자주적·평화적 통일원칙, 무력충돌의 방지, 다방면에 걸친 교류 등을 추진하기로 하는 등의 합의를 했다거나 오늘날 남북한 사이에 상호교역, 이산가족 찾기, 남북당국자회담 등 남북교류가 추진됨에 있어 북한지역을 지배하는 정치집단의 실체를 인정하고 사실상의 지배세력과 상호대등한 관계에서 대화를 추진한다고 하더라도 이는 대한민국의 통치권이 사실상 북한지역에 미치지 않는다. 이는 이 지역을 지배하는 별개의 정치집단이 존재함으로 인한, 남북대화를 추진함에 있어서의 현실적인 필요에 의한 것일 뿐이며, 먼저 우리 헌법 제3조의 규정이 개정되거나 남북한이 서로 주권을 인정하고 국가로 승인하거나 또는 1개의 국가 내에서 서로 다른 법률체계를 상호인정하기로 하는 헌법적 효력을 가지는 조약이 체결된 바가 없는 이상, 북한지역이 우리 주권의 범위 밖에 있다거나 우리 법령의 적용 밖에 있다고 볼 수 없다. 더구나 북한 주민의 상속인이 남한에 있어 그에 대한 우리 법령상의 보호를 부여하고자 하는 경우에는 더욱 그러하다고 할 것이다.

그렇다면 이 사건에 있어서도 비록 이 사건 저작물의 저작자인 이기영이 북한지역에 거주했으며 또한 북한에서 이 저작물을 저작했다고 하더라도 그는 우리 저작권법에 의해 보호되는 저작권을 취득한 것이며, 그가 사망함으로써 남한에 있는 자손이 그 상속지분에 따라 저작권을 상속했으므로, 이와 다른 견해로 항변하는 피신청인 B의 주장은 이유가 없다.

3. 판례 분석

이 사건에서 주목할 점은 우리 헌법 제3조에 의해 한반도는 대한민국의 영토라고 보아 민법과 저작권법 등의 효력 역시 북한 전역에 미친다는 사실이다. 또, 이른바 "갑오농민전쟁" 사건(서울형사지방법원 1989.12.12. 89고단4609판결)에 따르면, 월북작가가 비록 북한에서 재혼했다고 하더라도 대한민국 법률이 중혼을 인정하지 않으므로 북한의 아내는 법적 보호대상이 될 수 없다는 사실도 시사하는 바가 매우 크다.

이제 납북 및 월북작가들의 대다수 작품이 해금됨에 따라 출판사들의 움직임 또한 빨라지고 있는 가운데 북한 거주 저작자들의 작품을 출판함에 있어서 저작권을 둘러싼 분쟁의 소지는 더욱 커질 수밖에 없다. 그런데 위에서 살핀 것처럼 북한의 저작자라고 하더라도 사망한 것이 틀림없이 확인되는 경우에는 남한의 유족이 상속자가 되므로 별 문제가 없지만, 생사가 확인되지 않는 경우에는 남한에 가족이 있다고 하더라도 그들이 엄밀한 의미에서의 권리자라고 할 수 없으므로 문제가 발생한다. 양도절차를 거치지 않은 이상 저작권은 창작자 자신에게 있는 것이기 때문이다.

이러한 문제를 해결하기 위해서라도 조속한 시일 내에 북한저작물을 집중 관리해 줄 수 있는 남북공동의 단체나 기관의 설치, 혹은 관련 특례법을 만드는 방안을 강구해야 할 것이다. 아니면 법정허락제도에 있어 북한저작물에 대한 손쉬운 활용방안을 수립하는 것도 적극 추진해 볼 필요가 있다.

5. 저작자 사후의 저작인격권

1. 저작권법상 저작자 사후 저작인격권의 보호범위

인격권이란 정신적인 권리이다. 따라서 그것을 경제적 또는 물질적으로 파악할 수는 없다. 그러므로 인격을 소유한 저작자로서의 당사자만이 권리의 침해에 대한 정도를 느낄 수 있고, 가해자의 침해 정도를 입증할 수 있을 때 그 범위 안에서 '위자료'라고 하여 물질적인 배상을 청구할 수 있다. 저작권법 제14조에서는 그러한 저작인격권의 성질과 행사에 대해 규정하고 있다. 먼저, 저작권법에서 규정하고 있는 저작인격권의 성질은 '일신전속성(一身專屬性)'으로 요약할 수 있다. 즉, 저작인격권으로서의 공표권, 성명표시권, 동일성유지권 등은 저작자 자신만이 가질 수 있고 행사할 수 있기 때문에 재산권처럼 양도하거나 상속될 수 없다는 것이다. 그러므로 저작자가 사망하게 되면 자동적으로 저작인격권은 소멸한다.

그러나 만일 어떤 저작물의 저작자가 사망한 것을 아는 어느 이용자가 그 저작물의 저작인격권을 무시하고 상업적인 용도로 무단이용했다면, 예를 들어 저작자의 이름을 인지도가 높은 다른 사람으로 바꾸어 출판하거나 내용을 임의로 개작해서 순수 문예물을 외설물로 둔갑시키는 등 제멋대로 이용한다면 원저작자의 명예가 훼손될 것임은 분명하다.

그러한 부분을 보완하기 위해 저작권법에서는 "저작자의 사망 후에 그의 저작물을 이용하는 자는 저작자가 생존하였더라면 그 저작인격권의 침해가 될 행위를 하여서는 아니된다. 다만 그 행위의 성질 및 정도에 비추어 사회통념상 그 저작자의 명예를 훼손하는 것이 아니라고 인정되는 경우에는 그러하지 아니하다"고 규정하고 있다. 따라서 저작자가 사망하여 저작인격권이 사라지고 없더라도 저작물을 이용하는 사람이 저작자의 명예를 훼손하는 방법으로 저작인격권을 침해했다면 저작재산권을 양도받은 사람 또는 상속자가 침해자를 상대로 이의를 제기할 수 있다.

2. 판례 ①: "이광수" 사건

—대법원 제2부 1994. 9. 30. 판결, 94다7980 손해배상

(1) 사건 개요

이광수(원고)는 소설가로서 1917년 1월 1일부터 같은 해 6월 14일까지 소설 "무정"을 매일신보에 연재하여 발행했고, 1932년 4월 12일부터 1933년 7월 10일까지 소설 "흙"을 동아일보에 연재하여 발행했으며, 1938년 10월에는 소설 "사랑"을, 1947년 6월에는 소설 "꿈"을 각각 발행한 바 있다.

A(피고)는 출판업을 하는 법인과 그 대표자로서 이광수의 허락을 얻지 않고 1992년 3월 내지 5월경부터 위 저작물을 출판한 후 판매해 오고 있었다. 이에 이광수(실제로는 그 남한 상속인)는 A가 자신의 허락 없이 위 저작물을 도서로 출판하여 판매와 배포를 함으로써 저작재산권을 침해했고, 원작에 변경을 가함으로써 저작인격권인 동일성유지권을 침해했다고 주장하며, 저작재산권 침해에 대한 손해배상과 함께 "피고 A는 이 사건 저작물들을 내용으로 하는 도서를 출판·판매·배포를 해서는 아니되고 위 각 도서의 완제품·반제품 및 인쇄 원판과 지형을 폐기하라"는 취지의 청구를 서울민사지방법원에 제기하였다.

그러나 피고 A는 원고 이광수가 사망한 1950년 이후 30년이 지났으므로 구

저작권법에 의해 저작재산권은 소멸했고, 이광수 스스로 또는 이전에 출판권을 갖고 있던 출판사에서 수정한 내용대로 출판했으므로 저작인격권 역시 침해한 바 없다는 주장을 제기하며 맞섰다. 이에 법원에서는 피고 A의 주장을 받아들여 원고의 청구를 기각했으며, 이어진 대법원 상고심에서도 이를 그대로 인정하는 판결을 내렸다.

(2) 판결 이유

먼저 저작재산권 침해 여부에 관해서는, 구 저작권법에 따르면 발행 저작물의 저작권은 저작자의 생존기간 및 그의 사후 30년간 존속하며 현행 저작권법 부칙에서는 구 저작권법에 의해 저작권이 소멸한 때에는 현행 저작권법을 적용하지 않는다고 규정하고 있으므로 이광수의 저작권은 소멸되었다. 그 이유로써 여러 정황증거를 살피건대 원고 이광수는 1892년 2월 1일생으로 현재 살아 있다면 100세 남짓 된다는 사실, 원고 이광수는 1950년 전쟁 중에 납북되었는데 당시 열이 39도를 오르내리며 혈압이 200에 이르는 상태였다는 사실, 1991년 7월 26일자 중앙일보는 전 북한 인사들의 증언을 토대로 이광수가 1950년 12월 만포의 인민군 병원에서 병사했다고 보도한 바 있는데 현재 평양 삼척구역 원신리에는 이광수의 묘소가 있고 묘비 뒷면에 사망일자가 1950년 10월 25일로 기록되어 있는 사실이 인정되고 반증이 없다. 따라서 이광수의 위 저작물에 대한 저작재산권은 사망일로부터 30년이 지난 1980년에 이미 소멸되었다고 할 수 있으므로 현재 원고 이광수에게 저작재산권이 존재함을 전제로 한 원고의 주장은 이유가 없다.

다음으로 저작인격권의 침해 여부에 관해서는, 사망한 저작자의 저작인격권을 보호함에 있어서는 제한을 두어 저작인격권의 침해가 될 행위의 성질 및 정도에 비추어 사회통념상 그 저작자의 명예를 훼손하는 것이 아니라고 인정될 경우에는 저작인격권의 침해가 되지 않는다. 위에서 원고가 주장하는 대로 원작과 달리 많은 수정을 가하여 출판한 것은 사실이지만 그것이 일제시대에 발행된 원작을 개정된 맞춤법과 표기법 그리고 현대식 표현에 맞게 수정한 것이어서 사회통념상 이광수의 명예를 훼손한 것이라고 볼 수 없으므로 이에 대한 원고의 주장 또한 이유가 없다.

3. 판례 ② : "이휘소" 사건

—서울지방법원 제12민사부 1998. 7. 31. 일부판결, 94가합97216 손해배상

(1) 사건 개요

A는 이 사건의 피고로서 세계적인 물리학자 '이휘소' 박사를 모델로 한 베스트셀러 소설 "무궁화꽃이 피었습니다"를 집필한 작가이며, 이 사건의 원고인 B는 이휘소 박사의 유가족들이다. 그런데 B는 A의 작품에서 이휘소 박사의 삶과 죽음에 관해 많은 부분에서 허위로 날조하거나 왜곡함으로써 고인은 물론 유가족들의 명예를 훼손했다는 이유로 A와 A의 작품을 출간한 출판업자를 상대로 손해배상을 청구하는 소송을 제기하였다.

이에 A는 작품 속 주인공의 모델이 이휘소 박사인 것은 사실이지만 그 밖에 내부분의 사실은 소설적 허구이며, 작품 서문에서 이휘소 박사를 가리켜 "개인의 최고 명예랄 수 있는 노벨상마저 포기하고 조국의 핵 개발을 위해 죽음을 각오한 채 귀국했던 천재 물리학자", "이미 죽음을 예견한 채 모든 영화를 버리고 조국으로 달려와 핵 개발을 완료하여 했던 이휘소"라고 표현하면서 고인에 대한 경외심에서 그를 모델로 한 주인공 '이용후'를 만들어 냈다고 밝히고 있는 점 등을 들어 명예훼손 사실을 부정하였다.

법원에서는 이 같은 사실들을 심리한 끝에 다음과 같은 이유로 B의 모든 청구를 기각한다고 판결하였다.

(2) 판결 이유

A의 "무궁화꽃이 피었습니다"는 '이휘소 박사'라는 고인을 모델로 한 소설이므로, 헌법상 예술의 자유와 출판의 자유가 보장되어 있는 점에 비추어 A의 소설로 인해 고인의 명예가 중대하게 훼손되었다고 볼 수 있는 경우에 한해 불법행위에 해당한다. 그런데 A의 소설에서는 고인을 모델로 한 주인공 '이용후'에 관해 한국 출신의 재미 물리학자로서 미국에서도 탁월한 업적을 남겨 노벨상을 받을 날이 머지 않았음에도 이를 포기하고 국내에 들어와 일본을 포함한 외세에 대항하기 위해 핵무기 개발을 주도하다가 의문의 죽음을 당하는 세계적인 물리학자로 묘사되어 있는 등 전반적으로 매우 긍정적으로 표사되어 있어서, 이 소설을 읽는 독자들로 하여금 고인에 대해 존경과 흠모의 정을 불러일으킴으로써 오히려 고인에 대한 명예가 더욱 높아졌다고 볼 수 있으므로 소설에서 고인을 모델로 한 주인공의 모습이 일부 고인의 실제생활과 달리 묘사되어 있다고 하더라도 사회통념상 고인의 명예가 훼손되었다고 볼 수 없다.

또, 소설 속에서 작가의 서문 등에 고인을 모델로 한 것임을 밝힌 점에 대해 살펴보면, 문학작품인 이상 실제이름을 표시하는 것이 당연히 허용되어야 하며, 소설 속에서 작가가 만들어 낸 인물에 대해 실명을 쓸 수도 있지만 다른 이름을 사용할 수도 있는바, 이를 가지고 고인의 성명을 상업적으로 이용한 행위라고 볼 수도 없다.

곧, 이휘소 박사는 이미 고인으로서 인격권의 주체가 될 수 없으므로 A의 작품 속 표현이 고인의 명예를 훼손하는 결과를 가져오고, 그로 인해 유족들의 고인에 대한 경애추모의 감정이 침해되었다고 판단할 만한 증거가 있어야 한다. 그러나 A의 작품 전반을 살펴볼 때 이로 인해 고인의 명예훼손은 물론 유족들의 고인에 대한 경애추모의 감정이 침해되었다고도 보기 어렵다. 따라서 고인과 유족들의 명예훼손을 전제로 한 B의 손해배상 청구는 그 이유가 없다.

4. 판례 분석

위 사건들의 판결이 갖는 의미는 '저작자 사망 후 저작인격권의 보호기준'을 제시했다는 점에 있다. 즉, 저작인격권은 저작자의 생존 중은 물론 사후에도 보호되지만 저작자 사망 후에는 제한을 가해서 저작인격권의 침해가 될 행위의 성질과 정도에 비추어 사회통념상 그 저작자의 명예를 훼손하는 것이라고 인정되는 때에만 사후 저작인격권의 침해가 성립된다고 판결한 것이다.

먼저 첫 번째 판례에서 피고가 이광수의 저작물을 수정한 내용을 살펴보면, 주로 해방 후 한글맞춤법에 따른 국어표기법이 바뀜에 따라 발생한 오기(誤記)를 고치거나 일본식 표현을 우리말 표현으로 고친 것으로서 현대인들이 읽기 쉽게 원작을 수정한 것이라고 재판부에서는 판단하고 있다. 따라서 결국 이 사건에서 문제가 된 저작물처럼 일제강점기에 발행된 원작을 한글맞춤법과 표준어규정 그리고 현대식 표현에 맞게 수정해서 다시 펴낸 경우에는 그 행위의 성실과 정도에 비추어 사회통념상 명예훼손이라고 볼 수 없다.

또 두 번째 판례에서도 재판부에서는 피고 A가 주인공과 전반적인 줄거리에 있어 고인과 고인의 삶을 모델로 삼기는 했지만, 그 내용은 전반적으로 고인을 긍정적으로 묘사하고 고인에 대해 독자들이 존경과 흠모의 정을 불러일으키고 있으므로, 고인의 실제생활과 달리 묘사된 부분이 있다 하더라도 사회통념상 고인의 명예가 훼손되었다고 볼 수 없다고 판단하고 있다.

결국 저작물 이용자들은 저작자가 생존해 있는 경우와 사망한 경우에 있어서 저작인격권의 침해기준이 달라진다는 점, 그리고 특히 저작자가 사망한 후에는 명예를 훼손하는 방법으로 저작인격권이 침해된 경우에만 침해의 책임을 물을 수 있다는 점 등에 유의해야겠다.

6. 인용의 한계

1. 저작권법상 인용의 의미

현행 저작권법에서는 공표된 저작물은 "보도·비평·교육·연구 등을 위해서는 정당한 범위 안에서 공정한 관행에 합치되게 이를 인용할 수 있다"고 규정하고 있다. 따라서 공표된 저작물을 보도·비평·교육·연구 등의 목적으로 '인용'하는 것은 저작재산권 침해가 아니다. 하지만 그것은 정당한 범위 안에서 이루어져야 하고, 공정한 관행에 합치되는 방법이어야 한다. 여기서 인용(引用; quotation)이란 "다른 저작물의 내용 가운데에서 한 부분을 참고로 끌어다 쓰는 것"을 말한다. 특히 어문저작물을 작성함에 있어서는 매우 흔한 것이 인용이다. 그런데 문제는 '정당한 범위' 또는 '공정한 관행'에 관한 해석에 있다.

먼저 정당한 범위에 대해 살펴보면, 다른 저작물을 자기가 작성하는 저작물에 인용해야만 하는 필연성이 인정되어야 하며, 또한 자기 저작물의 내용과 인용부분 사이에는 일종의 주종관계가 성립되어야 한다는 것으로 해석할 수 있다. 즉, 자기가 창작하여 작성한 부분이 주(主)를 이루고, 그것에 담겨 있는 주제를 좀더 부각시키거나 주장의 타당성을 입증할 목적으로 다른 저작물의 일부를 종(從)으로서 인용했을 때에 비로소 정당한 범위 안에서의 인용이 성립된다. 다만, 다른 저작물의 일부라고 하는 것은 논문이나 소설 따위처럼 분량이 비교적 많아서 전체적인 인용이 불필요한 경우에 해당되는 것이며, 사진이나 그림 또는 시 따위처럼 그것의 일부 인용이 불가능한 것까지 포함되는 것은 아니다.

다음으로 공정한 관행이란, 인용부분이 어떤 의도에서 이용되고 있으며, 어떤 이용가치를 지니는가에 따라 달라질 문제이다. 즉, 사회적인 통념에 비추어 보아 타당하다고 여겨지는 방법으로서의 인용만이 공정한 관행에 합치되는 것이라고 볼 수 있는데, 그것은 인용되는 부분을 자기 저작물과는 명확하게 구별되는 방법으로 처리해야 한다는 의미까지도 포함한다. 예를 들어, 보도의 자료로서 저작물을 인용할 수밖에 없는 경우, 자기나 다른 사람의 학설 또는 주장을 논평하거나 입증할 목적으로 다른 사람의 저작물을 인용하는 경우, 역사적 사실이나 경향을 살피는 글에서 이해를 돕기 위해 다른 저작물—시 또는 사진, 그림 따위—을 통째로 싣는 경우 등은 바로 공정한 관행에 합치되는 것으로 볼 수 있다. 그렇더라도 인용에 있어서는 출처명시의 의무가 엄격하게 적용되어야 한다. 인용부분에 대한 적절한 구분이나 출처의 명시가 부정확하다면 그것이 인용인지 창작인지를 분간할 도리가 없기 때문이다.

원래 저작권법상 정당한 인용이 인정되는 것은 학술적·예술적 가치를 지닌 공표된 창작물을 이후에 등장할 저작자와 독자들이 가능한 한 손쉽게 이용함으로써 그 가치를 누리게 하여 문화의 향상 발전에 이바지하게 할 목적 때문이라고 할 수 있다. 곧 이용자들의 권리의 폭을 넓혀 준 것이므로, 그렇다면 인용에 있어서 출처명시의 의무는 가능한 한 엄격하게 이해하는 것이 법리의 해석뿐만 아니라 도리에도 맞는 것이라고 할 수 있다.

따라서 다른 사람의 저작물을 일부라도 인용할 바에는 그 부분에 인용부호를 붙이거나 단락을 바꾸어 본문과는 다른 활자로 표시함으로써 인용부분을 구분하는 것이 상식이다. 또한 학술관련 전문서적이나 논문에서는 출처로서의 저자명, 책명 또는 논문제목, 발행처, 발행년도, 해당면수 등을 적절한 위치에 주(註) 표시로써 밝히는 것이 통례이고, 이러한 의무사항이 제대로 지켜지지 않는다면 그 저작물은 신용이 없는 것으로 간주되어도 무방하다. 결국, 남의 글을 인용하고도 마치 자기의 글처럼 여긴다면 당연히 인용부분에 대한 구분이라든가 출처를 명시하지 않을 것이 분명한데, 그 경우에는 인용이 아니라 도용(盜用)으로 저작권 침해행위가 된다.

2. 판례: "이랜드 사람들" 사건

―서울민사지방법원 제51부 1994. 4. 18. 결정, 94카합2072 서적발행 등 금지가처분

(1) 사건 개요

A(피신청인)는 출판사를 경영하는 자로서 1993년 12월경 '갑'을 저자로 한 "이랜드 사람들"이란 서적을 발행한 바 있다. 이 책의 주된 내용은 의류회사에서 출발, 최근에 중견그룹으로 급격히 부상한 '이랜드'의 성장배경과 그 기업이념 등으로, 출판과 동시에 큰 관심을 불러일으켰다.

한편, 주식회사 이랜드와 그 대표자 외 임직원 6인(신청인, 이하 "이랜드"라 한다.)은 위 서적이 그룹 대표자가 그 임직원들을 대상으로 기독교적 세계관을 기업경영에 적용한 기업윤리, 직장인의 행동규범 등에 대해 계속 해온 강연의 내용을 거의 그대로 전재하고 있으며, 그 비중이나 분량에 있어서 상당량이라고 할 수 있는바, 그로 인해 대표자의 저작권은 물론 임직원들의 프라이버시권, 그리고 등록상표인 이랜드의 상표권 및 영업비밀 등을 침해했다고 주장하면서 위 서적의 인쇄 및 출판을 금지하라는 취지의 청구를 서울민사지방법원에 제기하였다.

이에 대해 A는 이랜드의 대표자가 행한 강연은 경영지침 또는 사원의 행동지침에 지나지 않는 것으로서 단순한 사상 또는 관념이므로 저작권의 보호대상이 될 수 없다는 주장과 함께 그 강연이 임직원을 대상으로 공표된 저작물이라

고 하더라도 이를 보도·비평·연구·교육 등을 위해 인용하는 것은 저작권법에서도 허용되어 있는바, 위 서적의 저자인 갑은 신청인 이랜드에 대한 기업경영 비평 및 연구를 위하여 이를 인용한 것이므로 저작권 침해가 될 수 없다고 주장했다.

그러나 법원은 원고 '이랜드'의 주장을 받아들여 "피신청인 A는 위 서적의 인쇄·제본 및 그 판매 또는 반포를 하여서는 아니된다"고 판결하였다.

(2) 판결 이유

우선 이랜드 대표자의 강연이 단순한 사상 또는 관념에 불과하므로 저작권 보호의 대상이 아니라는 A의 주장에 대해서는 그것이 강연의 형식으로 이미 공표한 것이므로 이를 단순한 사상이나 관념이라고 할 수 없으며, 저작권 보호의 대상이 될 수 없다는 것은 이유가 없다.

또한 피신청인 A는 그 강연을 적법하게 인용한 것에 불과하다고 하나, 저작권법 제25조에 의하면 그 인용의 범위는 표현형식상 피인용저작물(여기서는 이랜드 대표자의 강연)이 보족(補足), 부연(敷衍), 예증(例證), 참고자료 등으로 이용되어 인용저작물(여기서는 "이랜드 사람들"이란 서적)에 대해 종(從)의 관계에 있어야 하고, 인용의 방식 및 정도에 있어서도 그 출처를 명시하고 적절한 방식으로 인용문을 자신의 저작물과 구별되도록 해야 하며, 피인용저작물을 지나치게 많이 인용하거나 전부 인용하거나 원저작물에 대한 시장수요를 대체할 수 있는 정도가 되어서는 안 되는 등 그 인용이 정당한 범위 안에서 공정한 관행에 합치되어야 한다는 제한이 있음은 분명하다.

그럼에도 "이랜드 사람들"이란 서적은 이랜드 대표자의 강연내용을 거의 그대로 전재(全載)하면서 그 비평이나 연구는 실질적으로 거의 행하고 있지 않아 단순한 소개 정도에 그치고 있으면서 그 출처가 명시되지도 않았고, 자신의 저작물과 피인용저작물이 분명히 구분되고 있지도 않으며, 그 인용분량이 위 서적 중에서 본문 338면 중에 그 3분의 1 이상인 114면을 차지하는 방대한 분량 인 점 등에 비추어 정당한 인용의 범위를 넘은 것이라고 판단되며, 아울러 공정 한 관행에 합치되게 인용했다고 보기도 어려우므로 피신청인 A의 주장은 이유 가 없다.

3. 판례 분석

이 사건 판례에서는 우선 강연의 내용도 보호받는 저작물이 될 수 있다는 것을 확인해 주면서 저작권법상 '인용'에 해당하는 요건을 구체적으로 판단하 고 있다는 점에서 주목된다. 특히 이 사건의 피신청인이 신청인의 가처분 신청 이 부당하다며 내세운 항변에 대해 "피인용저작물의 거의 그대로 전재하면서 그 비평이나 연구는 실질적으로 거의 행하고 있지 않아 단순한 소개 정도에 그 치고 있으면서도 그 출처가 명시되지 않은 점", 그리고 "자신의 저작물과 피인 용저작물이 분명히 구분되고 있지도 않으며 그 인용분량이 방대한 분량인 점" 등에 비추어 정당한 인용의 범위를 넘은 것일 뿐만 아니라 공정한 관행에 합치 되게 인용했다고 보기도 어렵다고 재판부에서 판단한 것에 전적으로 공감한다.

한편, 이러한 인용은 저작자는 물론 출판편집자에게 있어서도 소홀히 할 수 없는 일상적인 문제의 하나가 아닌가 싶다. 출판실무에 있어서 편집자는 저작 자의 원고를 대하는 최초의 독자이다. 편집자는 저작자로부터 원고를 넘겨받 게 되면 그것을 검토하는 과정에서 질적인 평가는 물론 명예훼손이나 외설 등 의 가능성은 없는지, 다른 곳에서 이미 나온 것은 아닌지, 누군가의 저작권을 침해하지는 않았는지 세심하게 분석하지 않으면 안 된다.

실제로 어떤 학술서적의 경우에는 권말의 참고문헌으로 나와 있는 문헌 속의 문장이 저작자의 본문 중에 그대로 보이는 것 같은데도 무심코 읽다 보면 책의 저작자로 표시된 사람의 글이라고 믿어지게끔 쓰여져 있는 것을 볼 수 있다. 또한, 문학류의 작품비평이나 작가론 등에서는 저작권이 엄연히 존재하는 작가의 글이 도처에 나타나는데, 그것들을 연결하는 본문은 오히려 간단한 해설이나 소개에 그침으로써 남의 글과 저자의 글이 주객전도의 양상을 보이고 있는 경우도 자주 볼 수 있다.

남의 글을 버젓이 훔쳐 쓴 사람들은 간혹 "옛날부터 그 작가의 글을 좋아해서 많이 읽었는데, 문제의 부분도 아마 머릿속에 남아 있던 그때의 기억이 내 문장 속에 스며든 것 같다"라고 변명한다. 물론 저작권법이 착상이나 구상이라고 할 수 있는 머릿속 아이디어까지 보호해 주지는 않는다. 하지만 각각 다른 창작자가 아무리 동일한 구상을 했다고 해도 그것을 글로 표현함에 있어서 문체, 비유법, 문맥에 이르기까지 같아질 수는 없는 노릇이다. 따라서 저작자들이 기본적인 양심과 함께 저작권법에서 규정하고 있는 인용의 의의와 한계를 숙지하고 있다면 그다지 큰 문제는 일어나지 않을 것이다.

그럼에도 일부 저작자들이 이를 잘못 이해해서 인용이 아닌 것을 인용이라고 믿고 저작권 침해문제를 불러일으킴으로써 출판인이나 편집자까지 그 분쟁에 말려드는 것을 볼 수 있다. 또, 저자의 순수창작물인 줄 알고 출간했는데 다른 작가의 글을 여기저기서 도용한 것으로 드러날 경우 출판사의 이미지에도 큰 타격을 입게 된다. 이러한 인용의 문제를 해결하기 위해 일본문예가협회에서는 "인용의 방법에 관하여"라고 하여 '문예물 창작에 있어서의 인용의 기준'을 제시하고 있는데, 그 내용을 소개하면 다음과 같다.[78]

---

78) 美作太郎, 『著作權―出版の 現場から』(東京: 出版ニュース社, 1984), pp. 148~149 참조.

첫째, 인용부분은 어떤 방법으로든지 본문과 명확히 구별해서 표시한다.

둘째, 출처를 명시할 때에는 최소한 저작자명을 표시하는 것을 원칙으로 하고, 경우에 따라서는 작품명을 함께 표시하는 것이 바람직하다.

셋째, 출처의 명시는 인용한 부분으로부터 가능한 한 가까운 곳에 하는 것이 바람직하며, 어쩔 수 없는 경우에는 단행본의 경우 권말에, 잡지에서 단편물의 경우에는 작품의 말미에, 잡지연재의 경우와 신문에서 단편물 또는 비교적 짧은 연재의 경우에는 각 회차의 말미에, 신문의 장기연재의 경우에는 연재의 예고문이나 작자의 말 등에서 "인용문의 출처는 연재 종료 후 또는 단행본에서 표시한다"는 취지를 밝히고 원저작자(지작권자)에게 출처명시의 연기사실을 알린다.

위의 예가 모든 저작물에 두루 적용될 수 있는 인용의 기준이라고 할 수는 없겠지만, 이미 오래 전에 일본에서는 인용의 방법에 이르기까지 가장 유력한 저작자 단체가 의견을 정리해서 공표했다는 사실이 믿음직스럽다. 이처럼 인용과 도용의 차이는 분명하다. 다만, 다른 사람의 소유가 분명한 재물을 훔치는 일이 나쁘다는 것은 누구나 다 아는 일임에도 유독 다른 사람의 정신적 노력의 산물인 저작물에 대해서만큼은 훔쳐놓고도 죄의식을 전혀 느끼지 못하는 몰염치한 저작자가 있는 한, 인용과 도용을 둘러싼 논란은 그치지 않을 것이다.

7. 광고와 퍼블리시티권

1. 유명인에게 주어지는 인격권과 재산권

광고는 남의 저작물 또는 고유권리를 이용하면서 또한 그 자체로서 법적으로 보호받는다는 양면성을 띠고 있다. 그러므로 자칫 잘못하면 누군가의 권리를 침해할 수도 있다는 염려와 함께 권리침해를 당할지도 모른다는 염려 또한 항상 떨쳐버릴 수 없다. 특히 유명인을 모델로 등장시키는 경우 파생되는 문제점은 점차 현대광고의 쟁점으로 부각되고 있다.

두말할 것도 없이 요사이 광고계에서는 유명인들의 모델 기용이 보편화되고 있다. 사람들 사이에 널리 알려진 영화배우, 연예인, 운동선수 등의 성명이나 초상이 상품의 광고나 표장에 사용되는 경우, 그 유명세에 힘입어 이를 사용한 상품이 소비자들 사이에서 월등한 인지도와 신뢰성을 획득할 수 있기 때문이다. 그런데 만일 유명인들의 성명이나 초상을 본인의 승낙 없이 상업적으로 이용하는 경우 어떤 법적 문제가 생기는 걸까.

이에 대한 우리 법원의 판단은 성명과 초상의 무단이용에 따라 유명인 본인이 입게 되는 손해는 자신의 허락이 없이 함부로 이용당했다는 측면에서 입게 되는 정신적 고통뿐만 아니라 자신이 직접 정당한 이용계약을 맺었을 경우 받을 수 있으리라 예상되는 경제적 이익의 박탈까지 고려해야 한다는 것으로 요약된다. 즉, 성명과 초상 등에 대해 기존의 인격권으로서의 초상권과는 별도로 재산적 권리로서의 특성을 가지는 이른바 '퍼블리시티권'의 성립을 인정할 수 있다는 것이다.

퍼블리시티권(right of publicity)이란 곧 초상권의 일종으로 볼 수 있다. 초상권은 여러 판례에 의해 "사람의 얼굴 또는 모습을 그 본인의 의사에 반하여 촬영·공표당하거나 또는 영리적으로 이용당하지 아니하는 권리"로 인정받고 있거니와, 이러한 초상권에는 '프라이버시권'이라는 인격권적 측면과 자기 초상을 대가를 받고 독점적으로 이용하게 하는 '퍼블리시티권'이라는 재산권적인 측면이 동시에 내재되어 있다. 광고에서는 특히 후자의 퍼블리시티에 더 많은 신경을 써야 할 것으로 보인다. 유명인들은 여러 사람들 앞에 항상 자기 모습을 드러내는 까닭에 '공인(公人, public figure)'으로서 프라이버시권은 매우 약하다. 그러므로 국민의 '알 권리' 차원에서 각종 보도나 비평 등에서 자유로이 이용될 수 있는 것이다.

그러나 유명인들은 비록 프라이버시권에서는 그렇다 치더라도 일반대중에게 이름과 얼굴이 널리 알려진 만큼 대중의 주목을 끌고 소구력을 발휘하는 힘이 크기 때문에 퍼블리시티권은 매우 강해서 그것을 영리목적으로 이용하는 데 따르는 허락권과 보수청구권을 갖고 있다. 더구나 광고는 시사보도와는 달리 기업이나 상품 또는 서비스의 홍보 및 판매를 위한 영리활동이므로 남의 초상을 무단이용할 정당한 명분이 적다. 따라서 초상권의 침해는 손해배상 책임을 수반하는 것이 당연하며, 퍼블리시티권의 경우에는 일신전속적인 인격권이 아니므로 남에게 이를 양도하거나 그 관리를 위탁할 수도 있다.

그런데 현재 활동중인 유명인은 위에서 살핀 것처럼 초상권으로써 프라이버시와 퍼블리시티를 유지할 수 있다고 하더라도 이미 사망한 지 오래 된 유명인의 경우에는 어떻게 되는 걸까.

2. 판례: "제임스 딘" 사건에 나타난 퍼블리시티권의 개념

유명인의 초상권 혹은 퍼블리시티권과 관련하여 우리가 주목해 볼 만한 판례는 이른바 "제임스 딘" 사건으로 알려진 '서울지방법원 제12민사부 1997. 11. 21. 판결, 97가합5560 표장 사용금지 등' 사건을 들 수 있다. 이 사건은 사건 당시로부터 42년 전에 사망한 미국 유명배우 '제임스 딘'의 상속인으로부터 성명과 초상에 관한 일체의 권리를 양도받은 미국회사가 '제임스 딘'을 명기한 표장을 사용하여 의류제품을 제조해 온 우리나라 의류회사로부터 제품을 납품받아 판매영업하는 백화점들을 상대로 부정경쟁방지법 위반과 퍼블리시티권 침해를 이유로 소송을 제기하면서 촉발되었다.

(1) 사건 개요

① 모씨는 '제임스 딘' 혹은 'JAMES DEAN'이 포함된 표장에 관하여 지정상품을 의류, 신발, 화장품 등으로 하는 상표등록을 마친 다음, 1993년 5월에 회사를 설립하여 다음에 기재된 각 표장을 사용, 의류제품을 제조·판매해 왔다.

- 미국 영화배우 '제임스 딘(James Dean)'의 한글 또는 영문 성명 또는 그의 초상과 동일한 표장
- 'JAMES DEAN PRESIDENT', 'JAMES DEAN CLUB', '제임스 딘 장군' 등위 '제임스 딘'의 한글 또는 영문 성명 또는 그의 초상을 포함한 일체의 표장
- 'DEAN' 또는 동 문자를 포함한 일체의 광고

② 피고들은 백화점을 각각 운영하면서 백화점 내 매장에서 위의 회사로부터 공급받은 이 사건의 쟁점인 '제임스 딘' 상표가 부착된 제품의 판매영업을 하고 있다.

③ 피고들이 판매하는 위 의류제품에는 '제임스 딘' 상표가 부착되고 다시 "JAMES DEAN is the only company that uses JAMES DEAN's Trademark. We guarantee the excellence of the quality"라는 문언이 부기되어 있거나, 'Body Guard'라는 상표와 함께 'MADE BY JAMES DEAN'이라는 표시가 되어 있었다.

(2) 부정경쟁방지법 위반 여부

1) 원고측 주장

원고는 먼저 피고들이 부정경쟁방지법을 위반하고 있다고 주장하였다. 즉, 저명한 제임스 딘 표장의 소유자이자 제임스 딘의 성명 및 초상 등의 상품화에 관한 모든 권리를 가지고 있는 원고의 승낙 없이 피고 소유의 백화점 매장에서 제임스 딘의 대형사진을 걸어둔 채 제임스 딘 상표가 부착되고 제임스 딘과 관련 있는 문언 내지 표시가 되어 있는 의류제품을 납품받아 판매하고 있다는 점이 세계적으로 널리 알려진 영화배우로서의 제임스 딘의 명성과 그의 개성적인 이미지 및 적법하게 제임스 딘 표장이 사용된 제품들의 저명성과 인지도를 부당하게 이용하는 것이다. 따라서 이는 부정경쟁방지법상 '상품주체 및 영업주체 혼동행위' 또는 '상품 사칭행위'에 해당하고, 그로 인해 국내에서 이미 문방구 및 엽서 등의 지정상품에 대해 제임스 딘 표장에 관해 상표등록하고, 향후 의류 및 신발, 화장품, 액세서리 등 다양한 분야에서 상표등록을 출원하거나 라이선스 사업을 하려는 원고의 영업상 이익을 침해하거나 침해할 우려가 있다고 주장하였다. 이를 근거로 원고는 부정경쟁방지법 규정에 따라 피고들에 대해 그 침해행위의 금지와 침해행위로 조성된 물건 및 침해행위에 제공된 인쇄설비의 폐기를 청구하였다.

2) 법원의 판단

법원에서는 이 같은 원고측 주장에 대해 다음과 같은 점을 인정하고 있다.

첫째, 제임스 딘은 세계적으로 저명한 미국 영화배우로서 한국 젊은이들 사이에서도 그 명성이 널리 알려져 20세기 패션에 큰 영향을 미친 대중문화인 가운데 한 사람으로 평가되고 있다는 사실

둘째, 원고는 제임스 딘 상속인의 양도에 따라 제임스 딘의 성명, 초상 등을 사용한 의류, 문구류, 신발, 포스터, 엽서, 달력, 서적 등 다양한 상품에 관해 전 세계적으로 460여 개 업체와 라이선스 계약을 맺고 있다는 사실

셋째, 원고는 한국 내에서도 문방구와 엽서 등의 일부 상품에 대해 제임스 딘 표장에 관한 상표등록을 마쳤다는 사실

그러나 법원에서는 다음과 같은 이유를 들어 원고측 주장이 이유 없음을 밝히고 있다.

첫째, 원고측의 외국에서의 활동 또는 제임스 딘 표장이 문방구 및 엽서 등의 지정상품에 상표등록되었다는 점만으로는 제임스 딘 표장이 단순한 영화배우로서의 인지도를 뛰어넘어 상품의 표지로서 한국 내 거래자 또는 수요자들에 주지되었다고는 할 수 없다.

둘째, 피고들이 판매하는 의류제품에 제임스 딘 표장 이외에 위에서 언급한 문언과 표시가 부기되어 있다 해도 제임스 딘 표장이 부착된 제품이 한국 내에 유통된 바 없어 수요자나 거래자들에게 주지되었다고 보기 어려운 점, 그리고 제임스 딘은 이미 오래 전에 사망한 외국의 영화배우이며, '제임스 딘'이라는 회사는 국내에는 물론 외국에도 존재하지 않는 점 등을 감안할 때 이 같은 문언과 표시만으로 피고들이 원고측으로부터 사용권한을 부여받아 생산되고 있는 '제임스 딘' 표장의 상품을 사칭했다고 할 수 없다.

(3) 퍼블리시티권 침해 여부

1) 원고측 주장

원고는 또한 제임스 딘의 퍼블리시티권을 들어 이러한 권리는 재산권으로서 상속 및 양도가 가능하며 그 사후 존속기간도 저작권법이 저작자 사후 50년 동안 인정하고 있는 것과 마찬가지로 당사자의 사망 후 적어도 50년간 보호되어야 한다고 하면서 이와 같은 제임스 딘의 퍼블리시티권을 승계한 원고로부터 아무런 실시허락 또는 승낙을 받지 않은 채 '제임스 딘' 상표와 동일하거나 유사한 상표가 부착된 의류제품을 판매하고 있는 피고들은 제임스 딘의 퍼블리시티권을 침해한 것이므로 그와 같은 불법적인 상표 사용행위를 중지하고 침해행위로 조성된 제품 및 그 인쇄설비를 폐기할 의무가 있다고 주장하였다.

2) 법원의 판단

법원에서는 퍼블리시티권을 인정하고 그 재산권으로서의 성격을 승인한다고 하면서도 다음과 같은 이유를 들어 원고측 주장을 받아들이지 않았다.

즉, 유명인이 자신의 퍼블리시티권을 실제 행사하고 있는 경우나 생전에 이를 행사함으로써 그 권리가 구체화되었다가 그 유명인이 사망하는 경우와는 달리 이 사건의 경우에는 약 42년 전에 이미 사망한 제임스 딘의 유족들로부터 권리를 승계하였다는 원고가 제임스 딘 사망 후 그의 퍼블리시티권을 주장하고 있는바, 퍼블리시티권이 아직까지 한국의 성문법상 권리로 인정되지 않는 점, 퍼블리시티권을 재산권으로 파악하는 경우에도 그것이 한 사람의 인격을 상징하는 성명 및 초상 등에 관한 것인 이상 그 당사자의 인격과 완전히 분리되어 존재하는 독립된 권리로 보기 어렵다는 점, 일반적으로 인격권은 권리자의 사망과 함께 소멸하여 상속의 대상이 되지 않는다는 점, 퍼블리시티권의 상속을 인정한다 해도 퍼블리시티권은 개인의 성가와 밀접한 관계가 있어 세월이 지남에 따라 그 권리로서의 존재가치는 희석되고 일정기간이 지나면 결국 소멸되고 마는 권리이므로 제임스 딘의 사망 이후 현재까지 존속한다고 보기 어려운 점 등에 비추어 보면 원고가 제임스 딘의 성명이나 초상에 대한 퍼블리시티권을 상속해서 이를 독점적으로 행사할 권리를 여전히 보유하고 있다고 볼 수 없다는 것이었다.

또한 법원에서는 원고가 퍼블리시티권의 사후 존속기간이 저작권법상 저작자의 권리와 마찬가지로 당사자 사후 50년이 되어야 한다고 주장한 것에 대해 퍼블리시티권은 자신의 성명 또는 초상에 대한 상업적 이용을 허락하는 권리로서 저작권과는 그 권리의 발생요건, 보호목적, 효과 등에 있어 차별되므로 저작권법상 저작자의 권리에 대한 사후 존속기간에 관한 규정을 퍼블리시티권에 곧바로 유추해서 적용할 수는 없다고 판시하였다.

3. 판례 분석

이상에서 살펴본 내용을 통해 우리는 다음과 같은 퍼블리시티권의 개념과 그것의 효력을 파악할 수 있다.

즉, "유명인들의 성명이나 초상 등이 상품의 광고나 표장에 사용되는 경우 그 저명성으로 인해 이를 사용한 상품이 소비자들 사이에 월등한 인지도와 신뢰성을 획득할 수 있기 때문에, 이들의 성명이나 초상 등을 상업적으로 이용하는 경향이 보편화되고 있다. 이러한 유명인들의 성명이나 초상 등이 본인의 승낙 없이 함부로 사용되는 경우 본인이 입게 되는 손해는 자신의 성명, 초상이 허락 없이 이용된 데에 따른 정신적인 고통이라기보다는 오히려 자신들이 정당한 이용계약을 체결했을 경우 받을 수 있었던 경제적 이익의 박탈로 파악될 수 있으므로 성명이나 초상 등에 대해 기존의 인격권으로서의 초상권과는 별도로 재산적 권리로서의 특성을 가지는 퍼블리시티권의 성립을 인정할 여지가 있다"는 것이다.

그럼에도 법원에서는 "유명인이 자신의 퍼블리시티권을 실제 행사하고 있는 경우나 생전에 이를 행사함으로써 그 권리가 구체화되었다가 그 유명인이 사망"할 것을 전제로 퍼블리시티권을 판단하고 있다. 또한 사건의 쟁점이 되는 상표가 이미 "상품의 표지로서 국내의 거래자 또는 수요자들에게 주지되었다"는 증거가 없는 한 부정경쟁방지법의 위반으로도 볼 수 없다고 판시하고 있다.

결국 오늘날 유명인들이 광고모델로서 일반인들의 상상을 뛰어넘는 거액을 받고 출연하는 것은 곧 그의 유명세에 비례하는 정당한 권리행사라고 할 수 있다. 다만, 그러한 개인적 퍼블리시티가 생전에 구현되지 못하고 사후에 발휘될 경우 이상에서 살펴본 '제임스 딘' 사건에서와 같은 결과를 가져올 수밖에 없을 것으로 보인다. 즉, 퍼블리시티권은 인격권으로서의 초상권(프라이버시권)과 더불어 행사될 때 비로소 완전하다는 사실이 입증된 셈이다.

그런 점에서 요즘 상업광고에 현직 대통령을 등장시키는 것은 자연인으로서의 대통령이 아닌 국민의 대표라는 공인으로서 불쾌하지만 침묵하기에 망정이지, 퍼블리시티권이라는 측면에서 매우 위험천만한(?) 행위일 수도 있다.

8. 광고사진의 소유권과 저작권

1. 사진작가와 촬영의뢰인의 관계

일반적으로 소비제품을 생산하는 회사에서는 자사제품을 많이 팔기 위해 여러 가지 광고 및 홍보, 그리고 판촉작업을 병행하게 된다. 이 경우 필수적인 것이 바로 제품을 사진으로 표현하는 일이며, 이렇게 표현된 사진은 각종 광고 및 홍보물에 유용하게 쓰이곤 한다. 물론 자사 내에 홍보실 등 관련업무를 수행하는 부서가 있기는 하지만, 사진작가를 직원으로서 상시 채용하거나 자체 스튜디오를 갖추는 일은 현실적으로 어렵다. 따라서 제품을 널리 알릴 목적으로 만드는 각종 광고물 또는 안내책자 등의 제작은 광고대행업체에 의뢰하게 되고, 또한 광고대행업체 역시 고도의 기술을 요하는 제품사진의 경우 전문스튜디오를 운영하는 사진작가에게 의뢰하게 된다.

의뢰받은 사진작가는 의뢰인들의 요구에 따라 다양한 방법으로 제품을 피사체 삼아 사진촬영에 임하게 되고, 작업이 끝나면 현상 및 인화를 통해 사진상태를 확인한 후 원판필름과 함께 의뢰인에게 납품한 후 그 대가를 지급받는 것으로 계약관계가 종료되곤 한다. 그런데 여기서 문제가 되는 것은 이런 경우 그 제품사진의 저작권 여부는 어떻게 되는가 하는 점이다. 적당한 대가를 지급하고 사진의 원판필름을 납품받은 의뢰인측에는 당연히 필름에 대한 소유권이 있는 것임에 분명하지만, 그렇다고 저작권까지 양도되었다고 볼 수 있는 걸까.

이런 경우 가장 중요한 기준은 의뢰인과 사진작가 사이에 어떤 형태의 계약이 있었는가 하는 점이지만, 구체적인 내용을 다룬 계약서의 교환이 현실적으로 어려운 경우가 많기 때문에 광고사진을 둘러싼 크고 작은 분쟁은 앞으로도 많이 일어날 것으로 보인다. 최근 들어 빈발하고 있는 광고업계의 사진저작물을 둘러싼 분쟁과 관련하여 상급법원의 판례를 중심으로 그것의 소유권과 저작권에 대해 살펴보기로 하겠다.

2. 판례: 광고사진의 저작물성과 저작권 귀속의 문제

광고사진의 저작물성, 그리고 소유권과 저작권의 관계 및 손해배상의 범위 등에 대한 판례로서 주목할 만한 것은 '서울고등법원 제4민사부 1998. 7. 22. 판결, 96나39570 손해배상(기)' 사건을 들 수 있다. 이 사건은 약 1년 전 하급심에서 원고패소 판결을 내렸던 것을 뒤집고 항소인인 원고의 일부승소를 인정했다는 점에서 광고사진의 애매하고도 까다로운 법적용의 예를 잘 보여준 것이라고 할 수 있다.

(1) 사건 개요

① 이번 사건에 있어 피고회사는 농축산물 사육·재배 및 판매업, 육가공업 등을 목적으로 하는 법인이고, 피고회사로부터 피고회사가 제조·판매하는 햄(ham)제품에 대한 광고용 카탈로그의 제작을 의뢰받은 광고대행업체는 광고사진업에 종사하면서 전문스튜디오를 운영하고 있던 원고(사진작가)와의 사이에 카탈로그 제작을 위한 햄제품 등의 사진촬영을 의뢰하여 그로부터 촬영된 사진원판(네거티브 필름)을 제작·공급받기로 하는 내용의 계약을 체결하였다.

② 이때 촬영하기로 한 사진은 피고회사가 제작·판매하는 햄제품 자체를 촬영하는 사진(이하 '제품사진'이라 함)과 이러한 햄제품을 다른 장식물이나 과

일, 술병 등과 조화롭게 배치하여 촬영함으로써 제품의 이미지를 부각시켜 광고효과를 극대화하기 위한 사진(이하 '이미지사진'이라 함)으로 나눌 수 있다.

③ 제품사진의 경우에는 피고회사의 햄제품만을 종류별로 광고대행업체에서 준비한 상자 속에 넣고 원고가 촬영한 후 그 원판 모두를 광고대행업체에 공급하였다. 이미지사진의 경우에는 광고대행업체가 미리 작성한 촬영시안을 기초로 각종 요리도구와 원고가 운영하는 스튜디오 안에 있던 그 밖의 소도구를 적절히 배치하여 촬영한 후 마찬가지로 그 원판은 광고대행업체에 공급되었다.

④ 광고대행업체에서는 위와 같이 촬영된 사진원판을 이용, 사진을 인화하여 칼라분해를 거쳐 광고용 카탈로그를 제작했으며, 이를 사진원판 및 듀프(사진원판 자체를 복제하여 언제든지 사진을 인화할 수 있도록 한 또 다른 원판을 가리킴)와 함께 피고회사에 납품하였다. 이후 피고회사에서는 위 제품사진 및 이미지사진의 원판(듀프 포함)을 서울 시내 대형백화점들에 보내서 2년여에 걸쳐 백화점들이 발행하는 새해, 추석, 크리스마스, 연말 등의 선물특선 광고용 책자(이하 '안내책자'라 함)의 햄·소시지 상품란에 그 사진을 게재할 수 있도록 하였다.

(2) 당사자의 주장

① 사진작가인 원고는 이 사건에서 문제가 되고 있는 제품사진 및 이미지사진은 모두 그가 그의 사진기술에 창의성을 더하여 촬영한 그의 사진저작물이고, 이에 대해 원고가 광고대행업체에 그 이용을 허락한 것은 피고회사의 자체 광고용 카탈로그에 한정된 것임을 전제로 내세웠다. 원고는 그럼에도 피고회사가 서울 시내 백화점들의 가이드북에 이를 무단이용함으로써 원고의 저작권을 침해하였으므로 그 손해배상으로 사진저작물의 무단이용에 관한 광고사진업계의 관행 등에 따라 촬영료의 10배에 해당하는 금액을 원고에게 지급해야

한다고 주장하였다.

② 이에 대해 피고회사는 광고대행업체에게 피고회사가 제조·판매하는 햄제품을 촬영한 광고 사진원판과 햄제품의 광고 카탈로그 등의 제작을 의뢰하여 이에 따라 광고대행업체로부터 위와 같이 촬영된 사진원판을 납품받아 그 소유자로서 이를 사용한 것뿐이라고 주장하였다. 또 광고대행업체는 이 사건 제품 사진 및 이미지사진은 그 창작성 내지 개성을 인정할 여지가 없는 것이므로 이른바 사진저작물이 아니라고 주장하였다. 설사 그렇지 않더라도 이 사건에서 문제가 된 제품사진 및 이미지사진은 모두 광고대행업체에서 그것의 촬영대상에 관한 시안을 제시하고 그 시안에 따라 피고회사의 햄제품과 그 배경장식물 등을 조화롭게 배치하였으며, 원고는 단지 위와 같이 광고대행업체가 배치한 촬영대상을 그대로 촬영하여 그 사진원판을 제작한 것에 불과하므로 그 사진저작물에 대한 저작권은 처음부터 광고대행업체에 있는 것이며, 촬영 후 원고는 그 사진원판을 모두 광고대행업체를 통해 피고회사에 양도하였으므로 이때 그 저작권도 함께 양도한 것으로 보아야 한다고 주장하였다.

(3) 광고사진의 소유권과 저작권

1) 광고사진의 저작물성 여부에 대한 판단

저작권법 제2조 제1호에 의하면 "저작물이란 문학·학술 또는 예술의 범위에 속하는 창작물"을 의미하고, 같은 법 제4조 제1항 제6호는 사진 및 이와 유사한 제작방법으로 작성된 것을 포함하는 사진저작물도 저작물의 하나로 예시하고 있어 사진도 저작물의 하나가 될 수 있음은 분명하다. 그러나 저작물이 되기 위해서는 비록 고도의 창작성까지는 아니더라도 저작권법에 의한 저작물로서 보호될 만한 가치를 지닐 수 있는 창작에 의한 산물이어야 한다는 것 또한 주지의 사실이다.

이 사건에서 문제된 사진 중 먼저 제품사진에 대해서 재판부는 피고회사의 햄제품을 종류별로 제품과 대비될 물질을 깔아놓은 상자 속에 넣고 촬영한 것으로 비록 광고사진작가인 원고의 기술에 의해 이를 촬영했다 하더라도 그 목적은 그 피사체인 햄제품 자체만을 충실하게 표현하여 광고라는 실용적인 목적을 달성하기 위한 것이고, 다만 이때 그와 같은 목적에 부응하기 위해 그 분야의 고도의 기술을 가지고 있는 원고의 사진기술을 이용한 것에 불과하다고 판시하였다. 바로 그와 같은 광고사진의 기술을 이용하기 위해 광고대행업체에서는 촬영료를 지급하고 원고를 이용하여 촬영작업을 한 것으로 보아야 하므로 저작권법에 의해 보호할 만한 원고(사진작가)의 어떤 창작적 노력 내지 개성을 인정하기 어렵고, 제품사진에 있어서 중요한 것은 얼마나 그 피사체를 충실하게 표현하였나 하는 사진기술적인 문제라는 점에서 저작권이 주어지는 저작물이라고 보기 어렵다고 하였다.

반면에 이미지사진의 경우에는 제품사진과는 달리 제품의 이미지를 부각시켜 광고의 효과를 극대화하기 위해 촬영된 것으로 단지 사진기술만을 이용해서 그 피사체만을 표현하려 한 것이라고는 볼 수 없고, 오히려 피고회사의 햄제품과 배경장식물 등을 독창적으로 조화롭게 배치해 놓고 이를 촬영한 것으로서 그 창작성이 있다고 볼 것이어서 사진저작물에 해당된다고 판시하였다. 따라서 그 촬영목적이 광고라는 것은 저작물을 인정하는 데에 아무런 문제가 되지 않는다는 것으로 해석하고 있다.

2) 이미지사진의 저작권 귀속 및 양도 여부에 대한 판단

이와 같은 이미지사진의 저작권이 누구에게 귀속되는지 살펴보면, 그 저작권은 특별한 사정이 없는 한 이 사건 이미지사진을 촬영·제작한 원고에게 귀속된다는 것이 재판부의 판단이었다. 이미지사진은 광고물로서 그 촬영·제작을 광고대행업체에서 의뢰했다는 사실이나 광고대행업체가 그 제작과정에서 촬영대상물의 거의 대부분을 준비하고 촬영시안을 미리 작성하는 등 주도적인 역할을 했다는 사실만으로는 그 저작권이 광고대행업체에 귀속한다고 보기 어렵다는 것이었다. 즉, 이미지사진은 단지 원고의 사진기술을 이용해서 그 촬영대상을 복제하는 수준에 그치는 것이 아니라 위와 같은 광고대행업체의 준비를 적절히 이용하여 원고가 그의 사진기술과 창의성을 동원, 촬영에 이른 것이라고 보아야 한다는 설명이었다.

나아가 원고가 촬영된 이미지사진의 원판을 광고대행업체를 통해 피고회사에 양도했으므로 피고회사는 소유자로서 그 원판을 이용하는 결과로 이미지 사진도 이를 이용할 수 있다는 취지의 피고주장 및 위와 같은 경우 그 저작권도 함께 양도한 것으로 보아야 한다거나 그러한 관행이 있다는 광고대행업체의 주장에 있어서, 원래 저작물에 대한 소유권과 저작권은 별개의 개념으로 저작물의 소유자라 하여 그 저작권까지 이를 취득하는 것은 아니라고 판시하고 있다. 곧 저작물이 양도되었다 하여 그에 대한 저작권까지 양도된 것은 아니며, 이 사건의 경우에도 촬영의뢰계약의 내용으로 보아 원고가 광고대행업체를 통해 피고회사에 양도한 것은 이미지 사진의 원판으로 저작물 자체가 양도된 것 또한 아니라는 것이다.

따라서 피고회사의 경우 소유권을 취득한 것도 이미지사진의 원판이나 촬영의뢰계약에 의해 처음에 약정된 이용범위에 국한된 저작물인 이미지사진의 소유권만을 취득한 것으로 보아야 한다는 것이 재판부의 판단이었던 셈이다.

3) 손해배상책임의 범위

한편, 저작권법 제93조 제2항에 의하면 저작권을 침해한 자가 그 침해행위에 의하여 이익을 받았을 경우 이를 저작권자의 저작재산권상 손해로 추정하고 있다. 위에서 살핀 것처럼 피고회사가 이미지사진 중 하나를 서울 시내 백화점들이 발행하는 가이드북에 여러 차례 사용하여 원고의 저작권을 침해하였으므로 원고가 피고회사를 상대로 손해배상을 청구하는 것은 당연하다. 결국 이 같은 이유를 들어 재판부는 피고회사가 저작권 침해행위를 함으로써 원고가 입은 손해를 판단함에 있어 피고회사가 위 이미지사진을 서울 시내 백화점들의 가이드북에 사용하기 위해 그 사용에 대한 원고의 승낙을 다시 받으면서 지급해야 함에도 지급하지 않은 금액, 즉 촬영료 상당의 금액으로 보는 것이 타당하다고 하였다.

물론 원고는 광고사진업계의 관행과 자신이 속해 있는 사단법인 한국광고사진가협회의 공인서식상 촬영의뢰계약서를 근거로 저작재산권 침해로 인한 손해액으로써 통상 촬영료의 10배를 받아야 한다고 주장했지만, 우선 당사자사이에 이 같은 약정이 이루어진 바 없고 또 모든 촬영의뢰계약이 위 협회의 서식에 따른다는 점을 인정할 만한 증거도 없으므로 그의 주장은 이유가 없다는 것이 재판부의 판단이었다.

3. 판례 분석

이상에서 살핀 것처럼 광고물을 제작함에 있어 외부의 사진작가에 제품사진을 의뢰할 경우 정확한 계약에 근거해야 함을 알 수 있었다. 아울러 당사자사이에 특별한 약정이 없는 한 이미지사진에서처럼 사진작가의 창의성이 내재된 제품사진의 경우에는 저작권법으로 보호되는 사진저작물로서 저작재산권자의 각종 권리가 생겨나게 되어 그 이용자가 허락받은 이용범위를 벗어나서 이용할 경우 저작재산권 침해가 성립된다는 사실 또한 알 수 있었다.

따라서 그동안 광고업계에 공공연히 만연되어 있던 소유권은 곧 저작권이라는 오해는 하루 빨리 불식되어야 하며, 정당한 권리의 획득을 위해 정확한 법 적용과 저작권적 이해가 필요하다고 하겠다. 예컨대, 미술저작물의 경우만 보더라도 특정의 화가로부터 그림을 산 사람은 그 미술저작물에 대한 소유권만을 획득한 것이지 저작재산권까지 사들인 것은 아니라는 사실을 상기할 필요가 있다. 사진저작물 역시 마찬가지이므로 애초에 저작재산권 양도계약에 입각해서 작업을 하든지, 아니면 이용범위를 확실하게 규정하여 저작권 침해로 인한 분쟁이 발생하지 않도록 세밀한 주의를 기울일 필요가 있는 것이다.

9. 광고물 표현과 지적재산권

1. 광고업계의 관행, 그리고 '씨즐 만들기'

광고인 출신 학자 최윤식 교수(광주대)의 광고에세이 중 '씨즐 만들기'라는 제목의 글을 읽어보면 광고 한 편 만들기가 얼마나 어려운 일인지 알 수 있다. 광고대사전에 따르면 '씨즐'이란 "고기를 구울 때 나는 지글지글한 소리"라고 한다. 그래서 먹고 싶은 기분이 들도록 만든 광고를 '씨즐광고'라고 부른다는 것이다. 최윤식 교수는 "식품광고에 있어서 씨즐은 생명이다. 콜라광고를 보면 갑자기 타는 목마름을 느껴야 한다. 세상에서 가장 맛있는 떡은 꿀떡이라는 조크가 있다. 꿀 바른 떡이 아니더라도 정말 침을 꿀꺽 삼키게 하는 떡이 세상에서 제일 맛있는 떡일 것임에 틀림없다"고 한다.

생동감 넘치는 비주얼과 그럴 듯한 카피가 주류를 이루는 제품광고의 압권은 아무래도 음료, 그 중에서도 맥주광고가 아닌가 싶다. 그리고 시청자들에게는 잠깐 지나치는 광고화면일지 모르지만, 그것을 만드는 사람들에게는 피를 말리는 과정이 있게 마련이다. 즉, 씨즐을 살리기 위해 온갖 아이디어가 동원되는 것이다. 예컨대, 거품이 맛있게 맺힌 맥주 한 잔을 만들기 위해서는 한나절 아니면 하루 종일이 걸린다는 사실을 소비자들은 눈치채지 못하는 경우가 많다. 이처럼 소비자들의 구매욕구를 자극하는 장면을 연출하기 위해 다양한 기법이 활용되다 보면 제3자인 누군가의 아이디어 혹은 영업비밀 침해 여부가 문제될 수 있다.

또, 일반적으로 '카피(copy)'로 불리는 광고문구는 '카피라이터'라는 전문

직종 종사자들이 작성하고, 광고주들의 동의를 얻어 실제 광고로 집행된다. 그러나 제품의 특성을 파악하고 그것을 단숨에 드러낼 수 있는 기발한 문구를 생각해 내는 일은 결코 쉽지 않다. 연구에 연구를 거듭하고, 관련 전문가의 조언을 구하고, 참고할 만한 자료들을 있는 대로 모아서 분석하는 등 지난한 과정을 거친 후에야 비로소 비주얼과 결합될 문구가 선보이지만, 이후의 결과는 아무도 장담하지 못한다. 게다가 만일 심혈을 기울여 창조해 냈다고 생각한 광고문구가 누군가의 지적재산권을 침해했다는 혐의에 휘말리게 된다면 어떤 기분이 들까.

여기서는 이러한 광고제작 과정에서 야기될 수 있는 지적재산권 침해논란에 대해 살펴보고자 한다. 이를 위해 지난 1998년 7월에 서울고등법원에서 판시한 '하이트 맥주' 광고와 관련한 지적재산권 소송을 중심으로 구체적인 영업비밀의 개념과 광고문구에 있어 저작물로서의 보호범위를 살펴보기로 하겠다.

2. 판례: "하이트 맥주" 광고 사건

(1) 사건 개요

① 이 사건의 원고는 1994년 4월경 '온도측정용 용기'라는 명칭으로 고안한 내용에 대해 실용신안등복을 출원하여 공개한 사람으로, 이 사건 고안의 내용은 병이나 그 밖의 용기 표면에 열을 받으면 변색되는 열센서를 접착제로 부착하여 그 표면 전체에 투명의 코팅층을 형성함으로써 내용물의 저장보관온도나 사용온도를 쉽게 나타내도록 한 온도측정용 용기에 관한 것이었다.

② 원고는 1994년 5월경 피고회사에게, 피고회사가 생산하고 있는 '하이트 맥주'의 용기 표면에 온도 테이프를 부착하여 내부온도를 측정할 수 있는 장치

를 함으로써 시각적인 효과와 함께 소비자가 맥주의 맛을 적정온도에서 느낄 수 있는 등의 장점을 제안하였다. 아울러 이를 광고하는 경우에는 다음과 같은 내용의 문안을 사용할 수 있다고 하였다.

"잘 익었을 때 드십시오! 최상의 맛을 유지하는 온도, 눈으로 확인하십시오. 맥주, 영상 7~9도 사이가 아닌 맥주는 깊은 맛을 느낄 수 없습니다. 미지근한 맥주와 너무 차가운 맥주를 비교, 산뜻한 맥주를 즐기는 방법 광고. 8도에 가장 깊은 맛이 숨어 있었다. 이제 가장 깊은 맛일 때 즐기십시오."

이 같은 내용의 맥주판매전략에 대해 제안하면서 4, 6, 8, 10도에서 감응할 수 있는 온도감지 테이프를 표면에 부착한 하이트 맥주의 용기를 견본품으로 보내 주었다.

③ 피고회사는 1995년 7월경부터 위 하이트 맥주의 용기 표면에 부착되는 보조상표에 온도감응 잉크로 '암반천연수 마크'를 인쇄하여 맥주의 온도가 7~8도가 되면 암반천연수 마크가 선명하게 드러나는 하이트 맥주를 생산, 판매하기 시작했다. 또, 매체별로 광고를 집행함에 있어서 다음과 같은 문구를 각각 사용하였다.

- 텔레비전 광고: "가장 맛있는 온도에서 암반천연수 마크가 나타난다. 온도계가 달린 맥주"
- 라디오 광고: " 국내 최초로 하이트가 온도계를 달았습니다. 가장 맛있는 온도가 되면 맥주병에 암반천연수 마크가 나타나는 하이트. 가장 신선한 하이트의 맛. 눈으로 확인하세요! 온도계가 달린 맥주"
- 신문 광고: "하이트의 맛 이젠 눈으로 확인하세요!"

④ 이상의 사건에 대해 원고는 피고회사가 원고로부터 맥주 용기에 온도감

응장치를 장착하여 병 속에 든 맥주의 맛이 가장 좋은 상태를 병에 부착된 표시로써 한눈에 알아볼 수 있도록 하는 기술적 사항과 이를 이용한 광고를 하여 소비자의 호기심을 자극하고 구매충동을 일으킬 수 있다는 마케팅 전략을 합한 구체적인 상품판매전략에 관한 아이디어, 그리고 구체적인 광고문안까지 제안받았음에도 사용승낙을 받지 않은 상태에서 원고의 제안과 유사한 광고를 집행했다고 주장한다. 그리하여 다음과 같은 원고의 권리가 침해되었다며 그 침해행위의 중지, 해당 광고문구를 부착한 제조물인 맥주의 폐기 및 침해로 인한 손해배상금의 지급을 요구하는 소송을 제기하기에 이르렀다.

- 피고회사는 원고의 영업비밀인 위의 아이디어를 비밀로서 유지해야 할 의무가 있음에도 이를 무단이용하여 공개함으로써 부정경쟁방지법상의 영업비밀을 침해하였다.
- 원고가 제안한 광고문구를 원고의 승낙을 받지 않은 상태에서 사용함으로써 광고문구에 대한 원고의 저작권 등을 침해하였다.

⑤ 한편, 피고측에서는 원고가 출원한 이 사건 고안과 유사한 고안에 대해 일본에서는 "용이하게 고안할 수 있는 것"이라는 이유로 특허청에 의해 실용신안등록이 거절된 바 있으며, 삿포로 맥주회사를 비롯하여 캐나다, 미국, 멕시코 등의 국가에서는 이미 이 같은 용기가 활용되고 있음을 제시하였다. 아울러 삿포로 맥주의 경우 "맛있음을 알려줍니다. 보십시오. 삿포로의 잔은 차가운지 차갑지 않은지 문자가 알려주고, 눈으로 알 수 있습니다. 지금이 마실 때입니다"라는 광고문구가 사용되었음 또한 제시하였다.

(2) 판결 이유

① 부정경쟁방지법상의 영업비밀로 보호받기 위해서는 그 영업비밀이 공연히 알려져 있지 않아 독립된 경제적 가치를 가질 것, 비밀로서 관리되고 있을 것, 생산방법·판매방법·기타 영업상 유용한 기술상 또는 경영상의 정보일 것 등의 요건을 갖추어야 한다. 하지만 음료나 맥주의 용기에 온도감응장치를 부착하여 광고하고 판매한다는 아이디어는 일본에서는 실용신안등록이 거절되는 등 외국의 경우 보편화된 기술임을 인정할 수 있다. 실제로 일본 삿포로 맥주회사는 1983년부터 생맥주 잔에 특수잉크를 사용하여 맥주의 온도가 10도 이하가 되면 온도 마크가 흰색에서 청색으로 바뀌고 동시에 "지금이 마실 때입니다"라는 문자표시가 나타나는 상표를 부착해서 사용하기 시작함과 동시에 광고를 한 바 있고, 그 밖에도 캐나다의 맥주회사인 몰슨(Molson)사는 1993년부터, 그리고 미국, 멕시코 등의 맥주나 음료회사에서 열감지 잉크로 인쇄된 라벨을 부착한 맥주나 음료를 생산한 사실 또한 인정된다. 아울러 원고 역시 미국에서 제조된 온도감응 테이프를 구입하여 피고회사의 맥주 용기에 부착한 다음 이를 피고회사에 견본품으로 보낸 사실까지 인정되는 이상 이를 원고 독점의 영업비밀이라고 볼 수 없다. 결국 원고의 아이디어는 비록 국내에서는 사용된 바 없지만 외국에서 이미 공개되고 사용됨으로써 그 아이디어를 통해 경제적 가치를 얻을 수 있는 자에게 널리 알려져 있는 상태에 있었으므로 부정경쟁방지법상의 영업비밀이라고 볼 수 없다.

② 저작권법에 의해 보호되는 저작물은 학문과 예술에 관해 사람의 정신적 노력에 의해 얻어진 사상 또는 감정의 창작적 표현이어야 한다. 그러므로 저작권법이 보호하고 있는 것은 사상이나 감정을 말, 문자, 음, 색 등에 의해 구체적으로 외부에 표현한 창작적인 표현형식이고 표현되어 있는 내용, 즉 아이디어나 이론 등의 사상은 저작권의 대상이 될 수 없다. 따라서, 저작권 침해 여부를

가리기 위해서는 두 저작물 사이에 실질적인 유사성이 있는가의 여부를 판단함에 있어서도 표현에 해당하고 독창적인 부분만을 가지고 대비해야 할 것이다.

한편, 열감지 잉크나 열감지 테이프 등의 온도감응수단을 부착하여 가장 맛있는 온도에서 맥주나 음료수를 마실 수 있도록 고안된 것의 경우 그 광고나 설명에서도 맛있는 온도를 시각적으로 확인할 수 있다는 내용이 필수적으로 포함되어 있다고 보아야 할 것이다. 그렇다면 원고가 제안한 광고문구와 피고가 사용한 광고문구는 서로 유사하기는 하나 외국 맥주 광고문구 등과도 유사한 것일 뿐만 아니라 모두 "맛있는 온도를 눈으로 알 수 있다"는 단순한 내용을 표현한 것으로서, 그 문구가 짧고 의미도 단순하여 그 표현형식에 어떤 보호할 만한 독창적인 표현형식이 포함되어 있다고 볼 여지도 없다 할 것이므로 이 사건 광고문구에 저작권을 인정할 수 있는 창작성은 근본적으로 없다고 보는 것이 타당하다.

③ 결국 원고가 제안한 위 광고문구에는 저작권의 요건인 창작성이나 아이디어로서의 참신성을 인정할 수 없으므로 그 저작권 침해 또는 아이디어 침해가 있음을 전제로 한 원고의 주장은 모두 이유 없다.

3. 판례 분석

이상의 사건을 통해 구체적인 광고물의 저작물성이라는 측면에서 다시 한 번 살피면, 결론은 광고물의 아이디어는 저작권법에 의해 보호받을 수 없고 그 표현만이 보호될 뿐이라는 것으로 요약된다. 아울러 그 표현에 있어서도 창작성이 있어야 하며, 누구든지 생각할 수 있는 수준의 것이거나 해당 제품의 명시적인 설명 정도여서는 안 된다는 점을 지적할 수 있다. 이러한 아이디어와 표현의 2분법은 광고물의 저작물성에서 창작적인 광고물만이 보호된다고 보는 창작기준의 연장선상에서 이해될 수도 있고, 또한 저작권의 보호범위에 대한 원칙으로도 이해될 수 있다.

위에서 제시한 판례뿐만 아니라 이미 여러 판례에서 이 같은 원칙을 확인해주고 있다. 예컨대, 미국의 미시건 주가 홍보용 광고물을 제작함에 있어서 어떤 광고회사에서 아이디어를 제시했지만 궁극적으로 다른 제3의 광고회사에 광고제작을 위탁한 경우 광고제작에 있어서 아이디어 자체는 저작권법에 따라 보호될 수 없다고 판시한 사례가 있고, 마찬가지로 경쟁적 관계에 있는 두 광고주가 동일한 배우를 동원해서 광고물을 제작한 경우에 저작권 침해라는 주장이 제기되었지만 광고의 아이디어 자체는 보호받을 수 없다고 판시한 예에서도 이러한 원칙은 유지되고 있는 것이다.

광고를 일컬어 '자본주의의 꽃'이라고 한다. 그리고 광고는 엄연히 문화의 한 축을 담당하는 중요한 매체임에 틀림없다. 또한 다양한 제품들을 소비자와 연결시켜 준다는 점에서 훌륭한 커뮤니케이션 수단이 되기도 한다. 이러한 과정에 참여하는 수많은 전문인력들의 창의적인 노력은 앞으로도 완성도 높은 광고물로 탄생하여 각종 매체 속에 선보일 것이다.

따라서 법적 해석 이전에 광고제작에 참여하는 사람들이야말로 문화창조에 대한 남다른 사명감과 자부심을 가져야 하며, 행여 남의 창작물을 무단으로 베끼거나 순수한 아이디어를 도용하는 등의 행위는 근절되어야 마땅할 것이다. 창의력이 곧 경쟁력이기 때문이다.

10. 광고제작물과 저작인격권

1. 광고제작물과 저작인격권의 적용범위

저작권의 내용을 저작권법의 규정에 따라 살펴보면 크게 저작인격권, 저작재산권, 그리고 저작인접권 등 세 가지로 나눌 수 있다. 이를 광고제작물에 적용한다면 그 제작 및 이용과정에 참여하는 이들이 많기 때문에 권리의 주체에 있어서 매우 복잡한 양상을 띨 수밖에 없다. 여기서는 저작인격권상의 성명표시권과 동일성유지권을 중심으로 각각의 권리내용이 광고에 어떻게 적용될 수 있는지 살펴보기로 한다.

먼저, 저작인격권(moral rights)이란 "저작자가 자신의 저작물에 대하여 갖는 정신적 · 인격적 이익을 법률로써 보호받는 권리"라고 할 수 있다. 그러므로 인격을 소유한 저작자로서의 당사자만이 권리의 침해에 대한 정도를 느낄 수 있기 때문에 재산권처럼 양도하거나 상속될 수 없다는 '일신전속성'을 띠며, 따라서 저작자가 사망하게 되면 자동적으로 저작인격권은 소멸된다. 저작권법에서 규정하고 있는 저작인격권에는 공표권, 성명표시권, 동일성유지권(제13조)이 있다.

공표권이란 "저작물을 대외적으로 공개하는 권리"를, 성명표시권이란 "저작자가 그의 저작물을 이용함에 있어서 자신이 저작자임을 표시할 수 있는 권리"를 가리키며, 동일성유지권이란 "저작자가 자신이 작성한 저작물이 어떠한 형태로 이용되더라도 처음에 작성한 대로 유지되도록 할 수 있는 권리"라고 할 수 있다. 따라서 저작자의 의사에 관계없이 이러한 권리를 침해하게 되면 저작자는 정신적, 인격적 피해를 입게 되는 것이다.

이와 같은 저작인격권 침해와 관련된 국내 판례를 살펴보면 성명표시권과 동일성유지권에 관한 대법원 판결이 있어 주목된다.

2. 판례 ①: 성명표시권과 광고

─대법원 제3부 1989. 1. 17. 판결, 87도2604 사건

(1) 사건 개요

피고인 등이 피해자인 갑과의 사이에 갑과 을이 공동저작한 "아동미술세계"라는 책자를 출판하기로 계약한 후 초판 2,000부를 출판 판매함에 앞서 위 책자에 관한 홍보를 위하여 두 일간지에 광고를 내고 홍보팸플릿을 만들어 배포하면서 한 일간지 광고문안에는 위 책자의 저자 표시가 없었고 또한 한 신문의 광고문안에는 공동저자인 을의 약력만을 소개하였으며, 팸플릿에는 추천사 중 저자소개 부분에 위 갑의 소개 부분을 게재하지 않았다. 이에 갑은 저작권법상 저작인격권 중 성명표시권의 침해를 주장하는 소송을 제기하였고, 하급심에서는 저작인격권의 침해로 인한 명예의 훼손이 인정되었다. 하지만 대법원에서는 갑의 주장을 받아들이지 않았다.

(2) 판결 이유

먼저 대법원은 구 저작권법(1986. 12. 31. 법률 제3916호로 전면개정되기 이전의 법률) 제14조에 의하면 저작자는 저작물에 관한 재산적 권리에 관계없이 또한 권리의 이전 후에 있어서도 그 저작물의 창작자임을 주장하는 권리가 있다고 규정한 사실을 확인하였다. 또 같은 법 제69조에는 법 제14조의 규정에 위

반하여 저작자의 명예를 훼손시킨 자를 처벌하도록 되어 있는바, 이는 그 저작권의 귀속을 저작물에 표시할 권리가 있다는 것으로서 저작물이 아닌 광고문안에 책자의 저자 표시를 하지 않았다거나 공동저자 중 다른 저자의 약력만을 소개하는 행위가 저작자가 자기의 창작물임을 주장할 수 있는 권리를 침해하는 저작권법 제14조에 위반되는 행위라고는 할 수 없다고 하면서, 원심 판결이 구저작권법 제14조의 법리를 오해한 위법을 범하였다고 판시하였다.

3. 판례 ②: 동일성유지권과 광고

—대법원, 1992. 12. 24. 제3부(마) 판결, 92다31309 가처분이의 사건

(1) 사건 개요

피신청인 호텔롯데는 롯데월드의 개장에 앞서 동물을 주제로 한 상징도안의 제작을 자신의 계열사로서 광고대행업을 하고 있는 D사에 의뢰하였고, D사는 신청인 갑이 너구리를 주제로 하고 '롯티'라는 이름을 붙여 출품한 도안을 채택하고 신청인 갑과의 사이에 롯티에 관한 응용도안의 개발계약을 체결하였다. 이 개발계약에 따라서 신청인 갑이 개발한 응용도안에 대하여 D사와 롯데 측은 몇 차례 수정요구를 거듭하다가 갑이 수정 제의를 거절하자, 제3의 디자인 작가 을에게 응용도안의 제삭을 의뢰하어 롯데월드의 상징물로 이용하게 되었다. 신청인 갑은 자신의 너구리 도안을 자신의 허락도 없이 변경하여 이용한 행위가 저작인격권상의 동일성유지권 침해에 해당된다고 주장하면서 이 상징물의 사용을 금지시켜 달라는 취지의 가처분 소송을 제기하게 되었다. 하급심에서는 판결내용이 우왕좌왕하였으나 최종심에서는 동일성유지권의 침해가 아니라는 판견이 내려졌다.

(2) 판결 이유

먼저 대법원은 피신청인측이 을로 하여금 신청인이 제작한 도안을 참고로 하여 현재 피신청인이 사용하고 있는 이 사건 가처분의 대상인 기본도안과 응용도안 등을 제작하게 한 사실을 인정할 수는 있지만, 신청인이 제작한 너구리 도안은 순수미술작품과는 달리 그 성질상 주문자인 피신청인의 기업활동을 위하여 필요한 경우 변경되어야 할 필요성이 있음을 아울러 인정하였다. 그리고 위 캐릭터 제작계약에 의하여 피신청인측에서 도안에 관한 소유권이나 저작권 등의 모든 권리는 물론 도안의 변경을 요구할 권리까지 유보하고 있었음을 알 수 있을 뿐 아니라 신청인이 피신청인측의 수정요구에 대하여 몇 차례 수정을 하다가 자기로서는 수정을 하여도 같은 도안밖에 나오지 않는다면서 더 이상의 수정을 거절한 사실이 인정된다고 보았다. 그러므로 신청인은 그의 의무인 위 도안의 수정을 거절함으로써 피신청인측이 위 도안을 변경하더라도 이의하지 않겠다는 취지의 묵시적인 동의를 하였다고 인정함이 상당하다고 보아 위 변경은 저작권법 제13조 제1항에 규정된 동일성유지권의 침해에는 해당되지 않는다고 판시하였다.

4. 판례 분석

판례 ①과 관련하여 주목되는 점은 저작권법에서 규정하고 있는 성명표시권의 범위가 저작유형물, 즉 상품으로서 출판된 도서 자체에는 미치지만, 그것에 대한 광고물에는 미치지 않는다는 점이다. 곧, 저작물로서의 도서에 만일 저작자 성명표시를 하지 않았다거나 잘못했다면 성명표시권 침해가 성립되지만, 그것의 제품 광고물에 저작자 표시를 하지 않았다는 것은 저작자가 스스로 저작자임을 주장하는 데 장애를 가져오는 것이 아니므로 성명표시권을 침해한 것으로 볼 수 없다는 것이다.

판례 ②는 광고업계에서 수시로 시행되고 있는 공모전 형태의 각종 광고제작물 시상제도와 관련하여 시사하는 바가 매우 크다고 할 수 있다. 즉, 어느 기업에서 만일 그 기업 제품 또는 이미지를 소재로 한 광고제작물을 공모하여 어느 작품을 뽑은 다음 애초에 제시한 대가로서의 상금을 지급하였다면 이후 이에 대한 기업의 수정 제의에 끝까지 응하거나 아니면 기업 스스로 이를 수정해도 이의를 제기해서는 안 된다고 해석할 수 있기 때문이다. 아울러 이러한 경우의 광고제작물은 그 성격상 단체명의저작물로 보아도 무방한 것으로 보인다.

이제 정보화가 급진전되면서 광고업계에서는 저작권과 관련하여 점차 보편화되고 있는 디지털 기술의 보급과 발전추이에도 관심을 가져야 할 것이다. 즉, 디지털 네트워크 환경에서는 복제기술의 디지털화, 저작물의 멀티미디어화, 전달방식의 디지털화로 인해 저작권 환경에 근본적인 변화가 나타나고 있기 때문이다. 이러한 기술변화가 전통적인 기술과 비교하여 저작물의 창작과 이용에 미치는 영향에 있어서 현저하게 달라진 측면을 살펴보면 다음과 같다.

첫째, 복제의 용이성 및 신속성이라는 측면에서 보면 복제에 소요되는 노력과 시간은 더 이상 대량복제를 방지하는 요인이 되지 못한다.

둘째, 복제의 질에 있어서 아무리 복제를 거듭하여도 원본의 질을 그대로 유지할 수 있다.

셋째, 조작과 변경의 가능성에 있어서 조작이나 변경이 매우 쉽고, 이로 인한 흔적이 거의 남지 않는다.

넷째, 저작물의 융합가능성에 있어서 문자, 음성, 음향 및 영상 등 존재의 양태가 다른 여러 저작물이 하나의 매체에 상호연결되어 수록되고 이용될 수 있다.

다섯째, 공중에게 전달되는 속도에 있어서도 초고속통신망을 통해 순식간에 전세

계에 송신될 수 있다.

흔히 21세기는 문화의 세기가 될 것이라고 전망한다. 비록 자본주의의 대표적인 산물일지라도 광고 또한 문화의 한 축을 담당하는 중요한 매체임에 틀림없다. 광고는 또한 다양한 제품들을 소비자와 연결시켜 준다는 점에서 훌륭한 커뮤니케이션 수단이 되기도 한다. 이러한 과정에 참여하는 수많은 전문인력들의 창의적인 노력은 앞으로도 완성도 높은 광고물로 탄생하여 각종 매체 속에 선보일 것이다. 따라서 광고제작 실무에 참여하는 사람들이야말로 문화 창조에 대한 남다른 사명감과 자부심을 가져야 하며, 행여 남의 창작물을 무단으로 베끼거나 순수한 아이디어를 도용하는 등의 행위는 근절되어야 마땅할 것이다. 아울러 광고심의 기준에서 보다 명확하게 이러한 측면을 규정함으로써 창의력이 곧 경쟁력이라는 진리가 정착되는 계기로 삼아야 할 것이다.

11. 서예작품으로 표현된 서체와 저작권

1. 서예작품과 저작권

광고를 비롯한 각종 상품 디자인을 함에 있어 디자이너가 모든 것을 창작해서 그 제품의 미려함을 제대로 강조할 수만 있다면 지적재산권과 관련한 문제는 전혀 생길 염려가 없다. 그러나 '모방은 창조의 어머니'라는 말이 있듯이 완전한 창작이란 어려운 것이고 보면 때로는 아슬아슬한 모방이 있을 수밖에 없는 것이 미술을 포함한 모든 예술 장르의 실정이라고 하겠다. 특히 시간에 쫓기게 마련인 상업 디자인의 세계에서는 더욱 모방 관행이 두드러져서 때로는 지나치다 싶은 디자인을 많이 만나게 된다. 그런데 단순한 모방이 아니라 여러 작품 속에서 독특한 부분만을 모아서, 즉 짜깁기해서 하나의 작품을 만든다면 어떻게 될까. 물론 '소재의 선택과 배열에 있어서 창작성이 인정되는 저작물'이라면 그것은 '편집저작물'이라 해서 별도의 저작물로 보호받을 수 있다. 이 경우 각각의 부분이 되는 원저작물 저작권자로부터 허락을 받아야 한다는 전제는 여전히 유효하다.

그럼에도 우리 주변을 보면 이러한 관행을 교묘히 이용해서 웬만해서는 그 원전을 찾아낼 수 없도록 철저하게 원작들을 건드리는 경우가 있는가 하면, 아예 원저작물의 저작권을 무시한 채 자기 세계만을 앞세우는 경우도 있다. 아무렇게나 가로 혹은 세로로 지른 선 하나만으로도 자기 영역을 나타낸다고 주장하거나 남의 작품에 자기만의 독특한 사상을 덧입혔으므로 새로운 창작물이라거나 '패러디'라고 억지 주장을 펼치는 경우까지 생겨난다.

대표적인 경우가 바로 '서예(書藝)'라고 할 수 있다. 서예 즉, 예술성이 가미된 글씨체는 열심히 연구하고 노력한 서예가일수록 나름대로 자기 세계를 구현할 수 있음에도 대개의 사람들은 흉내내는 것만으로 글씨체의 미려함을 자랑하곤 한다. 그런데 현행 저작권법에 따르면 글씨체도 하나의 미술저작물로서 그것의 가치를 저작권으로 보호받는다.

법원 판례에 따르면 "서예가가 연구화고 체계화한 글씨체로 작품화한 서체는 서예가의 사상 또는 감정을 창작적으로 표현한 지적·문화적 정신 활동의 소산으로서 하나의 독립적인 예술적 특성과 가치를 가지는 창작물"이라는 것이다. 실제로 영화 등을 홍보하는 광고용 포스터를 디자인함에 있어 거기에 사용된 글자가 서예작가의 작품에서 발췌한 것이라면, 더 나아가 그것의 도급을 준 광고주가 거기에 사용된 글자가 저작권자의 승낙 없이 복제되어 사용되었음을 알고 나서도 그 사용을 중단하는 등의 아무런 조치를 취하지 않은 채 계속하여 그것에 사용된 글자를 영화 필름, 홍보물, 소설 표지 등에 사용하였고 그 사용에 있어서도 저작자의 성명을 표시하지 않았다면 저작자의 저작재산권과 저작인격권을 침해한 것이라는 판결이 있어 주목된다.

이러한 서예 작품의 저작권과 관련해서 "서예가가 연구하고 체계화한 글씨체로 작품화한 서체는 서예가의 사상 또는 감정을 창작적으로 표현한 지적·문화적 정신활동의 소산으로서 하나의 독립적인 예술적 특성과 가치를 가지는 창작물"이라는 요지의 판결을 중심으로 광고물 표현에 있어서의 저작권 침해의 문제를 살피기로 하겠다.

2. 판례: 영화 "축제" 광고 사건

—서울고등법원 제4민사부 1997. 9. 24. 판결, 97나15236 저작권 침해금지

(1) 사건 개요

'갑'은 모대학 서예과 교수로 재직중인 서예가로서, 궁체에 대비되는 필체에 관심을 두어 일반백성들의 글씨체에 바탕을 두어 글씨체가 독특하고 개성이 있는 이른바 '민체'를 연구하고 체계화하는 데 노력을 기울여 왔다. 아울러 그는 이러한 서체를 실제로 자기 나름의 작품으로 형상화하여 왔는데, 1994년 5월경 서울 예술의전당에서 열린 제7회 한국서예청년작가에 민체로 작품화한 '춘향가'를 출품한 바 있다.

'을'은 영화사로서 소설가 모씨의 소설을 원작으로 삼아 '축제'라는 제목의 영화를 제작하여 1996년 6월 초순경부터 이를 전국 극장가에서 상영했는데, 이 영화의 필름, 홍보물, 광고물에 영화 제목인 '축제'라는 글자를 기재함에 있어 갑이 쓴 위 '춘향가'의 본문 글자 중에서 복제된 '축'자와 '제'자로 이루어진 글자를 사용하였다.

'병'은 모출판사를 경영하는 출판인으로서 1996년 4월 25일경 위 영화의 원작소설인 유명 소설가 모씨가 저작한 소설 "축제"를 출판하게 되었는데, 이 소설의 표지, 홍보물, 광고물에 소설 제목인 "축제"라는 글자를 기재함에 있어 마찬가지로 이 사건 글자를 사용하였다.

이처럼 을과 병은 갑이 쓴 이 사건 글자를 위와 같이 영화와 소설의 홍보물 등에 사용함에 있어 원고로부터 그 사용 승낙을 받지 않았고, 이 사건 글자가 기재된 위 '춘향가'에는 갑의 성명이 표시되어 있으나, 을과 병은 위 홍보물 등에 갑의 성명을 표시하지 않았다. 이런 사실을 확인한 갑은 을과 병을 상대로 저작인격권상의 성명표시권 침해를 이유로 금전적인 배상을 요구하는 동시에

명예를 훼손했다는 이유로 사과의 뜻을 표시한 광고를 중앙 일간지에 특정의 크기로 게재할 것을 요구하는 소송을 제기하기에 이르렀다.

(2) 법원의 판단

우선 이 사건을 담당한 1심 재판부와 항소심을 담당한 2심 재판부는, 갑이 쓴 위 '춘향가'의 서체는 갑의 사상 또는 감정을 창작적으로 표현한 지적, 문화적 정신활동의 소산으로서 하나의 독립적인 예술적 특성과 가치를 가지는 창작물임을 인정하였고, 따라서 갑에게는 이 사건 글자를 포함한 위 '춘향가'의 서체에 대하여 저작재산권과 저작인격권이 있다고 판시하였다.

갑은 을과 병이 위 '춘향가' 중에서 이 사건 글자를 갑의 승낙 없이 복제해서 사용함으로써 자신의 서예작품에 따르는 저작재산권과 저작인격권을 침해했다고 주장했는데, 이에 대해 을과 병은 전문 디자이너에게 위 영화에 대한 포스터 디자인 제작을 의뢰한 다음 디자이너가 제작한 포스터 디자인을 사용했을 뿐이므로 을과 병이 이 사건 글자에 대한 갑의 저작권을 침해한 것은 아니라고 항쟁하였다.

이에 대해 재판부에서는 을이 1996년 4월경 디자이너에게 영화 '축제'에 대한 포스터 디자인 제작을 의뢰한 바 있고, 디자이너는 이 사건 글자가 포함된 포스터 디자인을 제작해서 을에게 공급하고 을은 위 디자인에 따라 위 영화의 필름에 이 사건 글자를 사용해서 '축제'라는 영화 제목을 기재하고 위 영화에 대한 홍보물, 광고물을 제작하여 배포한 사실, 병은 소설 "축제"를 출판하면서 을에게 소설 표지디자인에 위 영화의 홍보물 등에 사용된 서체와 동일한 서체를 사용해도 되는가에 대해 문의하여 을로부터 그 사용 승낙을 받아 소설 표지, 홍보물 등에 이 사건 글자를 사용한 사실을 인정하였다.

아울러 재판부에서는 영화 포스터 디자이너는 위 영화상영 1개월 전인 1996

년 5월경 을에게 위 포스터 디자인의 시안을 보여주면서 위 포스터 디자인상의 이 사건 글자가 자신이 잘 아는 청년 작가의 작품에서 발췌한 것임을 구두로 전달했고, 이에 대해 을은 디자이너에게 그 사용 승낙을 받았는가 물어보지 않은 채 그대로 위 시안을 채택한 사실을 확인하는 한편, 갑은 같은 해 6월 8일경 영화 '축제'에 대한 광고물을 보고서 같은 달 10일 을에게 위 광고물에 사용된 이 사건 글자는 갑이 쓴 것으로서 갑으로부터 그 사용 승낙을 받지 않고 사용한 데 대해 항의했으나 을은 갑으로부터 위와 같이 항의를 받고서도 이미 광고물 등이 제작, 배포되었다는 이유로 이 사건 글자를 다른 서체로 바꾸거나 위 광고물 등에 원고의 성명을 표시하는 등의 조치를 취하지 않은 채 계속하여 영화를 상영하고 광고물을 배포하였으며, 이에 갑은 같은 달 24일경 다시 을에게 항의했으나 을은 같은 해 7월 10일경 위 영화가 종영되고 그 비디오테이프가 출시될 때까지 아무런 조치를 취하지 않은 사실, 병 또한 같은 해 6월 17일경 갑으로부터 소설 표지 등에 사용된 이 사건 글자는 갑의 작품이라는 항의를 받고도 위와 같은 조치를 취하지 않고 있다가 갑이 같은 달 24일경 다시 항의하자 1996년 7월 3일경 비로소 위 소설 표지의 소설명을 다른 서체로 변경하였는데 그 무렵까지 제작된 소설 "축제"는 모두 88,000여 부라는 사실 등을 확인하였다.

위 인정 사실에 의하면 을은 1996년 6월 10일경 갑으로부터 항의를 받아 이 사건 글자가 갑의 승낙 없이 복제되어 사용되고 있음을 알게 되고서도 그 사용을 중단하는 등의 아무런 조치를 취하지 않은 채 계속해서 이 사건 글자를 위 홍보물 등에 사용하고 그 사용에 있어 갑의 성명을 표시하지 않았고, 병 또한 같은 달 17일경 갑으로부터 항의를 받아 이 사건 글자가 갑의 승낙 없이 복제되어 사용되고 있음을 알고서도 그 사용을 중단하는 등의 아무런 조치를 취하지 않은 채 이 사건 글자를 위 소설 표지 등에 사용하고 그 사용에 있어 갑의 성명을 표시하지 않음으로써 을과 병은 적어도 위 각 시점부터는 갑의 저작재산권과 저작인격권(성명표시권)을 침해한 것이므로, 을과 병은 그들의 홍보물 등에 이 사건 글자를 사용해서는 안 되고 또 그 침해로 인한 제작품을 폐기해야 하며, 갑에게 이 사건 글자에 대한 갑의 저작인격권을 침해함으로써 갑이 입은 손해(원고는 저작재산권의 침해로 인한 손해배상은 구하지 않았다)를 배상할 의무가 있다고 판단하였다.

결국 재판부는 위와 같은 근거에 따라 을에 소속된 광고 담당자들이 갑으로부터 사전에 아무런 승낙을 구함이 없이 이 사건 인물화가 들어 있는 광고를 일간지 등에 그대로 게재한 행위는 갑의 초상권을 침해하는 불법행위이므로 을은 위 광고 담당자들의 사용자(使用者)로서 갑에게 그로 인한 손해를 배상할 책임이 있다고 판결하였다.

3. 판례 분석

재판부에서는 갑이 자신의 서예작품에 대한 저작인격권의 침해로 인해 상당한 정신적 고통을 받았을 것임을 경험칙상 명백하므로 을과 병은 이를 금전으로 위자할 의무가 있다고 판단하고, 그 액수에 관해서는 저작권자인 갑의 나이, 직업, 경력, 을과 병의 위 광고물 등의 제작 경위, 갑의 항의에 따른 을과 병의 조치 및 저작인격권(성명표시권) 침해 정도, 기타 이 사건 변론에 나타난 제반 사정을 참작하면 을은 1천만 원, 병은 1백만 원으로 각각 정하는 것이 합리적이라고 판결하였다.

한편, 갑은 또 을과 병이 위 저작인격권 침해로 인해 갑의 명예가 훼손되었음을 전제로, 갑의 명예회복을 위한 조치를 구하고 있는데, 저작자는 고의 또는 과실로 저작인격권을 침해한 자에 대해 명예회복을 위해 필요한 조치를 청구할 수 있으나(저작권법 제95조), 위에서 말하는 명예라는 것은 저작자가 그 품성, 덕행, 명성, 신용 등의 인격적 가치에 관해 사회로부터 얻고 있는 객관적 평가, 즉 사회적 명예를 의미한다 할 것이고, 저작자가 자기 자신의 인격적 가치에 관해 가지는 주관적인 평가, 즉 명예감정은 이에 포함되지 않는다고 해석해야 한다고 판시하면서, 을과 병이 영화 제목이나 소설 표지 등에 이 사건 글자를 사용한 점과 그 사용에 있어 갑의 성명을 표시하지 않은 점만으로는 갑의 명예를 훼손했다고 보기 어렵고, 증빙자료로 보아도 을과 병의 저작인격권 침해로 인해 갑의 명예가 훼손되었음을 인정하기 부족하며 달리 이를 인정할 아무런 증거가 없으므로 갑의 주장은 나머지 점에 대해 나아가 살필 필요가 없다고 판결하였다.

저작자에게 주어지는 권리에는 인격적인 측면과 재산적인 측면이 있다. 즉, 권리의 속성이 정신적인 것과 물질적인 것으로 나누어지는 것이다. 따라서 저작권을 법적으로 보호함에 있어서 일부 국가에서는 저작인격권과 저작재산권을 분리하여 규정하는 이원론(二元論)의 입장을 보이는가 하면, 그것을 분리할 수 없는 하나의 권리로 보는 일원론(一元論)의 입장을 보이기도 한다. 우리나라의 경우에는 저작권의 테두리 안에 인격권과 재산권을 아울러 규정하고 있어서 일원론의 입장을 취하고 있다.

우리 저작권법 제3절에서는 저작인격권의 종류와 그 내용에 대해 규정하고 있다. 이에 따르면 저작인격권이란 "저작자가 자신의 저작물에 대해 갖는 정신적·인격적 이익을 법률로써 보호받는 권리"이며, 공표권, 성명표시권, 동일성유지권의 세 가지로 나누어 규정하고 있다. 결국 저작권자에게 주어지는 저작인격권은 실정법인 저작권법으로 명확하게 보장되어 있는 권리라고 할 수 있다. 그럼에도 그 이용자가 이를 고의 또는 과실로 침해했다면 저작권자의 인격적 침해를 해소할 수 있는 방법을 강구해서 적극적으로 저작권자의 인격적 이익에 부합하는 조치를 취해야 한다.

한편, 우리 저작권법 제95조에서는 '명예회복 등의 청구'라고 해서 "저작자는 고의 또는 과실로 저작인격권을 침해한 자에 대하여 손해배상에 갈음하거나 손해배상과 함께 명예회복을 위하여 필요한 조치를 청구할 수 있다"고 규정하고 있다. 즉, 재산권의 침해와 마찬가지로 저작인격권에 손상을 입은 권리자는 제일 먼저 생각할 수 있는 것이 침해자를 상대로 손해배상과 유사한 금전적 배상을 생각할 수 있다. 다만 그 액수를 산정하는 것은 침해 당시의 정황을 통한 법관의 판단에 따를 수밖에 없으며, 청구한 액수대로 배상을 받아내는 것도 쉬운 일이 아니다. 그리고 "명예회복을 위하여 필요한 조치"란 신문이나 잡지 등에 정정 또는 사과광고를 게재하도록 청구하는 것이 대표적이며, 정기간행물을 통해서 인격적 권리가 침해된 경우에는 같은 간행물의 다음 호에서 정정기사 또는 사과문을 게재하도록 청구하는 것이 일반적이다. 이러한 조치는 침해자에게 고의 또는 과실이 인정되는 경우에만 청구할 수 있으며, 본안소송 이전에 가처분 신청을 통해 신속하게 그 목적을 달성할 수도 있고, 이것 역시 꼭 필요한 조치인지의 여부는 어디까지나 법원이 판단할 문제이다.

이 '서예작품을 이용한 광고물 등의 제작' 사건이 광고업계에 주는 교훈은 "수많은 글자로 구성된 서예작품에서 비록 몇 글자만을 발췌해서 이를 짜깁기하여 이용했다고 하더라도 그 서예작품을 창작한 서예가의 저작권 침해가 인정된다는 것"으로 볼 수 있으며, 이 판례를 통해 디자인업계 관행상 유명 이미지나 극히 일부분을 차용하는 경우에 있어 주의를 촉구하는 계기로 삼아야 할 것이다.

12. 미술작품과 광고도안의 저작권 침해요건

1. 미술작품과 광고도안

　미술작품은 그것이 회화이든, 조각이든 미술적 기법을 활용하여 미술가의 개인적인 사상과 감정을 창작적으로 표현하고 있다면 당연히 저작물로서 저작권 보호대상이 된다. 따라서 누군가가 이를 무단으로 또는 고의나 과실에 의해 그대로 이용하거나 모방하거나 변형해서 마치 자기 창작품인 양 공표한다면 이는 저작인격권은 물론 저작재산권까지 침해한 것으로 볼 수밖에 없다. 그런데 만일 앞선 미술작품을 전혀 본 적도 없고 우연한 발상에 의해 창작했음에도 불구하고, 나아가 제작기법에도 상당한 차이가 있음에도 불구하고 결과적으로 비슷한 미술작품이 만들어졌다면 어떻게 판단해야 하는 걸까.

　오늘날 문화의 꽃으로 부상하며 수많은 매체를 통해 기발한 방법으로 소비자들과의 원활한 커뮤니케이션을 추구하는 광고의 세계에서도 예외는 아니다. 별의별 제품들이 끊임없이 등장하다 보니 이들 제품의 특성을 잘 반영하고, 소비자들의 소비욕구를 자극하면서, 동시에 제품에 대한 이미지를 좋게 유지하기 위해 필수적으로 이용되는 비주얼 부문에서 지칫 저작권 침해의 문제가 제기되곤 하기 때문이다. 과거의 고전적인 미술작품에서는 별로 문제가 되지 않았겠지만, 오늘날 현대미술에서는 우리 주변의 모든 생활용품들까지 창작의 소재가 되다 보니 광고업계로서는 순수미술작품과 응용미술작품으로서의 광고디자인이 나뉘는 경계점을 찾기 어렵게 된 때문이기도 하다.

　가령, 어떤 제품의 광고를 위해 만들어진 상업용 도안이 앞서 공표된 어느

화가의 순수미술작품과 유사하다고 할 때, 그것이 미술작품을 모방한 복제물 혹은 2차적 저작물이라거나 아니라고 판단하기란 쉽지가 않다. 여기서는 실제 상황에 근거해서 우리 주변에서 흔히 볼 수 있는 '계란'을 소재로 한 미술작품 과, 마찬가지로 '계란'을 소재로 한 광고도안 사이에 야기되었던 저작권 침해 여부에 대한 공방을 중심으로, 저작권 침해의 요건에 대해 살피기로 하겠다.

2. 판례: '계란' 소재의 광고도안 사건

—서울지방법원 제12민사부 1998. 6. 19. 판결, 97가합19248(본소), 97가합66589(반소) 저작권 침해금지 등

(1) 사건 개요

'갑'은 프랑스에 있는 모대학 조형예술대학원을 졸업하고 프랑스에서 활발히 작품활동을 하고 있는 화가로서, 1989년부터 '계란'을 소재로 하여 "생명의 근원이 되는 알"이라는 주제로 미술작업을 시작한 이래 꾸준히 이를 계속해 오고 있었다. 아울러 국내에서도 1995년 8월 말에서 9월 초순경까지, 또 1996년 7월 초순경 등에 서울에서 개인전시회를 개최하기도 하였으며, 이러한 사실은 모텔레비전 방송프로그램과 모일간지 문화면을 통해 소개되기도 하였다. 국내 전시회 당시 갑은 패널 위에 아크릴컬러로 그린, 극히 단순화된 원형의 깨뜨린 계란 수십 개를 일정한 틀 속에 상하좌우로 나란히 병렬시킨 모양의 평면회화 작품과 실제의 프라이팬 위에 깨진 계란 모양의 그림을 그려넣은 오브제(objet) 작품을 제작, 이를 '생명의 근원'이라는 제목으로 하나의 작품으로서 전시하였 다(이하 '이 사건 저작물'이라 함).

한편, '을'은 국내 굴지의 식용유 생산업체로서 1996년 10월 경부터 자사에

서 개발한 식용유의 샘방지마개를 널리 알리기 위해 월간 여성지 등의 지면과 지하철역 구내의 와이드컬러 광고면, 지하철 각 노선 차량 내부의 광고면에 전문광고회사인 '병'에 의뢰하여 만든 '광고도안 1'을 게재하여 오던 중 갑으로부터 위 광고도안이 갑의 작품을 무단복제한 것이라는 의혹이 제기되자 1997년 2월경부터는 새로 제작한 '광고도안 2'를 게재하고 있었다.

이처럼 을의 의뢰에 따라 광고도안을 제작한 병은 '광고도안 1'을 제작한 경위와 관련하여 ① 계란 프라이를 여러 개 만들어서 그 중 가장 둥근 형태로 만들어진 것을 골라 이를 다시 기름에 튀기고, ② 기름에 튀겨진 프라이를 사진으로 찍은 다음 그 사진을 컴퓨터그래픽용 파일로 변환하고, ③ 컴퓨터그래픽 프로그램을 이용하여 계란 프라이 모양을 동그란 형태로 다듬고 기름에 튀길 때 타들어간 계란 끝부분도 제거한 뒤, 다듬어진 프라이 사진을 수십 개 복사해서 이를 사선으로 나란히 병렬시키고, ④ 그 우측에 프라이된 계란이 들어 있는 프라이팬 위에 식용유가 떨어지는 모습을 찍은 사진을 합성한 후, ⑤ 그 위에 "샘방지마개, **식용유!", "식용유가 한 방울도 새거나 흘러내리지 않았습니다"라는 등의 광고문구를 삽입하는 방식으로 제작되었음을 밝혔다. 아울러 '광고도안 2'는 '광고도안 1' 중에서 계란프라이 사진을 수십 개 복사해서 사선으로 나란히 병렬시킨 부분을 제거하고 프라이된 계란이 들어 있는 프라이팬 위에 식용유가 떨어지는 모습을 찍은 사진 부분으로만 구성한 것임도 밝히고 있다.

이 같은 상황에서 갑은 을과 병이 자신의 허락 없이 이 사건 저작물에 의거하여 이를 이용 또는 변형하여 광고도안으로 삼았으므로, 이는 갑의 저작권(복제권 또는 2차적 저작물 작성권, 성명표시권, 동일성유지권)을 침해하는 행위라고 주장하면서 이 사건 저작물과 유사한 광고도안 1과 2의 사용행위 중지와 자신 소유의 저작권 침해행위로 인한 손해배상을 청구하는 소송을 제기하기에 이르렀다.

(2) 법원의 판단

우선 이 사건을 담당한 재판부에서는 갑의 이 사건 저작물은 계란이라는 일상적 소재를 선택하여 이를 여러 가지 미술적 기법으로써 개인적인 사상과 감정을 창작적으로 표현하고 있으므로 이는 미술의 범위에 속하는 저작물임에 분명하다고 했다. 또, 갑의 이 사건 저작물과 병이 제작한 광고도안 사이에는 제작방법이나 주제 및 전체적인 이미지에 있어서 차이가 있고, 계란의 배열방식에 있어서 이 사건 저작물은 상하 수직방향으로 되어 있는 데 반해 광고도안들은 사선방향으로 되어 있는 점, 계란의 형태에 있어서도 이 사건 저작물에서는 평면적인 두 겹의 원형 도형으로 추상화되어 있는 반면에 광고도안들에서는 입체적인 형태의 실물사진으로 되어 있는 점 등의 차이가 있기는 하지만, 전체적으로 볼 때 광고도안들은 이 사건 저작물 중 일부와 상당한 유사성을 가지고 있다고 보지 않을 수 없음을 전제하였다.

그러나 을이 의뢰하고 병이 제작한 광고도안들이 갑의 이 사건 저작물을 모방한 복제물 또는 2차적 저작물이라고 하기 위해서는 이 광고도안들과 갑의 이 사건 저작물 사이에 상당한 유사성이 인정되어야 할 것인데, 광고도안이 만들어져서 이용되기 2개월 전쯤에 갑의 이 사건 저작물이 국내 전시회에서 전시된 바 있고 또 그 전시회 개최 사실이 아침시간 텔레비전 방송 및 일간지 문화면 전시회란 등에 소개된 바 있으나, 이러한 사실만 가지고 광고도안의 제작에 관여한 사람들이 갑의 이 사건 저작물을 사전에 능히 접할 수 있었다고 인정하기에는 부족하다는 점을 지적하였다. 아울러 광고회사 직원들에 의한 독자적인 창작이나 우연의 일치, 공통의 소재를 이용함에서 오는 자연적 귀결일 가능성을 배제할 정도로 이 사건 저작물과 광고도안 사이의 유사성 정도가 매우 현저하다고도 할 수 없으므로, 이 사건 저작물과 위 광고도안 사이에 상당한 유사성이 있다는 사정만 가지고 광고도안이 갑의 이 사건 저작물에 의거해서 그것을 이용 또는 변형하여 제작된 것이라고 단정할 수도 없다고 판단하였다.

즉, 법원에서는 광고회사가 일방적으로 갑의 이 사건 저작물을 참고한 것이 아니라 오히려 이 사건 저작물의 존재 자체를 모르는 상태에서 광고제작팀과 광고주 사이에 광고에 따른 아이디어 회의가 여러 차례 열렸고, 또 1차적으로 만들어진 도안의 시안을 가지고 오간 협의내용과 최종완료시점에 도달하기까지 양측이 아이디어에 아이디어를 거듭 보탰다는 점을 인정한 것이다.

결국 법원에서는 을과 병이 만든 광고도안이 갑의 이 사건 저작물에 의거해서 이를 이용 또는 변형하여 제작된 것임을 전제로 하여 이러한 행위는 갑에 대한 저작권 침해행위라는 갑의 주장은 더 이상 살필 필요가 없으므로 을과 병의 광고도안은 갑의 저작권을 침해한 것이 아니라고 판결하였다.

3. 판례 분석

그동안 누적된 판례에 따르면 저작권 침해의 절대적 요건은 다음과 같은 두 가지로 요약할 수 있다.

첫째, 주관적으로 가해저작물이 피해저작물에 의거하여 그것을 이용하여 창작되었어야 한다.

둘째, 객관적으로 두 저작물 사이에 동일성이 있거나 가해저작물이 피해저작물에 대해 종속적인 관계에 있는 등 실질적 유사성이 있어야 한다.

여기서 첫 번째의 '의거'라는 말은 침해자가 기존의 저작물을 이용하였음을 의미하는 것이므로 위 사건에 있어서 광고도안이 이 사건 저작물과 거의 동일한 내용이라 하더라도 그것이 단순한 우연의 일치이거나 공통의 소재를 이용하는 데에서 오는 자연적 귀결인 경우 혹은 공유에 속하게 된 다른 저작물을 공히 이용한 데에서 오는 결과인 경우에는 저작권의 침해가 된다고 볼 수 없다는 뜻이다. 또한 두 번째의 '실질적 유사성'이란, 작품 속의 근본적인 본질 또는 구조를 복제함으로써 두 저작물 사이에 비록 구체적 표현으로 대칭되는 유사성은 없다 하더라도 전체로서의 포괄적인 유사성이 있는 경우와 작품 속의 특정한 표현이나 세부적인 표현이 복제된 경우를 뜻하고, 이때 아이디어 즉, 단순한 사상이나 주제가 같다고 해서 그 실질적 유사성을 인정할 수는 없다는 뜻을 담고 있다.

결국 이번 사건에서는 광고도안이 이 사건 저작물인 갑의 미술작품들과 일정 부분 유사성이 있기는 하지만, 광고도안 제작자들이 갑의 저작물을 이용했다는 점이 인정되지 않는 만큼 단순한 우연의 일치 혹은 공통의 소재에서 오는 자연적 귀결인 것으로 판단되었다는 점에서 의의를 가진다고 하겠다.

요사이 광고업계에는 모방논란이 그치지 않고 있다. 외국 광고를 거의 그대로 베꼈다는 비난에서부터 이른바 잘나가는 광고의 경우에는 업종에 관계없이 무조건 모방하려는 풍조를 비판하는 목소리도 있다. 하지만 광고업계의 전반적인 추세는 각고의 노력을 통해 새로운 광고물 제작의 지평을 열어 보려는 수많은 광고인들의 고민 속에서 찾아야 하며, 일부 안일한 광고제작행태가 곧 우리나라 광고 일선의 진면목인 양 비쳐지는 것은 아쉬운 일이 아닐 수 없다.

앞서 서예작품으로서의 서체와 광고의 저작권 문제에서는 "수많은 글자로 구성된 서예작품에서 비록 몇 글자만을 발췌해서 이를 짜깁기하여 이용했다고 하더라도 그 서예작품을 창작한 서예가의 저작권 침해가 인정된다"는 사실을 알았다면, 여기서 살펴본 미술작품과 광고도안의 저작권 문제에서는 "미술작품과 광고도안 사이에 상당한 유사성이 인정된다 하더라도 그것의 인과관계가 명확하게 입증되지 않는 한 광고회사 직원들에 의한 독자적인 창작이나 우연의 일치, 공통의 소재를 이용함에서 오는 자연적 귀결일 가능성을 배제할 수는 없다"는 사실을 알게 되었다.

바야흐로 영상문화의 시대, 광고홍보의 시대가 열리고 있다. 과장광고, 모방광고, 허위광고 등으로 얼룩진 광고업계의 어두운 면을 씻어내기 위해서라도 보다 창의적이고 보다 인간적인 풍토가 진작되어야 한다. 여러 단계에 걸쳐 수많은 전문가들이 각자의 능력을 발휘한 끝에 그것들이 광고주의 요구사항과 잘 조화를 이루어야 비로소 한 편의 광고가 완성된다는 사실만 보아도 광고는 결코 쉽게 만들어지는 것이 아니다. 따라서 자칫 쉬운 방법을 노리다 보면 누군가의 권리를 침해하게 될 수밖에 없다. 광고업계 실무자들에게 예술가적 안목과 자질이 요구되는 까닭이 바로 여기에 있다.

13. 광고물 표현과 초상권

1. 초상권의 개념

초상권(肖像權)이 법률적 권리로서 처음 대두된 것은 독일에서였다. 독일에서는 세계 최초로 1839년에 은판 사진술이 공표된 이래 약 40년 후에는 고감도 필름과 핸드 카메라가 개발되었고, 1890년대에 이르러서는 찍히는 사람이 알지 못하는 사이에 촬영하는 사례가 빈발하게 되자 1896년에는 베를린 고등법원의 케이스너(Keyssner) 판사에 의해 드디어 "초상권을 설정하여 이러한 행위에 대항해야 한다"는 주장과 함께 "사람은 동의 없이 자기의 초상을 촬영당하거나 그것을 무단으로 복제·공표당하지 아니한다"는 구체적인 권리내용이 제기되었다. 더 나아가 여기에는 "예술가가 기억을 더듬어 초상화를 그리는 경우에도 동의를 얻지 않았다면 초상권의 침해로 보아야 한다"는 주장까지 곁들여졌다.

이후 독일의 초상권에 관한 법률적 개념은 유럽 각국은 물론 미국과 일본 등으로 확대되었고, 우리나라에서는 1980년대부터 본격적인 법률 분쟁의 대상으로 떠오르기 시작했다. 그리하여 오늘날 초상권은 본인의 동의 없이 용모·자태를 촬영당하지 않을 권리(무단촬영 거절권)는 물론 촬영된 초상사진, 작성된 초상사진의 공표·이용을 무단으로 당하지 않고 또 무단으로 복제하지 못하게 할 권리(무단공표·이용 거절권, 무단복제 거절권), 그리고 초상사진을 무단으로 영리목적을 위해 사용당하지 않을 권리(상업적 이용 거부권) 등을 포함하는 것으로 해석되고 있다.

이러한 초상권은 기본적으로 인격권이지만 또 한편으로는 재산권의 측면도 내포하고 있다. 즉, 사람은 자기 초상에 대해 인간으로서의 존엄과 가치에 관련되는 명예나 신용 등에 관련되는 인격적 권리를 가지고 있기 때문에 초상권이 인격권의 하나가 되는 한편, 자기 초상을 영리적 목적으로 사용할 수 있는 권리가 인정되므로 이는 곧 재산권이라고 이해되는 것이다. 특히 유명인을 모델삼아 상품 판매를 촉진하는 것이 일반적인 업무영역이라고 할 수 있는 광고업계로서는 어쩌면 초상권이란 가장 민감하게 고려해야 할 법적 문제라고 하겠다. 이러한 초상권과 관련하여 "직접적인 초상의 침해가 아니라 하더라도 일반인들이 누군가의 모습을 떠올리기에 충분하다면 초상권 침해에 해당된다"는 요지의 판결이 있어 주목된다.

2. 판례: "임꺽정" 광고사건

—서울고등법원 제5민사부 1998. 10. 13. 판결, 97나43323 손해배상

(1) 사건 개요

'갑'은 모방송사에서 창사 특집으로 제작한 텔레비전 드라마 '임꺽정'의 주인공인 임꺽정 배역으로 출연했던 연기자이며, '을'은 의약품을 제조하여 판매하는 회사이다. 을은 1997년 2월 중에 10여 개 이상의 일간신문에 을이 제조한 위장약을 소개하는 전면광고를 게재하였는데, 이 광고에는 위 드라마의 주인공 '임꺽정'으로 분장한 갑의 특징적인 부분들을 모방한 삽화가 들어가 있었다. 즉, 머리띠를 묶은 이마, 덥수룩한 머리털, 턱수염, 콧수염과 짙은 눈썹 부분 등을 목탄 스케치로 유사하게 재현한 인물화가 삽입되어 있고, 그 위에 큰 글씨체로 "속 쓰린 세상 내가 잡는다"라는 광고 문안이 적혀 있었던 것이다.

한편, 위 광고가 일간지에 게재될 당시 그 소재가 된 드라마 '임꺽정'은 1996년 11월에 첫 방송이 나간 이래 꾸준한 인기를 누려 그 시청률이 평균 32.5% 정도였고, 연극배우 출신으로 무명연기자였던 갑은 드라마가 대중적 인기를 얻으면서 각종 대중매체에서 주목받는 신인연기자로 부상하고 있었다.

이러한 시점에서 을이 제조한 위장약에 대한 위의 광고가 일간지에 게재되자 갑은 을이 자신의 승낙 없이 자신의 초상과 유사한 인물화를 광고에 사용함으로써 자기 초상권을 침해하였다고 주장하면서 그로 인해 입은 정신적 고통에 대한 배상을 청구하는 소송을 제기하기에 이르렀다. 이에 대해 을은 이 사건 인물화는 갑의 초상을 그린 것이 아니라 그림을 직접 제작한 삽화가가 스스로 머리에 두건을 두르고 분장하여 찍은 사진을 토대로 스케치한 것이고, 그 위에 역사 속의 실존인물로서 이미 일반인들에게 널리 알려져 있는 임꺽정 등 의적(義賊)의 특징적인 모습—머리띠, 덥수룩한 머리털, 수염 등—을 덧붙여 완성한 것이어서 갑의 초상과는 아무 관계가 없으며, 또 을은 광고 의뢰인에 불과하므로 책임이 없다고 주장하였다.

(2) 법원의 판단

우선 이 사건을 담당한 1심 재판부는, 을이 게재한 위장약 광고에 사용된 인물화는 비록 갑의 실제 모습이나 사진과 완전히 동일한 것은 아니고 세부적인 묘사에 있어서 갑의 모습과 서로 다른 점이 있기는 하지만, 위 드라마의 주인공으로 분장한 갑의 모습 중 특징적인 부분들이 대부분 표현되어 있어서 갑이 주인공을 맡은 드라마 '임꺽정'을 보았거나 갑을 알고 있는 사람이라면 누구나 이 사건 인물화를 보고 갑의 초상을 충분히 연상할 수 있다고 판시하였다.

아울러 을이 주장하는 것처럼 이 사건 인물화를 직접 제작한 삽화가가 갑의 초상이 아닌 자기 자신의 초상을 모델로 하였다거나 역사적 인물의 널리 알려진 이미지를 그리고자 한 것이라는 사실이 인정된다 하더라도 이는 인물화를 제작한 사람의 주관적 의도가 어떠했는가를 설명할 수 있을 뿐이고, 실제 완성된 인물화의 형상이 객관적으로 보아 갑의 초상과 동일시된다는 결론에는 아무런 영향을 미칠 수 없다고 하였다.

특히 재판부에서는 직업의 성격상 유명 연예인들은 물론이고 새롭게 인기를 얻고 있는 신인배우들의 모델로서의 가치에 대해 늘 관심을 가지게 마련인 광고 관계자로서는 위 사실을 더욱 쉽게 알았거나 알 수 있었으리라는 점을 강조했다. 즉, 제작이 완료된 광고를 신문에 그대로 게재할 것인지의 여부는 광고를 의뢰한 광고주가 최종적으로 결정하는 것인바, 을이 이 사건 인물화의 제작에 직접 참여한 일이 없다 하더라도 이 사건 인물화가 삽입된 위 광고의 광고주로서 이를 그대로 게재할 경우 갑의 초상권을 침해할 우려가 있음을 알았거나 알 수 있었음에도 이를 그대로 게재하도록 승인했다면 그 책임을 면할 수 없다는 점을 분명히 밝혔다.

결국 재판부는 위와 같은 근거에 따라 을에 소속된 광고 담당자들이 갑으로부터 사전에 아무런 승낙을 구함이 없이 이 사건 인물화가 들어 있는 광고를 일간지 등에 그대로 게재한 행위는 갑의 초상권을 침해하는 불법 행위이므로 을은 위 광고 담당자들의 사용자(使用者)로서 갑에게 그로 인한 손해를 배상할 책임이 있다고 판결하였다.

3. 판례 분석

재판부에서는 을의 갑에 대한 초상권 침해로 인해 갑이 상당한 정신적 고통을 받았을 것임은 경험칙상 명백하므로 을은 이를 금전으로 위자(慰藉)할 의무가 있다고 보았다. 그리고 그 액수는 갑의 연령, 연기자로서의 경력과 지명도, 이 사건 광고물의 제작동기 및 경위, 광고의 크기와 횟수, 광고 문안의 내용이나 이 사건 인물화의 형상, 광고 제작에 들어간 비용과 을이 위 광고로 얻은 이익의 정도, 갑이 대중적 인기 상승에도 불구하고 위 드라마의 작품완성도를 위해 광고 출연을 자제하고 있던 중에 위 광고가 게재됨으로써 갑의 광고모델로서의 가치와 참신성이 크게 손상된 점, 갑이 을과 광고 출연계약을 체결할 경우 얻을 수 있었을 광고 모델료의 정도, 위 광고 게재 직후 갑으로부터 강력한 항의를 받고 을이 위 광고를 바로 중단한 점, 기타 이 사건 변론에 나타난 제반 사정 등을 참작하여 '2천만 원'으로 정함이 타당하다고 판결하였다.

한편, 이 같은 1심 재판부의 판결에 대해 불복한 을이 항소하였으나 2심 재판부 역시 같은 취지로 갑의 승소를 확인한 동시에 제1심 판결이 내린 손해배상액이 정당함을 확인하였다.

초상권은 실정법으로 명확하게 보장되어 있는 권리 개념은 아니다. 하지만 우리 헌법 제10조에서는 '인간의 존엄성과 기본적 인권의 보장'이라 하여 "모든 국민은 인간으로서의 존엄과 가치를 가지며, 행복을 추구할 권리를 가진다. 국가는 개인이 가지는 불가침의 기본적 인권을 확인하고 이를 보장할 의무를 진다"고 규정하고 있으며, 제17조에서는 '사생활의 비밀과 자유'라 하여 "모든 국민은 사생활의 비밀과 자유를 침해받지 아니한다"고 규정하고 있다. 또 '재산 이외의 손해의 배상'에 대해 규정하고 있는 민법 제751조에 따르면 "타인의 신체, 자유 또는 명예를 해하거나 기타 정신상 고통을 가한 자는 재산 이외의 손해에 대하여도 배상할 책임이 있다"고 할 수 있으므로 초상권은 '기본적 인권'임에 틀림없다.

여기서 다룬 사건이 주는 지적재산권 측면에서의 법원의 판단은 크게 세 가지로 요약된다.

첫째, 인기배우인 원고와 유사한 인물화를 광고로 사용한 경우에 '임꺽정'이라는 드라마에 주인공으로 출연한 원고를 보았거나 알고 있는 사람이라면 누구나 그 인물화를 보고 임꺽정으로 분장한 원고의 모습을 떠올리기에 충분하다면 초상권 침해에 해당한다.

둘째, 광고 관계자로서는 그 직업의 성격상 유명 연예인들은 물론이고 새롭게 인기를 얻고 있는 신인배우들의 광고모델로서의 가치에 대하여 늘 관심을 가지게 마련이므로 이 사건 인물화가 원고의 임꺽정 분장 모습과 동일시될 정도로 유사하다는 사실을 쉽게 알았거나 알 수 있었다고 인정된다.

셋째, 광고주인 피고회사의 광고 담당자로서도 이 사건 인물화가 원고의 임꺽정 분장 초상과 동일시될 정도로 유사하다는 것을 알았거나 알 수 있었다고 보기에 충분하므로 이 사건 인물화가 삽입된 광고를 그대로 게재할 경우 원고의 초상권을 침해할 우려가 있음을 알았음에도 고의 또는 과실로 이를 그대로 신문에 게재하도록 승인하였음이 인정된다.

앞서 살핀 바와 같이 초상권은 인격권인 동시에 초상영리권 또는 초상재산권이라고 할 수 있는 재산권을 내포하고 있다. 물론 경우에 따라서는 이 중 어느 한 쪽이 더욱 강하게 부각되는 수가 있다. 즉, 유명세를 바탕으로 자신의 가치를 높여 가는 탤런트 등 연기자의 초상이 무단으로 광고에 사용되는 경우에는 프라이버시권의 침해라기보다는 얻을 수 있는 이익에 대한 침해, 즉 재산권의 침해로 보는 것이 타당하다.

특히 이번 '임꺽정' 사건이 우리 광고업계에 주는 교훈은 "실제 인물을 기용하지 않고 삽화 등의 인물화로써 유사하게 이용하였더라도 초상권 침해가 인정된다는 것"으로 볼 수 있으며, 이번 판례를 통해 광고업계 관행상 유명 이미지를 차용하는 경우에 있어 주의를 촉구하는 계기로 삼아야 할 것이다.

14. 방송극본에 있어 공동저작물의 저작권

1. 저작권법상 공동저작물의 개념

하나의 저작물에는 그것을 작성한 사람이 하나인 경우, 즉 단독저작의 형태가 대부분이지만 경우에 따라서는 저작자가 여러 사람인 경우도 있다. 이럴 때 '공저'라는 표현을 쓰는데, 여기서 말하는 공동저작물이란, 단순히 저작자가 여러 명이라는 의미로 쓰인 것이 아니다.

하나의 저작물을 작성한 저작자의 유형에 따라 흔히 '저(著)' 또는 '지음', '역(譯)' 또는 '옮김', '편저(編著)' 또는 '엮음' 등의 단어가 따라붙는다. 여기서는 순수한 창작인가, 아니면 다른 언어로 옮긴 것인가, 또는 다른 사람이 작성한 여러 편의 저작물 중에서 가려 뽑아 그것을 엮어 새로운 저작물을 작성했는가 하는 점을 기준으로 한 것이지만, 그렇게 해서 만들어진 저작물이라고 하더라도 만약에 저작자가 한 명이 아닌 두 명 이상이라면 저작자의 표시가 달라질 수밖에 없다. 즉, '공저(共著)' 또는 '공역(共譯)', '공편(公編)' 등이 그것인데, 이런 경우의 저작물을 일단 공동저작물이라고 할 수 있다.

그런데 저작자가 두 사람 이상인 저작물이라고 하더라도 그 성질을 살펴보면 사뭇 다른 점을 발견할 수 있다. 어떤 경우에는 여러 사람이 같이 작성했지만 각각의 저작자가 각자 작성한 부분을 분명하게 알 수 있는가 하면, 어떤 경우에는 하나의 저작물 속에서 누가 어디까지 작성하고 어디까지 손대지 않은 것인지 알 수가 없을 수도 있다. 따라서 저작권을 행사함에 있어서 앞의 경우인가 뒤의 경우인가에 따라 그 권리의 주체를 파악하기 어려운 경우가 생기는데,

그러한 점을 합리적으로 해결하기 위해 저작권법에서는 공동저작물이란, "2인 이상이 공동으로 창작한 저작물로서 각자의 이바지한 부분을 분리하여 이용할 수 없는 것을 말한다"라고 규정하고 있다. 즉, 저작권법에서 말하는 '공동저작물'이란, 두 사람 이상이 작성한 저작물이면서 각자가 이바지한 부분을 밝혀 내기 어려운 저작물을 말하며, 각자의 이바지한 부분이 명확한 것은 결합저작물(結合著作物)의 형태로서 각자가 이바지한 부분에 대한 단독저작물로 보아도 권리행사에 별 문제가 없다.

결국, 여러 사람이 작성한 저작물이라 할지라도 각자가 이바지한 부분을 분리할 수 있을 때에는 공동저작물이라고 할 수 없다. 예를 들어, 글과 그림이 어울려 하나의 책으로 만들어졌을 경우, 글과 그림을 따로 분리해서 사용해도 무방하다면 글의 저작자와 그림을 그린 사람을 단독저작자와 마찬가지로 취급해도 무방한 것이다.[79] 아울러 노래의 경우에도 작곡자와 작사자가 다르다면 작곡 부분과 작사 부분은 같이 실연될 수도 있지만 경음악, 또는 가사집으로 별도 이용이 가능하다면 공동저작물이라고 할 수 없다. 그런 경우에는 각자의 이바지한 부분에 대한 저작권이 별도로 주어지는 것이다. 그러므로 공동저작물이란, 저작자가 두 사람 이상이면서 그들의 저작부분을 분리할 수 없는 저작물을 뜻하는 것이다. 물론 둘 이상의 법인이나 단체가 공동으로 저작에 참여하는 형태도 있을 수가 있다.

그런데 공동으로 저작물의 완성에 이바지한 것임에는 틀림없지만, 방송드라마의 대본에서처럼 누군가 주된 작가에 대해 보조작가로서 역할을 담당했을 경우 그의 공동저작자로서의 지위는 어느 정도인지 파악하기가 어려운 경우도

---

79) 구 저작권법에서는 '합저작(合著作)'이라는 개념을 내세워 저작자가 여러 명이면서 하나의 저작물로 볼 수 있는 것이면 그것이 분리하여 이용할 수 있는 것이라도 합저작에 포함시켰지만, 신 저작권법에서는 그런 경우에 공동저작물이 아닌 개개의 저작물이 우연하게 집합된 집합저작물로 본다.

있다. 여기서는 방송극본을 둘러싼 공동저작자 사이의 다툼을 통해 공동저작물의 보호범위에 대해 살펴보기로 한다.

2. 판례: "제4공화국" 사건

—서울지방법원 남부지원 제1민사부 1995. 10. 24. 결정, 95카합3860 촬영 및 방영 등 금지 가처분

(1) 사건 개요

A는 방송사업과 문화서비스업 등을 목적으로 하는 주식회사로서 1995년 7월경 "제4공화국"이라는 제목으로 박정희 전 대통령의 집권 말기인 이른바 유신시절과 5공화국 초 신군부의 등장시기까지를 소재로 한 정치드라마 연재물(이하 '이 사건 드라마'라고 함)을 제작해서 방영하려는 기획 아래 방송작가인 B에게 극본 집필을 의뢰했고 B는 이를 수락했다. 이후 A는 기자간담회를 열어 연출자와 출연진 등을 소개하고, 이미 방영했던 정치드라마 "제1공화국", "제2공화국", "제3공화국"에 이어 이 사건 드라마의 제작 및 방영계획을 밝히면서 그 극본은 B를 대표집필작가로, 갑·을·병 세 사람을 보조작가로 하는 공동집필 형태로 진행된다고 발표했다. 한편, 보조작가 중 갑은 A가 추천했고, 을과 병은 B가 추천했는데 을은 처음부터 아예 작업에 참여하지 않았고, 갑도 1회와 2회 극본 완성 이후에 탈퇴함에 따라 후임 보조작가로 A와 B는 각기 다른 사람을 추천하여 공동집필진을 구성했다.

이후 B는 보조작가들과 함께 이 사건 드라마의 극본 집필을 시작하여 제8회분까지의 완성극본(이하 '이 사건 극본'이라 함)을 차례대로 A에게 인도하였고, A는 이를 토대로 촬영을 개시하여 이 사건 극본에 대한 대부분의 촬영이 끝

났다. 그런데 B가 A에게 제8회분 극본을 인도하던 중 이미 인도한 제6회분까지의 극본이 자신도 모르는 사이에 수정, 변경된 사실을 발견하고 A에게 앞으로의 극본 집필을 거부하면서 그 동안 인도된 이 사건 극본의 회수를 요구하면서 "채무자 A는 채권자 B가 집필한 '제4공화국'의 극본 제1회부터 제8회분을 이용하여 드라마의 촬영, 방영 비디오의 제작, 판매, 기타 어떠한 방법으로도 이를 출판하거나 반포해서는 아니된다"는 취지의 가처분 신청을 제기하기에 이르렀다.

신청이유로서 B는 먼저 A와 이 사건 극본집필계약을 체결한 적이 없거나 체결했더라도 B는 A에게 그 해제를 요구한 적이 없고, B가 단독으로 제8회분까지 극본을 집필했는데 A가 B의 동의 없이 임의로 극본을 수정, 변경해서 A의 저작권을 침해했으며, 방송물에 있어서 저작물의 동일성유지권이라는 피보전권리는 이를 침해한 방송물이 방영됨으로써 침해행위가 종료되므로 급박한 그 침해의 정지 내지 예방을 위해 이 사건 신청에 이르렀다고 주장했다. 이에 대해 A는 이 사건 극본의 작가인 B를 비롯한 보조작가들과는 이 사건 극본을 공동집필하기로 하는 구두계약이 체결되었으며, 나아가 A가 이 사건 극본을 일부 변경한 것은 사실이지만 이는 방송기술상 부득이한 변경이거나 사소한 변경으로서 A와의 사이에 양해가 되어 있는 사항이며, 혹시 이러한 극본의 변경이 저작권 침해가 된다 하더라도 그 보전의 필요성이 없다고 주장하며 맞섰다.

이러한 A와 B의 공방을 심리한 끝에 법원에서는 "B의 이 사건 신청을 기각한다"고 하여 원고패소 판결을 내렸다.

(2) 판결 이유

첫째, 극본 집필에 있어서 보조작가들이 단순히 그 자료수집이나 조언 등의 보조적인 단계에 머물렀던 것이 아니라 작자와 거의 대등한 입장에서 적극적으로 창의를 발휘하고 정신적 노력을 하는 등으로 공동저작한 것은 공동저작물에 해당한다.

둘째, 공동저작물의 이용계약의 해제 여부에 있어서 계약해제의 불가분성에 비추어 공동저작자 전원의 일치된 의사에 의하지 않고는 계약은 해제될 수 없다.

셋째, 극본집필계약에 있어서 완성된 극본을 변경하는 등 수정하는 권한은 원칙적으로 그 극본을 집필한 작가에게 있는 것이므로 이를 작가와의 협의 없이 방송사에서 임의로 고치는 것은 특별한 사정이 없는 한 집필계약의 위반일 뿐만 아니라 저작인격권의 하나인 동일성유지권의 침해가 된다.

넷째, 공동저작물에 있어서 공동저작자의 1인인 채권자 B는 다른 공동저작자의 동의 없이도 채무자 A에게 그 침해의 정지, 예방 또는 손해배상의 담보를 요구할 수 있다.

결국, 동일성유지권과 같은 피보전 권리가 소명되면 그 보전의 필요성이 있다고 할 것이다. 하지만 이 사건 극본이 공동집필계약의 체제로 완성되었다는 점, 다른 보조작가나 연출자들과의 협의 끝에 사소한 변경이 이루어졌다는 점, 결과적으로 작품성이 높아지는 등으로 인해 채권자의 명예나 성망이 훼손될 염려가 보이지 않는다는 점, 권리침해에 대한 구제는 별도의 금전적 전보에 의해 가능하리라는 점이 있는 데 반해서, 채무자로서는 이미 드라마를 제작·완성하여 일반 시청자에게 방영 약속까지 한 상태로 이를 방영하지 못할 경우 방송사로서 대외적인 공신력에 치명적인 상처를 입어 회복불능의 손해를 입을 우려가 있는 등 당사자의 형평성을 고려하면 그 필요성이 없다고 판단된다.

3. 판례 분석

이 사건 판례에서 주목할 부분은 재판부에서 저작권자의 권리를 모두 인정하면서도 그 저작권을 침해한 이용자와의 형평성을 고려해 최종적으로는 저작권자의 주장을 받아들이지 않았다는 점에 있다. 즉, 저작권자의 주장을 그대로 받아들였을 때 저작권자가 얻을 수 있는 이익에 비해 침해자가 입을 수 있는 피해가 훨씬 크다는 점을 중시하여 저작권자의 주장을 받아들이지 않은 것이다.

그러면서 "권리침해에 대한 구제는 별도의 금전적 전보에 의해 가능하다"는 견해를 밝히고 있어 방송사인 A는 방송작가인 B에 대해 금전적 배상을 하라는 취지 또한 곁들이고 있다. 다만, A가 "이미 드라마를 제작·완성하여 일반 시청자에게 방영 약속까지 한 상태로 이를 방영하지 못할 경우 방송사로서 대외적인 공신력에 치명적인 상처를 입어 회복불능의 손해를 입을 우려가 있"기 때문에 "드라마의 촬영, 방영 비디오의 제작, 판매, 기타 어떠한 방법으로도 이를 출판하거나 반포해서는 안 된다"는 B의 주장을 기각한 것일 뿐이라는 판시이다.

따라서 아무리 거대한 방송사라고 하더라도 이번 판례를 통해 확인된 사실에 주의할 필요가 있다. 먼저, 여러 사람이 작가로 참여하는 극본 집필의 경우 공동저작물임을 주지하여 그에 준하는 계약은 물론 제작과정에서의 적법한 협의가 필요하디. 이울러 아무리 사소한 수정 또는 변경사유가 발생하더라도 작가들과 최종 협의한 뒤에 수정 또는 변경하는 것이 합당하며, 제작과정상 번거로움이 예상된다면 계약단계에서 공동저작물의 저작권 행사에 있어 대표권자를 선임한 후 그와 협의하는 방식을 취해야 할 것이다.

15. 소설과 드라마의 유사성 판단

1. 저작권법의 보호대상

현행 저작권법에서는 보호대상으로서의 저작물을 "문학·학술 또는 예술의 범위에 속하는 창작물"이라고 규정하고 있다. 여기서 핵심은 과연 이러한 '저작물'의 요건은 무엇이며, 요건 중의 하나로 명시되어 있는 창작성 여부를 어떻게 판단하느냐 하는 것이다. 이 조항을 있는 그대로 해석한다면 창작성이 없는 저작물은 저작권법의 보호를 받을 수 없다는 것으로 해석될 여지가 있기 때문이다. 결국 저작물의 요건은 크게 세 가지로 나누어 볼 수 있다. 첫째로는 문학이나 학술, 또는 예술의 범위에 속해야 하고, 둘째로는 창작성 내지 독창성이 있어야 하며, 셋째로는 대외적인 표현물이어야 한다는 것이다.

이에 대해 한승헌[80]은 "문학·학술 또는 예술의 범위에 너무 엄격하게 구애될 필요는 없고 특허법의 보호를 받는 발명 및 실용신안법의 보호대상인 고안 등 기술의 범위에 속하는 것[81]을 제외한다는 정도로 해석함이 옳을 것"이라고 한다. 따라서 작품의 수준이나 윤리성 따위는 문제삼지 않는다고 본다. 나아가

---

80) 한승헌, 『정보화 시대의 저작권』(서울: 나남, 1993), pp. 47~48 참조.

81) "발명"이라 함은 자연 법칙을 이용한 기술적 사상의 창작으로서 고도(高度)한 것을 말한다(특허법 제2조 제1호). "고안"이라 함은 자연 법칙을 이용한 기술적 사상의 창작을 말한다(실용신안법 제2조 제1호). 한 편, 실용신안법에 있어서의 '고안'이란 자연 법칙을 이용한 기술적 창작이라는 점에서는 특허법에 있어 서의 '발명'과 비슷하지만, '발명'에서처럼 창작의 고도성을 요하지 않으며 물품의 형상, 구조 또는 조합 에 의하여 사용 가치를 높이는 기술적 진보가 있으면 '고안'의 신규성(新規性)이 있다고 할 수 있다. 한빛 지적소유권센터, 『知的所有權法典』(서울: 한빛지적소유권센터, 1994), p. 95 참조.

사람의 사상이나 감정을 창작적으로 표현한 것이어야 하므로 단순한 사실의 나열에 불과한 열차시각표나 음식점 메뉴는 저작물이 아니라고 본다. 그리고 창작성에 있어서도 표현의 독창성, 즉 저작자의 개성이 어떤 형태로든지 저작물에 표현되어 있으면 족하고 저작물 전체가 완전한 독창성을 갖추기를 기대하는 것은 아니라고 본다.

장인숙[82]은 창작물로서의 독창성에 대하여 "그것이 작자 개인의 독자적인 사상 또는 감정의 표현으로서, 남의 것을 단순히 모방한 정도의 작품이 아니며, 또한 누가 하더라도 같거나 비슷할 수밖에 없는 내용의 것이 아니어야 한다는 의미"라고 해석하고 있다. 그런데 인간의 사상이나 감정의 표현은 선인(先人)의 문화적 유산 위에 성립하는 것으로, 절대적이며 완전하게 무엇을 창조한다는 것은 불가능하기 때문에 여기서의 독창성이란 정도상의 문제로서, 다른 것을 직접적으로 모방한 일이 없이 독립적으로 무엇을 만들었을 때는 독자적인 창작이 이루어졌다고 보는 것이 일반적인 통념이며, 이것이 바로 독창성이라 이해해도 무방하다고 한다. 아울러 저작물이 대외적으로 표현되지 않는다면 타인이 이용한다거나 권리를 침해한다는 것도 불가능한 일이므로 저작물성에 대한 논의 자체가 무의미한 것이 되며, 표현의 방법은 타인이 감지할 수 있는 정도면 되는 것이지 반드시 유형적으로 고정되어야 한다는 것은 아니라고 한다. 또한 대외적 표현의 뜻을 저작물의 '공표'와 혼동해서도 안 되며, 표현의 정도 역시 창작임을 인식할 수 있고 이용할 수 있으면 되는 것이지 완성물이어야 할 필요는 없다고 한다.

이상의 견해들을 종합해 보면 저작물이란, 특별한 요건을 갖춘 것이라기보

---

82) 장인숙, 『저작권법원론』(서울: 보진재출판사, 1989), pp. 31~33 참조.

다는 문학적이든 학술적이든, 혹은 예술적이든 개인의 독창성이 엿보이는 것으로서 이용 가능한 상태에 놓여 있는 것이라고 할 수 있겠다.[83] 따라서 그것의 수준에 관계없이 저작권은 내포되어 있으며, 어떤 절차나 방식이 필요 없이 창작과 동시에 저작권이 생긴다는 점에 주의해야 한다.

한편, 저작물은 다른 사람이 그것을 원저작물로 하여 2차적 저작, 즉 번역·편곡·변형·각색·영상제작 등의 방법으로 재창작할 수 있으며, 여러 저작물을 선택하여 창작적으로 배열함으로써 편집저작물을 만들 수도 있다. 이러한 2차적 저작물이나 편집저작물도 엄연한 저작물이므로 그것을 작성한 사람 역시 저작자가 될 수 있다. 다만, 원저작자의 권리에는 영향을 미치지 않으므로 미리 이용에 따른 허락을 받아야 하는 것은 별개의 문제이다.

2. 판례: "까레이스키" 사건

—대법원 제1부 2000. 10. 24. 판결, 99다10813 손해배상(기)

(1) 사건 개요

A는 1992년에 러시아 각지를 돌면서 러시아에 거주하는 한인들을 만나보고 일제강점기에 러시아로 이주했던 한인들의 삶에 관해 자료를 모은 뒤 1993년 7월경 전 5권으로 이루어진 "텐산산맥"이라는 제목의 장편대하소설을 출간했

---

[83] 외국의 경우를 살펴보면, 영국이나 미국의 판례에 의하면 저작물의 표현이 타인의 저작물의 표현으로부터 복제한 것이 아니라 독자적인 노력, 기능 및 자본이 투입된 결과이면 된다고 해석되고 있으며, 독일이나 일본의 경우에는 보다 더 높은 수준, 즉 비교적 창작성이 낮은 평범한 수준의 저작물에 대해서는 저작권의 성립을 부인하는 등 보호받을 만한 상당한 창작성이 요구되는 것으로 보인다.
정상조, "저작물의 창작성과 저작권법의 역할", 『한국저작권논문선집 I』(서울: 저작권심의조정위원회, 1992), pp. 229~241 참조.

다. 이 소설은 제1권부터 제3권까지 재소(在蘇) 작가 조명희 시인의 삶을 바탕으로 '백명회'란 주인공을 등장시켜 일제강점기 연해주로 탈주하고 연해주에서 중앙아시아로 강제이주해 간 한인들의 삶을 그리고 있으며, 제4권은 작가인 A가 러시아 한인들에 관한 자료수집을 위해 다녔던 여정을 소설형식으로 그리고 있고, 제5권은 시와 화보 및 기타자료로 이루어져 있다.

B는 방송사로서 1994년 12월부터 1995년 3월까지 22부작 텔레비전 드라마 "까레이스키"를 방영했다. 이 드라마는 원래 '갑'이 1차 시놉시스를 만들고 이에 기초해서 대본을 완성한 다음 제작될 예정이었으나 도중에 제작진에 의해 스토리가 변경되면서 신인작가인 '을' 등이 갑의 1차 시놉시스와 일부 대본을 바탕으로 이야기를 수정한 대본에 근거해서 만들어졌다. 소재는 소설 "톈산산맥"과 마찬가지로 러시아에 이주한 한인들의 삶에 관한 이야기를 다루고 있다.

한편, 드라마 "까레이스키"가 방영되고 난 후 A는 B 소속의 연출자가 원래 갑의 극본으로 제작, 방영할 예정이었던 드라마를 도중에 신인작가인 을 등을 동원해서 이야기를 대폭 수정하는 과정에서 많은 부분에 걸쳐 A의 소설 "톈산산맥"을 분해하여 모자이크식으로 표절했다고 주장하면서 저작권 침해에 따른 손해배상을 청구하는 소송을 제기했다. 하지만 1심법원과 2심법원에서 A는 패소했고, 대법원에 상고했지만 최종심에서도 "상고를 기각한다"고 판결하였다.

(2) 판결 이유

원심판결 이유에 의하면, 원심은 B의 드라마 "까레이스키"의 제작을 위해 '갑'이 쓴 1차 시놉시스는 A의 소설 "톈산산맥"이 출간되기 전에 완성되었으므로 의거관계가 처음부터 성립될 여지가 없으나 '을' 등이 2차 시놉시스를 완성한 뒤 방송대본을 집필하고 드라마 "까레이스키"가 제작될 시점에는 B측의 연출가가 적어도 소설 "톈산산맥"의 존재를 이미 알고 있었으므로 드라마 "까레이스키"는 소설 "톈산산맥"에 의거하여 저작된 것으로 추정할 수 있다.

또한 두 작품 모두 일제 치하에 연해주로 이주한 한인들의 삶이라는 공통된 배경과 사실을 소재로 주인공들의 일제 식민지로부터 탈출, 연해주 정착, 중앙아시아로의 강제이주라는 공통된 전개방식을 통해 제정 러시아의 붕괴, 볼세비키 혁명, 적백내전, 소련공산정권의 수립, 스탈린의 공포정치 등 러시아의 변혁과정에서 연해주와 중앙아시아에 사는 한인들이 어떠한 대우를 받았고 어떻게 적응하며 살아왔는지 그 실상을 파헤치고 있다는 점에서 유사한 면이 있다.

하지만 이는 공통의 역사적 사실을 소재로 삼은 데서 오는 결과일 뿐, 두 작품의 실질적 동일성 내지 종속성을 입증하는 것은 아니다. 실제로 소설 "톈산산맥"은 이야기의 구성이 단조롭고 등장인물의 발굴과 성격도 비교적 단순한 데 비해 드라마 "까레이스키"는 등장인물의 수나 성격이 훨씬 다양하고 사건의 전개방식도 더 복잡하며 이야기의 구성이나 인물의 심리묘사 등도 보다 치밀하고, 극 전체의 완성도, 분위기 및 기법 등에 상당한 차이가 있는 점, 드라마 "까레이스키"의 등장인물의 설정과 성격, 이야기의 구성, 사건의 전개방식 등에 있어 기본적인 줄거리는 A의 소설 출간 이전에 작성된 갑의 1차 시놉시스 및 방송대본과 크게 다른 점이 없다는 사실, "까레이스키"라는 드라마의 제목이나 A가 소설내용과 유사하다고 주장하는 부분들이 저작권 보호의 대상이 되지 않거나 A의 소설 출간 이전에 예정된 줄거리라는 점 등 전체적으로 볼 때 드라마 "까레이스키"는 A의 소설 "톈산산맥"과는 완연히 그 예술성과 창작성을 달리하는 별개의 작품이라고 할 수 있다. 따라서 두 작품이 실질적으로 동일하다거나 종속적인 관계에 있음을 인정하기 어려우므로 드라마 "까레이스키"가 소설 "톈산산맥"의 저작권을 침해했다고 인정되지 않는다.

3. 판례 분석

이번 판례에서는 먼저 드라마가 소설의 저작권을 침해했다고 보기 위해서는 첫째 주관적 요건으로, 드라마 "까레이스키"가 소설 "텐산산맥"에 의거해서 작성되어야 하고, 둘째 객관적 요건으로, 드라마와 소설 사이에 실질적 유사성이 있어야 한다는 점을 전제하고 있다. 그리하여 만약 두 저작물 사이에 의거관계가 존재하지 않으면 실질적 유사성이 있더라도 이는 단순한 우연의 일치이거나 공통의 소재를 이용하는 데에서 오는 결과일 뿐이고, 반대로 두 저작물 사이에 의거관계가 인정되더라도 단순히 암시나 힌트를 받았을 뿐이고 두 작품 사이에 실질적 유사성(동일성)이 없으면 별개의 독립저작물로서 저작권 침해의 문제는 일어나지 않는다고 보았다.

특히 실질적 유사성과 관련하여 드라마가 소설과 실질적 유사성이 있다는 것은 드라마가 소설을 복제하여 두 저작물 사이에 동일성 혹은 종속성이 있다는 것을 의미하되, 이는 A의 소설 중 창작성이 있는 부분만을 비교대상으로 평가해야 한다고 판시했다. 그러므로 객관적 사실이나 역사적 사실 등과 같이 비창작적인 부분은 B의 드라마가 A의 소설을 그대로 베낀 것이 아닌 한 실질적 유사성의 판단대상이 되지 않으며, 또한 창작성이 있는 부분이라도 저작물의 본질적 속성에 비추어 창작성이 너무 낮은 경우라면 저작권 침해를 인정할 수 없다고 하였다.

결국 이번 판례는 저작권의 보호대상은 학문과 예술에 관해 사람의 정신적 노력에 의해 얻어진 사상 또는 감정을 말이나 문자, 음, 색 등으로 구체적으로 표현한 창작적인 표현형식이라는 점, 그리고 표현되어 있는 내용, 즉 아이디어나 이론 등의 사상 및 감정 그 자체는 설사 그것이 독창성, 신규성이 있다 하더라도 원칙적으로 저작권 보호대상이 되지 않는다는 점, 그러므로 저작권의 침해 여부를 가리기 위해 두 저작물 사이에 실질적인 유사성이 있는가를 판단함에 있어서도 창작적인 표현형식에 해당하는 것만 가지고 대비해야 한다는 점을 확인해 주었다. 그리하여 소설 등에 있어서 추상적인 인물의 유형 혹은 어떤 주제를 다루는 데 있어서 전형적으로 수반되는 사건이나 배경 등은 아이디어의 영역에 속하는 것들로서 저작권법에 의한 보호를 받을 수 없다는 점을 다시 한번 강조하고 있다.

에필로그 _ 매스 미디어와 저작권의 상생을 위한 제언

이미 내용에서도 확인된 것처럼 '저작권분쟁사례연구'라는 시리즈의 첫 번째 결과물로 선보이는 『매스 미디어와 저작권』은 그 출간목적을 달성하기 위해 관련문헌 및 자료분석 중심으로 완성되었다. 그러나 저작권 침해에 관한 죄가 친고죄로 규정되어 있고, 민사상 분쟁 역시 최종적인 판결보다는 이면합의에 의해 종결되는 경우가 많기 때문에 실증자료로서의 판례나 사례가 풍부하게 제시되지 못함으로써 구체적인 문제점의 도출과 대응방안을 모색함에 있어서 어려움을 겪을 수밖에 없었다. 따라서 향후 연구자들은 이론적 토대에서 한 걸음 더 나아가 실증자료의 발굴 및 현장자료 수집에 좀더 관심을 기울여야 하며, 저작권 관련정보의 집대성을 위한 관련기관의 노력과 협조가 있어야 할 것이다.

부족하나마 지금까지 살펴본 대로 현행 저작권법의 규정만으로는 첨단매체의 실용화 양상에 효율적으로 대처할 수 없으므로 향후 전개될 법 개정 논의에서는 미래지향적인 대책이 강구되어야 할 것으로 보인다. 여기서는 이와 관련하여 반드시 개선되어야 할 문제점들을 다시 한 번 강조하고자 한다.

첫째, 저작물의 성격 규정 및 정의에 관한 내용을 재검토할 필요가 있다.

현행 저작권법 제4조 제1항에 따르면 저작물을 예시함에 있어 모두 9가지를 열거하고 있지만, 이것만으로는 애매한 부분이 많으므로 복합적인 매체의 성격이 다분한 멀티미디어 저작물에 대한 별도의 규정이 필요하다.

둘째, 출판권설정제도와 전자출판물의 관계를 명백히 규정할 필요가 있다.

저작권법에서 규정한 출판에 관한 정의 및 출판권설정제도만으로는 엄연히 출판의 한 분야로 인식할 수밖에 없는 전자출판물에 대해 이를 원용할 수 없다. 아울러 종이책으로 대표되는 출판물과 마찬가지로 전자책이라 불리는 전자출판물도 같은 유형물, 즉 출판물로 보아 세제 감면 혜택은 물론 도서 분류에 포함시켜야 하며, 이를 다른 저작물, 예컨대 영상저작물 등과 달리 도서로 판별하고 국제표준도서번호(ISBN)를 부여할 독립적인 기관의 설립을 추진하거나 기존의 창구로 흡수시켜야 할 것이다.

셋째, 영상저작물의 특례규정과 멀티미디어 저작물의 관계를 별도로 규정할 필요가 있다.

현행 저작권법에 따르면 영상저작물의 경우 그 제작과정에 기여하는 수많은 창작자들에게 일일이 저작권을 부여하기 어렵다는 현실적 이유를 고려해서 영상저작물의 제작에 자본을 투자한 제작자에게 모든 이용권을 부여하는 방식으로 규정하고 있다. 따라서 이 같은 규정이 멀티미디어 저작물에도 합당한지의 여부를 면밀히 검토해야 할 것이다. 왜냐하면 원저작자는 물론 새로운 창작자와 이를 멀티미디어 저작물로 유형화하는 데 있어서 절대적으로 기여한 컴퓨터프로그래머 등 기여자들에 대한 권리부여가 영상저작물과는 매우 다른 양상을 보이기 때문이다. 그러므로 별도의 멀티미디어 저작물에 관한 특례규정을 검토해 볼 필요가 있다.

넷째, 이용자들의 입장에서 저작권 침해사유 혹은 면책사유를 분명히 규정할 필요가 있다.

일반적인 저작물을 이용하는 방법과는 본질적으로 다를 수밖에 없는 온라인 저작물의 이용형태에 맞추어 사적 이용의 범주 및 복제, 배포에 따른 이용허락의 내용을 분명히 밝혀야 할 것이다. 그렇게 하지 않는다면 정상적인 관행이라는 이용자들의 항변과 고유의 저작권 침해라는 저작권자들의 항변이 마찰을 일으킬 가능성이 매우 높다. 따라서 '온라인 저작물의 이용에 관한 특례' 조항을 신설하여 합리적인 이용관계를 도모할 수 있도록 진지한 검토과정이 있어야 할 것이다.

다섯째, 전문인력의 양성에 심혈을 기울여야 한다.

전문인력의 부족으로 인해 법 개정은 물론 정책의 결정 및 반영, 그리고 적용에 있어서 저작권자는 물론 이용자들 사이에도 오해를 불러일으킬 수 있으므로 지금부터라도 전문인력 양성에 필요한 노력을 기울여야 할 것이다. 즉, 저작권 관련 실무전문인력 양성을 위한 업계와 정책당국의 적극적인 양성기관 설립이 추진되어야 하며, 대학의 학부와 대학원에 전공학과를 개설하는 것도 적극 고려할 만한 사안이라고 생각된다. 아울러 저작권법의 연구와 적용이 학자 중심의 강학적인 성격을 띰으로써 실제로 매체 관련 업무에 종사하는 실무자들의 정서와 상당한 차이를 보인다는 문제점도 개선되어야 한다. 그러므로 저작권법에 대한 총체적인 이해를 도울 수 있는 프로그램을 개발하여 학자들과 실무자들이 공동으로 참여하는 사례 중심의 연구가 활발하여져야 할 것이다.

여섯째, 저작권정보관리시스템을 적극 구축·활용해야 한다.

첨단 미디어의 등장에 따른 정보사회의 성숙과 더불어 다양한 저작물의 창작은 물론이고 그 수요 또한 급증하고 있으나 저작물 및 저작권 정보를 종합적으로 제공해 주는 창구가 없는 것이 우리 현실이다. 따라서 우수한 저작물이 사장되거나 새로운 창작에 대한 의욕이 저하됨으로써 문화와 멀티미디어 산업의 발전이 지체되고, 나아가 국가정보 인프라가 제대로 기능을 발휘하지 못하는 등의 폐단을 방지하기 위하여 종합적인 저작권정보관리시스템의 구축과 활용이 이루어져야 한다. 특히 저작권심의조정위원회에서 가동하고 있는 멀티미디어저작권 정보관리시스템은 저작권 정보, 즉 저작물 정보, 저작권 소재정보, 저작권 이용조건정보 등을 효율적으로 수집하고 제공함으로써 저작물의 창작과 이용, 그리고 유통에 기여하는 시스템으로 더욱 발전시켜 나가야 할 것이다.

일곱째, 업무의 효율적인 추진을 위해 저작권 문제를 통합 관장할 정부부처의 단일화 혹은 별도의 기구가 설립되어야 할 것이다.

창구 단일화 문제는 이미 오래 전부터 제기되어 온 것으로, 출판계만 하더라도 그동안 출판사 및 인쇄소 등록과 정기간행물 발행 등록은 관할구청 및 문화관광부에서, 컴퓨터프로그램은 정보통신부에서, 그것들의 유통은 산업자원부에서 관장하는 등 업무관장부서가 이리저리 얽힘으로써 같은 문화상품임에도 그 제작자들은 갈피를 잡지 못하는 경우가 많았다. 아울러 저작권심의조정위원회가 있어 저작권에 관한 각종 사항을 심의하고 분쟁을 조정하고 있지만 권한에 있어서 미약하다는 지적이 많았던 것이 사실이다. 따라서 남북한 저작물 교류 등을 포함해서 저작권 문제를 총체적으로 집중관리할 기구의 설립은 시급한 과제가 아닐 수 없다.

여덟째, 미디어정책심의기구의 상설화가 필요하다.

우리나라 미디어 정책의 결정과정상 파생되는 문제들의 근본원인은 정책 관련 주체들이 장기적인 안목에서 기본방향을 정립하지 못하고, 정치권력의 의지에 따라 근시안적인 미디어 정책을 수립, 추진해 온 데 있었다. 그렇다 보니 미디어 정책에 있어서 국제경쟁력을 강화하고 공적인 책임을 다하는 기본틀을 마련하지 못하고 단편적인 정책수립에 머물고 마는 결과를 초래했던 것이 사실이다. 따라서 관련 민간단체를 포함한 다양한 의견수렴의 기회를 제공하고, 장기적인 발전전략에 따라 정책이 결정될 수 있도록 투명한 미디어정책심의기구를 상설화해야 할 것이다.

참고문헌 및 자료

계승균, "저작권과 소유권", 〈계간 저작권〉 2004년 봄호

공보처, 『광고와 저작권 판례』(서울: 공보처, 1995)

곽동철, "전자도서(eBook) 유통과 도서관의 역할", 『도서관』, 55(2), 2000. 6.

권택영·최동호 편역, 『문학비평용어사전』(서울: 새문사, 1985)

김기태, 『출판저작권 현장연구』(서울: 타래, 1994)

김기태, "저작권보호와 국내 출판물 유통에 관한 연구", 경희대학교 신문방송대학원 석사학위 논문, 1994. 8.

김기태, "우리나라 인세지불방법의 문제점과 개선방향", 대한출판문화협회·한국출판연구소, 제15회 출판포
럼자료집, 『인세지불방법 이대로 좋은가』, 1998. 12. 17.

김기태, "광고의 저작물성과 저작권 침해요소에 관한 연구", 한국출판학회 편, 『'98출판학연구』 제40호(서울:
한국출판학회, 1998)

김기태, 『책―베스트셀러, 향기의 이름 혹은 악취의 이름』(서울: 도서출판 이채, 1999)

김기태, "뉴 미디어의 기술진전과 저작권 보호에 관한 연구", 경희대학교 대학원 신문방송학과 박사학위 논
문, 2000. 2.

김기태, 『저작권법의 해석과 적용(개정판)』(서울: 삼진기획, 2000)

김기태, "저작권법상 출판권의 문제점과 개선방향 전자책(e-book)이 안고 있는 문제점을 중심으로", 한국비
블리아학회 편, 『한국비블리아』(서울: 한국비블리아학회, 2001. 12.)

김기태, 『한국저작권법개설』(서울: 도서출판 이채, 2005)

김기태 외, 『전국 도서 무단복사 실태조사』(서울: 한국출판연구소, 1995)

김대호, 『멀티미디어 시대를 대비한 미디어 정책』(서울: 박영률출판사, 1996)

김문환, "새로운 매체와 저작권법의 적용", 〈계간 저작권〉 1993년 가을호

김진희, "초고속정보통신망과 저작권", 〈계간 저작권〉 1995년 봄호

김태훈, "저작권법 개정의 의의와 주요 내용", 〈출판문화〉 1999년 11월호

노병성, "멀티미디어 시대의 출판산업 발전방안", 〈출판연구〉 제7호(서울: 한국출판연구소, 1995)

문화관광부, 『저작권법 개정안 자료집』(서울: 문화관광부, 1999. 8.)

문화관광부, 『한국 전자책(eBook) 산업 발전방안 연구』(서울: 문화관광부, 2000. 12.)

박문석, 『멀티미디어와 현대저작권법』(서울: 지식산업사, 1997)

박성호, "카피레프트(Copyleft) 개념의 생성과 그 전개", 〈계간 저작권〉 2000년 여름호

박영길, "저작권에 있어서의 아이디어 보호", 〈계간 저작권〉 2003년 봄호

박익환, "편집저작물의 저작물성, '법조수첩' 사건", 〈계간 저작권〉 2004년 여름호

서달주, "회복저작물 이용의 유의사항", 〈저작권문화〉 2004년 6월호

성대훈, "국내 전자책(eBook) 서비스업체의 현황과 발전방안에 관한 연구", 중앙대학교 신문방송대학원 석
사학위 논문, 2000. 6.

송영식·이상정, 『저작권법개설』(서울: 화산문화, 1997)

송영식 · 이상정, 『저작권법개설(제3판)』(서울: 세창출판사, 2003)

안춘근, 『출판개론』(서울: 을유문화사, 1963)

양찬수, "민법의 관점에서 본 저작권법", 〈계간 저작권〉, 1988년 가을호

오경호, 『인쇄커뮤니케이션입문』(서울: 범우사, 1989)

오승종 · 이해완, 『저작권법』(서울: 박영사, 1999)

오승종 · 이해완, 『저작권법(제3판)』(서울: 박영사, 2004)

윤선영, "멀티미디어 저작물의 저작권 보호에 관한 연구", 중앙대학교 대학원 문헌정보학과 박사학위 논문, 1997. 6.

윤준수, 『인터넷과 커뮤니케이션 패러다임의 대전환』(서울: 커뮤니케이션북스, 1998)

이기수 · 안효질, "인터넷과 저작권", 〈계간 저작권〉 1999년 여름호

이상정, "디지털시대의 저작권법 개정방향에 관한 소고", 〈계간 저작권〉 1998년 봄호

이상정, "저작물의 보호범위", 〈계간 저작권〉 1999년 봄호

이상정, "데이터베이스제작자의 보호", 〈계간 저작권〉 2003년 가을호

이영록, "서비스 제공자의 저작권 침해 책임", 〈계간 저작권〉 1998년 가을호

이종국, "한국의 근대 인쇄출판문화 연구—신서적과 그 인쇄출판 인식을 중심으로", 사단법인 한국출판학회 편, 『인쇄출판문화의 기원과 발달에 관한 연구논문집』(청주: 청주고인쇄박물관, 1996)

이종국, 『한국의 교과서 출판 변천 연구』(서울: 일진사, 2001)

이진우, "전자거래와 저작권", 〈계간 저작권〉 1999년 봄호

이호흥, "북한저작물의 저작권 보호", 서울북인스티튜트 엮음, 출판저작권실무과정 교재(2005)

장인숙, 『저작권법원론』(서울: 보진재출판사, 1989)

저작권심의조정위원회, 『저작권용어해설』(서울: 저작권심의조정위원회, 1988)

저작권심의조정위원회, 『저작권표준용어집』(서울: 저작권심의조정위원회, 1993)

저작권심의조정위원회, 『한국 저작권 판례집1』~『한국 저작권 판례집5』

정상조, "정보통신의 발전과 저작권법적 문제점", 〈계간 저작권〉 1995년 봄호

전상조, "멀티미디어 관련법 제도의 문제점과 개선방안", 『한국저작권논문선집Ⅱ』(서울: 저작권심의조정위원회, 1995)

정진섭, "정보통신망의 발전과 저작권 환경의 변화", 〈계간 저작권〉 1995년 가을호

채명기, 『저작권법상 저작물 이용의 한계: 신기술과 관련하여』(서울: 저작권심의조정위원회, 1995)

최경수, 『멀티미디어와 저작권』(서울: 저작권심의조정위원회, 1995)

최경수, "저작권의 새로운 지평: 2003개정저작권법(상)", 〈계간 저작권〉 2003년 가을호

한병구, 『언론법제이론』(서울: 나남, 1987)

한승헌, 『저작권의 법제와 실무』(서울: 삼민사, 1988)

한승헌, 『정보화시대의 저작권』(서울: 나남, 1992)

허희성, 『신저작권법축조개설』(서울: 범우사, 1988)

허희성, 『신저작권법축조개설(개정판) 상, 하』(서울: 저작권아카데미, 2000)

허희성, "음악저작물의 창작성과 실질적 유사성", 〈계간 저작권〉 2004년 겨울호

황적인·최현호, 『저작물과 출판권』(서울: 사단법인 한국문예학술저작권협회, 1990)

美作太郎, 『著作權—出版の現場から』(東京: 出版ニュース社, 1984)

M. Ethan Katsh; 김유정 역, 『디지털시대의 법제이론』(서울: 나남출판, 1997)

Nicholas Negroponte; 백욱인 역, 『디지털이다』(서울: 커뮤니케이션북스, 1996)

Robert Escarpit, 김광현 역, 『정보와 커뮤니케이션』(서울: 민음사, 1996)

Stewart Brand, 김창현·전범수 역, 『미디어 랩』(서울: 한울, 1996)

Tim Congdon 외, 한동섭 역, 『교차미디어 혁명』(서울: 커뮤니케이션북스, 1998)

UNESCO 편, 백승길·박관희 역, 『저작권이란 무엇인가』(서울: 보성사, 1989)

W. Benjamin, 차봉희 역, 『현대사회와 예술』(서울: 문학과지성사, 1980)

Wilson P. Dizard, Jr., *Old Media, New Media: Mass Communications in the Information Age*(New York: Addison Wesley Longman Inc., 1997); 이민규 역, 『올드미디어 뉴미디어—정보화시대의 매스커뮤니케이션』(서울: 나남출판, 1997)

문화관광부 홈페이지(http://www.mct.go.kr)

저작권심의조정위원회 홈페이지(http://www.copyright.or.kr)

부록 _ 이용형태별 표준계약서 모델

1. 저작물단순전송허락계약서

이 '단순전송허락계약서'는 전송권자가 특정의 전자책 개발업체에 자신의 전송물로서의 작품을 독점적으로 이용하지 못하게 하거나, 전자책 개발업체에서 독점을 원하지 않고 다른 개발업체와 선의의 경쟁을 통해 전자책을 개발하고 출시하고자 할 때 적합한 모델이다. 즉, 이 모델을 활용할 경우 전송권자는 전자책 개발업체의 수에 관계없이 이용허락을 할 수 있고, 개발업체로서는 저작권료로서의 전송권 사용료를 상대적으로 적게 지불하면서도 전자책 제작에 따른 자체개발 노력에 치중하여 다른 업체와 경쟁할 수 있다는 이점을 가질 수 있다. 종이책과는 달리 멀티미디어 기능 또는 비디오 기능이 추가될 수 있다는 전자책의 장점에 비추어 전자책 개발에 관한 노하우가 상대적으로 뛰어나서 나름대로 기술적 경쟁우위에 있는 업체라면 단순전송허락만을 획득하여도 시장개척에는 큰 문제가 없을 것이다.

저작물명:

저작재산권자:

위 저작물을 이용함에 있어서 저작재산권자 _____을(를) '갑'이라 하고, 이용자 _____을(를) '을'이라 하여, 다음 사항을 약정한다.

제1조(단순허락) 갑은 을에게 위 저작물에 대한 현행 저작권법 제2조 9의2에서 규정하고 있는 '전송: 일반공중이 개별적으로 선택한 시간과 장소에서 수신하거나 이용할 수 있도록 저작물을 무선 또는 유선 통신의 방법에 의하여 송신하거나 이용에 제공하는 것을 말한다'의 방법으로 이용하는 것을 허락한다. 아울러 이 계약의 효력은 단순이용에만 미치며, 을은 이 계약을 이유로 독점적이거나 배타적인 권리 주장을 할 수 없다.

제2조(계약기간) 본 계약의 존속 기간은 제1조에 의한 방법으로 저작물이 맨 처음 현시된 때로부터 _____년으로 한다. 단, 을이 계약기간 만료 후 위 저작물을 같은 방법으로

계속 이용하고자 할 때에는 계약 종료 3개월 전에 그 뜻을 갑에게 알린 후 동의를 얻어야 한다.

제3조(비용의 부담) 본 계약에 의한 위 저작물의 창작에 관한 비용은 갑의 부담으로 하며, 전송에 소요되는 일체의 비용은 을의 부담으로 한다. 다만, 특별히 비용증가 요인이 발생할 경우에는 상호 협의하여 결정한다.

제4조(판매방법 및 이용료 등) ① 본 계약에 의한 저작물 전송에 따른 판매방법 및 이용료에 관한 사항은 갑과 을이 협의하여 결정하거나 갑이 을에게 위임할 수 있다.
② 을은 위 저작물의 이용 현황에 대하여 본 계약기간 동안 매 ____개월마다 갑에게 보고하고, 갑이 원할 경우 즉시 그 증빙자료를 갑에게 제시하여야 한다.

제5조(저작인격권의 존중) 을이 위 저작물의 제호나 형식, 내용 등을 변경하고자 할 때에는 갑의 동의를 받아야 한다. 특히 을이 저작물을 홍보 및 광고를 위하여 축약 형식으로 이용하고자 하는 경우에 을은 축약한 원고를 사전에 갑에게 제시하여 허락을 받은 후 현시 또는 전송하여야 한다.

제6조(계속전송의 의무) 을은 위 저작물을 계속 전송하여야 한다. 다만 전송을 중단하고자 할 때에는 미리 갑에게 그 뜻을 알려야 한다.

제7조(전송권사용료) ① 갑의 저작물을 웹사이트(메일서버를 포함한다)를 통해 파일로 판매할 경우, 을은 갑에게 파일로 판매되는 정가의 ____%를 전송권사용료로 지급한다. 기타 전송용 단말기 또는 타 컴퓨터회사의 제품에 제공되었을 경우에는, 을은 갑에게 총수입 금액의 ____%를 전송권사용료로 지급한다. 이때 전송권사용료는 선지급이

아닌 판매대금에 따른 후지급을 원칙으로 한다.

② 전송권사용료의 지급은 제2조에 의한 계약시점으로부터 1년에 ＿＿회(구체적 시점 명기) 판매내역을 정산, 그 익월 ＿＿일에 지급함을 원칙으로 한다. 다만 금액이 ＿＿＿＿＿＿원 미만일 경우에는 다음 회차에 합산하여 지급한다.

③ 을이 해당 저작물을 다른 유사 사이트 및 업체에 제공하여 파일로 판매할 경우에는, 이를 사전에 갑에게 통보하여야 한다. 이때 지급할 사용요율과 이용방법은 갑과 을이 본 계약에 준하여 협의 후 결정한다.

제8조(선급금 및 지불방법) ① 을은 계약과 동시에 ＿＿＿＿＿＿원을 갑에게 계약금으로 지급하며, 이는 제7조의 전송권사용료로 보아 이후의 지급 금액에서 공제한다.

② 계약금을 포함한 전송권사용료는 갑이 제시한 은행계좌로 송금하며, 이때 송금에 따른 수수료는 을이 부담한다.

제9조(불가항력) 천재지변이나 해킹 등 불가항력에 의한 재난으로 인하여 본 계약 이행이 지체되거나 불가능하게 되었을 경우에는 갑과 을이 협의하여 공평하게 처리한다.

제10조(분쟁해결) 본 계약과 관련된 분쟁이 발생할 경우 먼저 저작권심의조정위원회의 조정을 거쳐야 하며, 조정이 성립되지 않을 경우 제1심 법원은 갑(또는 을)의 관할 지방법원으로 한다.

제11조(저작권법 및 민법의 준용) 본 계약의 규정사항 이외의 것은 저작권법 및 민법의 규정에 따르기로 한다.

이 계약의 성립을 증명하기 위하여 갑과 을은 계약서 2통을 작성, 각각 서명 날인한 후,

각 1통씩을 보관한다.

_____년 _____월 _____일

저작권자(갑)

　주소:　　　　　　　　　　　　　　전화번호 :

　성명:　　　　　　　(인)　　　　　주민등록번호 :

이용권자(을)

　주소:　　　　　　　　　　　　　　전화번호:

　업체명:

　대표자 성명:　　　　(인)　　　　　주민등록번호:

2. 저작물독점전송허락계약서

이 계약서 모델은 전송권자가 특정의 업체에만 자신의 작품에 대한 독점전송을 허락하거나 특정의 전자책 개발업체가 전송권자로부터 특정의 작품에 대해 독점적인 이용을 원할 경우에 활용할 수 있다. 이 모델에 따라 계약을 체결한 후에는 전송권자는 같은 저작물을 제3자에게 전송하도록 허락할 수 없으며, 만일 제3자에게 이중으로 이용을 허락하였을 경우 채무 불이행에 따르는 손해를 배상할 의무를 지게 된다. 하지만 이 계약에 따라 독점전송을 허락받은 업체라고 하더라도 배타적인 이용허락까지 얻은 것은 아니므로 선의의 제3자, 즉 전송권자에 의해 이중으로 이용허락을 얻은 업체에 대해 대항력을 행사하여 일방적으로 전송중단 혹은 전송중단을 위한 가처분 신청 등을 제기할 수 없다. 만일 대항력을 행사하고자 한다면 설정출판권과 마찬가지로 설정행위가 수반되어야 하며, 저작권심의조정위원회에 전송권 독점이용허락 사실을 등록하여야 한다.

저작재산권자의 표시

성명: 주민등록번호:

주소: 전화번호:

저작물의 표시

제호: 부제:

종별:

위 저작물을 이용함에 있어 저작재산권자 _____을(를) '갑'이라 하고, 이용권자 _____을(를) '을'이라 하여, 다음과 같이 약정한다.

제1조(독점전송의 허락) ① 갑은 위 표시의 저작물(이하 '본 저작물'이라 한다)에 대하여 '전송'의 방법으로 이용하는 권리와 저작권법 제18조의2에 의한 '전송권'을 행사할 수

있는 권리를 을에게 부여한다.

② 을은 1항의 권리부여에 따라 본 저작물의 전송에 관한 독점적 권리를 가진다.

③ 갑은 본 계약의 유효기간 중에 본 저작물의 일부 또는 전부를 스스로 전송하거나 타인으로 하여금 전송하게 하여서는 아니된다.

제2조(용어의 정의) 본 계약에서 사용된 특정의 용어는 다음과 같이 정의한다.

1. **전송(傳送):** 일반공중이 개별적으로 선택한 시간과 장소에서 수신하거나 이용할 수 있도록 저작물을 무선 또는 유선통신의 방법에 의하여 송신하거나 이용에 제공하는 것을 말한다.

2. **독점전송:** 계약기간 중 오로지 을만이 전송의 방법으로 본 저작물을 이용할 수 있는 것을 말하며, 만일 갑이 고의 또는 과실로 본 저작물의 일부 또는 전부를 스스로 전송하거나 타인으로 하여금 전송하게 하였을 경우에는 을에 대하여 손해를 배상해야 하는 것을 포함한다. 다만, 선의의 제3자에 대한 배타적 권리까지 포함된 것으로 해석하여서는 아니된다.

3. **전송물:** 저작물이 컴퓨터 등 정보처리장치를 통하여 현시 또는 전송될 수 있도록 완성된 형태를 말한다.

4. **현시(現示):** 이용에 있어 유료 또는 무료 여부를 가리지 아니하고 정보처리장치(컴퓨터, 단말기, CD 등)의 특정 화면에 게시됨으로써 특정 또는 불특정의 이용자들이 열람될 수 있는 형태를 말한다.

5. **기술적 조치:** 전송물을 완성하는 과정에서 활용되는 기술적 사항을 포함하여 이용방법 및 형태에 따른 기술적 특성을 말한다.

6. **사이트(site):** 웹(web) 등과 같은 원격 정보 서비스를 제공하는 서버가 설치되어 있는 호스트 컴퓨터 시스템을 말한다.

7. **2차적 저작물:** 본 전송물을 토대로 번역·편곡·변형·각색·영상제작 그 밖의 방법으

로 작성되는 저작물을 말한다.

8. 편집저작물: 본 전송물의 일부 또는 전부를 정보처리장치(컴퓨터 등)를 이용하여 검색할 수 있는 데이터베이스 형태 또는 기타 편집물의 형태로 제작한 것을 말한다.

9. 출판: 본 전송물과 같은 내용으로 본 저작물을 인쇄 그 밖의 이와 유사한 방법으로 문서 또는 도화(圖畵)로 발행하는 것을 말한다.

제3조(전송권의 존속기간) 제1조에 의한 독점전송권은 저작물이 맨 처음 전송된 때로부터 ___년(또는 ___년 ___월 ___일)까지 을에게 존속한다.

제4조(원고인도와 전송기한) ① 갑은 ___년 ___월 ___일까지 본 저작물의 전송에 적합한 원고(원고, 원도, 원화, 사진 등을 포함)를 을에게 인도하여야 한다.

② 을은 제1항의 원고를 인도받은 날로부터 ___월 내에(또는 ___년 ___월 ___일까지) 전송의 방법으로 현시가능하게 조치하여야 한다.

③ 다만 부득이한 사정이 있을 때에는 갑·을이 협의하여 제1항 및 제2항의 기한을 변경할 수 있다.

제5조(저작물 내용상의 책임) 갑은 본 저작물의 내용이 타인의 권리를 침해함으로 말미암아 손해배상 등의 분쟁이 발생하였을 경우 및 을에게 손해를 끼쳤을 경우에는 그에 대한 일체의 책임을 진다.

제6조(비용의 부담) ① 본 저작물의 창작에 필요한 비용 및 원고인도비용은 갑의 부담으로 하고, 본 계약에 의한 전송물(이하 '본 전송물'이라 한다)의 제작, 전송 및 홍보에 따른 비용(그에 따른 제세공과금을 포함한다)은 을의 부담으로 한다. 다만, 특별히 비용증가 요인이 발생하는 경우에는 갑과 을이 협의하여 결정한다.

② 본 전송물 완성 후 원고의 대폭적인 수정으로 다시 제작하여야 할 경우에 그 추가 비용부담은 갑·을이 협의하여 결정한다.

제7조(저작인격권의 존중) 을이 본 저작물을 현시 또는 전송함에 있어 이용상황에 적합하도록 내용, 형식, 제호 등을 변경하거나 축약하고자 할 때에는 반드시 갑의 동의를 얻어야 한다.

제8조(교정의 책임) 본 저작물의 전송을 위한 교정은 갑이 실시하고 갑은 을에게 이에 대한 협력을 요청할 수 있다. 이를 위하여 을은 본 전송물 제작공정별로 갑이 교정하기에 적합하도록 교정자료를 제공하여야 한다. 이후 을의 고의 과실에 의한 잘못이 없는 한 본 전송물에 내용상 오류 등이 발생할 경우에는 갑이 일체의 책임을 진다.

제9조(기술적 조치에 대한 설명의 책임) 본 전송물을 제작함에 있어 이용형태 및 방법에 따른 기술적 조치 등 전문적인 사항에 대하여 을은 갑에게 충분히 설명하여야 하며, 갑의 요구가 있을 경우에는 추가설명의 기회를 반드시 제공하여야 한다.

제10조(2차적 저작물 등에의 제공) 본 전송물의 공표를 계기로 본 저작물이 저작권법 제5조에 의한 2차적 저작물 또는 저작권법 제6조에 의한 편집저작물, 저작권법 제54조에 의한 출판권 설정 및 기타 성질이 다른 형태로의 이용에 제공될 때에는 그 조건과 방법에 관하여 갑과 을이 협의하여 결정하며, 이로 인하여 발생하는 총 수입액은 갑 _____%, 을 ____%로 분할한다.

제11조(저작권의 표시 등) ① 을은 갑의 저작권 표시를 위하여 본 전송물에 필요한 조치를 취하여야 한다. 구체적인 방법 등에 대하여는 갑과 을이 협의하여 결정한다.

② 을은 본 전송물 이용현황을 매 ____개월마다 갑에게 통보하고, 갑의 확인요구가 있을 때에는 즉시 그 증빙자료를 갑에게 제시하여야 한다.

제12조(전송형태 변경통지의 의무 등) ① 을이 본 저작물을 그 형태 혹은 이용방법 등을 변경하여 다시 전송하고자 할 때에는 미리 갑에게 그 사실을 통지한 후 동의를 얻어야 한다.

② 제1항의 통지에 따라 갑으로부터 본 저작물 내용에 대한 수정증감 요구가 있을 때에는 을은 갑과 협의하여 이를 반영하여야 한다.

제13조(계속전송의 의무) 을은 본 계약기간 중 본 전송물을 계속하여 전송하여야 한다. 다만 부득이하게 전송을 중단하여야 할 경우에는 그 사유발생 즉시 갑에게 알려야 한다.

제14조(전송물의 개정 및 증보) 갑 또는 을이 본 전송물을 개정 또는 증보하고자 할 경우에는 그에 관한 조건을 다시 협의하여 결정한다.

제15조(전송방법, 판매방법, 이용료 등) ① 본 계약에 의한 저작물 전송에 따른 기술적 방법 및 판매방법, 이용료에 관한 사항은 갑과 을이 협의하여 결정한다.

② 본 저작물을 전송함에 있어 사이트(메일 서버를 포함한다)를 통해 파일로 판매할 경우 을은 갑에게 파일로 판매되는 정가의 ____%를 전송권사용료로 지급한다. 기타 전송용 단말기 또는 다른 정보처리업체의 제품에 제공되었을 경우에는 을은 갑에게 총수입 금액의 ____%를 전송권사용료로 지급한다. 또, 현시의 방법으로 판매할 경우에는 을은 갑에게 이용자로부터 받는 금액의 ____%를 전송권사용료로 지급한다. 이때 전송권사용료는 선지급이 아닌 판매대금에 따른 후지급을 원칙으로 한다.

③ 전송권사용료의 지급은 제2조에 의한 계약시점으로부터 1년에 ____회(또는 구체적 시점 명기) 판매내역을 정산, 그 익월 ____일에 지급함을 원칙으로 한다. 다만 금액이 _____원 미만일 경우에는 다음 회차에 합산하여 지급한다.

④ 을이 해당 저작물을 다른 유사 사이트 및 업체에 제공하여 파일로 판매할 경우에는, 이를 사전에 갑에게 통보하여야 한다. 이때 지급할 사용요율과 이용방법은 갑과 을이 본 계약에 준하여 협의 후 결정한다.

제16조(계약금 및 지급방법) ① 을은 계약과 동시에 _____원을 갑에게 계약금으로 지급하며, 이는 제15조의 전송권사용료로 보아 이후의 지급 금액에서 공제한다.

② 계약금을 포함하여 전송권사용료는 갑이 제시한 은행계좌로 송금하며, 이때 송금에 따른 수수료는 을이 부담한다.

제17조(저작재산권의 양도 등) ① 갑이 본 저작물의 저작재산권 또는 전송권의 전부 또는 일부를 제3자에게 양도하거나 이에 대하여 질권을 설정하고자 할 때에는 을로부터 문서에 의한 동의를 얻어야 한다.

② 을이 본 저작물의 전송권을 제3자에게 양도하거나 이에 대하여 질권을 설정하고자 할 때에는 갑으로부터 문서에 의한 동의를 얻어야 한다.

제18조(원고의 반환) 을은 본 저작물의 전송물 제작 종료와 동시에 당해 원고를 갑에게 반환한다.

제19조(전송물 매수의 청구) 본 계약 만료 후 또는 계약의 중도해지 후 갑이 제3자와 전송권이용허락계약을 맺고자 하는 경우 을은 갑에게 본 전송물 전체에 대한 매수를 청구할 수 있으며, 본 전송물 양도에 따른 조건은 제3자와 협의하여 결정한다.

제20조(계약내용의 변경) 갑 또는 을이 본 계약의 내용을 변경하고자 할 때는 쌍방이 협의하여 결정한다.

제21조(계약의 갱신) 본 계약은 계약기간 만료일 3개월 전까지 어느 한쪽에서 등기우편 방식으로 문서를 통하여 해제할 수 있으며, 그 통고가 없는 한 본 계약과 동일한 조건으로 _____년씩 자동 연장된다.

제22조(불가항력) 해킹을 당하거나 천재지변 등의 불가항력에 의한 재난으로 인하여 본 계약의 이행이 지체되거나 또는 불가능하게 된 경우에는 갑과 을이 협의하여 공평하게 처리한다.

제23조(계약의 위반) 갑 또는 을은 상대방이 본 계약에서 정한 사항을 위반하였을 때에는 서면으로 그 이행을 알리고, 그 후 _____일(또는 월)이 경과하여도 이를 이행하지 않을 경우에는 본 계약의 전부 또는 일부를 해제할 수 있으며, 그에 따른 손해배상을 청구할 수 있다.

제24조(분쟁의 해결) ① 본 계약과 관련한 분쟁이 발생하였을 경우 법원에의 제소에 앞서 갑과 을은 저작권심의조정위원회의 조정을 먼저 거쳐야 한다.
② 저작권심의조정위원회의 조정이 성립되지 않고, 어느 일방이 제소할 경우의 제1심 법원은 갑(또는 을)의 관할법원으로 한다.

제25조(저작권법 및 민법의 준용) 본 계약에 규정된 것 이외의 사항에 대한 해석은 현행 저작권법 및 민법의 규정에 따르기로 한다.

추가약정 사항(계약내용 변경사항):

본 계약을 증명하기 위하여 계약서 ____통을 작성하고 갑과 을(및 입회인)이 서명 날인한 다음 각 1통씩 보관한다.

_____년 _____월 _____일

저작권자(갑)

  주소: 전화번호:

  성명: (인)   주민등록번호:

전송권자(을)

  주소: 전화번호:

  업체명: 대표자 성명: (인)

  주민등록번호:

입회인

  주소: 전화번호:

  성명: (인)   주민등록번호:

3. 위탁저작물이용허락계약서

이 계약서 모델은 전송권자(저작재산권자)가 직접 전자책 개발업체와 계약을 체결하는 것이 아니라 전송권자로부터 권리행사에 따르는 위임을 받는 자, 즉 기존의 종이책에 대한 출판권을 가지고 있는 자가 전송권 이용허락을 받고자 하는 자와 계약을 체결하는 경우에 활용될 수 있다. 예컨대, '갑'이라는 저작자가 '을'이라는 출판사와 종이책에 대한 출판권 설정계약을 체결하면서 이후 전자책 등 새로운 형태의 디지털 출판물에 대한 이용허락계약을 출판사에 위임한다고 계약하였을 경우 출판권자는 저작재산권자로서의 전송권자인 갑의 위임에 따라 특정의 전자책 개발업체에게 임의로 해당 저작물의 전자책 개발을 승인할 수 있다. 전송권 신설 이전에 출판권을 설정한 출판사들 역시 기존 설정계약서를 보완하여 전송권 이용허락에 따르는 위임사항을 추가한다면 이미 종이책으로 제작되어 있는 모든 출판물에 대하여 이 계약서 모델에 기초한 전자책 개발업체들과의 계약을 추진할 수 있을 것이다.

저작물명:

저작권자명:

출판권자명:

위 저작물을 전송함에 있어서, 위 저작물이 게재된 도서(이하 '본 저작물'이라 한다)의 저작재산권자로부터 전송권을 위탁받아 관리하고 있는 _____을(를) '갑'이라 하고, 전송권이용자 _____을(를) '을'이라 하여, 다음 사항을 약정한다.

제1조(전송허락) 갑은 을에게 위 저작물이 게재된 도서의 내용을 그대로 반영하여 전송물로 제작, 이를 현행 저작권법 제2조 9의2에 규정된 '전송'의 방법으로 이용하는 것을 허락한다.

제2조(계약기간) 본 계약은 제1조의 방법으로 본 저작물이 최초 전송된 날로부터 ___년

동안(또는 ____년 ____월 ____일까지) 존속한다. 단, 을이 계약기간 만료 후 같은 조건으로 계속 전송하고자 할 때에는 계약 종료 3개월 전에 그 뜻을 문서로써 갑에게 알린 후 동의를 얻어야 한다.

제3조(전송비용의 부담) 본 저작물의 전송물 제작 및 전송에 소요되는 비용은 을이 부담한다.

제4조(전송방법, 판매방법, 이용료 등) ① 본 계약에 의한 저작물의 전송방법 및 판매방법, 이용료에 관한 사항은 을이 결정한다.
② 을은 위 저작물의 이용 현황에 대하여 본 계약기간 동안 매 ____개월마다 갑에게 보고하고, 갑이 원할 경우 즉시 그 증빙자료를 갑에게 제시하여야 한다.

제5조(저작인격권의 존중) 을이 본 저작물의 제호나 형식, 내용 등을 변경하고자 할 때에는 갑을 통하여 저작자의 동의를 받아야 한다. 특히 을이 저작물을 축약 형식으로 이용하고자 하는 경우에 을은 축약한 원고를 사전에 갑과 저작자에게 제시하여 허락을 받은 후 현시 또는 전송하여야 한다.

제6조(원본파일의 매수 청구) 을이 갑 소유의 본 저작물이 게재된 도서의 원고파일을 그대로 이용하고자 할 경우 갑은 을에게 본 저작물의 교정 및 편집에 따른 비용을 감안하여 원본파일의 매수를 청구할 수 있으며, 원본파일 양도에 따른 구체적인 금액 등에 관한 사항은 별도로 협의하여 결정한다.

〈이하 단순전송허락계약 또는 독점전송허락계약의 경우에 따라 앞의 계약서 내용을 참조하여 추가할 수 있음.〉

4. 저작재산권양도계약서

이 계약서는 새롭게 만들어진 것이 아니라 이미 업계에서 두루 이용되고 있는 것으로서, 전송권뿐만 아니라 일체의 저작재산권을 제3자에게 양도하는 경우에 활용할 수 있는 것이다. 따라서 자신의 저작물에 대한 저작재산권 일체를 제3자에게 양도하고자 하는 저작재산권자와 이를 양도받고자 하는 업체나 개인 사이에 활용될 수 있는 계약서이다. 하지만 저작인격권, 즉 '성명표시권'과 '동일성유지권'은 저작자 일신에 전속하는 권리로서 저작재산권 양도 이후에도 여전히 그 효력이 저작자에게 귀속되어 있으므로 저작재산권 양수인은 이 점을 각별히 유의하여야 한다.

저작자의 표시

주소: 전화번호:

성명: (인)   주민등록번호:

저작재산권자의 표시

주소: 전화번호:

성명: (인)   주민등록번호:

저작물의 표시

제호(책명):

부제: 종별:

저작물의 내용개요:

위 저작물의 저작권자 및 양도인 _____(이하 '갑'이라 한다)과(와) 양수인

_____(이하 '을'이라 한다)은(는) 다음과 같이 위 저작물에 대하여 저작재산권 양도 및 양수계약을 체결한다.

제1조(저작재산권의 양도) 갑은 위 저작물에 대한 저작재산권 전부와 위 저작물을 원저작물로 하는 2차적 저작물 또는 위 저작물을 구성부분으로 하는 편집저작물을 작성하여 이용할 권리 전부를 을에게 양도한다.

제2조(저작재산권의 이전 등록) 갑은 위 저작물에 대하여 저작재산권 이전등록을 할 수 있으며, 갑은 등록에 필요한 서류 등을 을에게 제공하는 등 이에 지체 없이 협력하여야 한다.

제3조(배타적 이용) 갑은 위 저작물의 제호 및 내용의 전부 또는 일부와 동일 또는 유사한 저작물을 제3자에게 이용하게 하거나 설정계약 등을 하여서는 아니된다.

제4조(저작재산권의 권리변동사항) 갑은 본 계약 이전에 위 저작물에 대하여 제3자에게 질권을 설정하였거나 저작재산권의 일부 또는 전부를 양도하였거나 이용허락을 한 사실이 있어서는 아니되며, 이로 인하여 손해가 발생하였을 경우 갑은 그 배상의 책임을 진다.

제5조(완전원고의 양도) 갑은 _____년 _____월 _____일까지 위 저작물의 공표를 위하여 필요한 원고 또는 이에 상당한 자료(이하 '완전원고'라 한다)를 을에게 인도하여야 한다.

제6조(저작물의 내용에 따른 책임) 위 저작물의 내용이 제3자의 권리를 침해하여 을 또는

제3자에 대하여 손해를 끼친 경우에는 갑이 그 책임을 진다.

제7조(저작인격권의 존중) 을은 위 저작물 저작자의 저작인격권을 존중하여야 한다. 만일 갑이 제공한 완전원고에 을이 손질을 가함으로써 저작인격권 침해로 인한 분쟁이 발생할 경우 을이 그 책임을 진다.

제8조(비용의 부담) 위 저작물의 저작에 필요한 비용은 갑이 부담한다.

제9조(저작재산권 양도료) ① 을은 갑에게 제1조에 의하여 위 저작물의 저작재산권 전부를 양도하는 대가로 일금 _____원을 지급한다.
② 저작재산권 양도의 대가는 추가약정이 없는 한, 갑으로부터 완전원고를 받은 때에 지급한다.

제10조(갑에 대한 증정 등) ① 을은 위 저작물에 대하여 종류가 다른 최초의 복제물 _____부를 갑에게 증정한다.
② 갑은 전 항을 초과하는 복제물이 필요한 경우 정가의 ____%에 해당하는 금액으로 을로부터 구입할 수 있다.

제11조(제3자에게의 저작재산권 등의 양도) ① 을은 제3자에게 위 저작물에 대한 저작재산권의 전부 또는 일부를 양도 또는 이용허락하거나 출판권을 설정하거나 또는 2차적 저작물작성권을 양도 또는 이용허락할 수 있다.
② 을은 제①항의 경우에 그 사실을 갑에게 통보하여야 한다.

제12조(원고의 반환) 갑과 을 사이에 추가약정이 없는 한, 위 저작물의 공표 후 을은 갑

에 대하여 원고반환의 의무를 지지 아니한다.

제13조(계약의 해석 및 보완) 본 계약서에 명시되어 있지 아니 하거나 해석상 이견이 있을 경우에는 저작권법, 민법 등을 준용하고 사회통념과 조리에 맞게 해결한다.

제14조(소송의 합의 관할) ① 본 계약과 관련한 분쟁이 발생하였을 경우에는 갑과 을은 제소에 앞서 저작권심의조정위원회의 조정을 받도록 한다.
② 갑과 을 사이에 제기되는 소송은 _____법원을 제1심 법원으로 한다.

추가약정 사항(계약내용 변경사항):

_____년 _____월 _____일

저작권자 및 양도인의 표시(갑)

  주소: 전화번호:

  직업: 성명: (인)

  저작재산권양도료 _____원을 정히 영수함 (인)

양수인(을)

  주소: 업체명:

  대표자 성명: (인)   주민등록번호:

입 회 인

  주소: 성명: (인)

5. 출판권설정계약서

저작권자의 표시

성명:

주소:

저작물의 표시

제호:

저작물의 개요:

위 저작물을 출판함에 있어서, 저작권자 _____을(를) '갑'이라 하고 출판권자 _____을(를) '을'이라 하여 다음과 같이 약정하고 신의와 성실로써 이 계약을 준수할 것임을 다짐합니다.

제1조(출판권의 설정) ① 갑은 을에 대하여 위에 표시된 저작물(이하 '위 저작물'이라 줄임)의 출판권을 설정하고 을은 위 저작물의 복제 및 배포에 관한 독점적인 권리를 가진다.

② 전 항의 출판권이라 함은 '출판및인쇄진흥법'에 의한 도서의 형태를 지닌 모든 저작물에 대한 권리를 말한다.

제2조(출판권의 등록) 을은 위 저작물에 대한 출판권 설정을 등록할 수 있으며 갑은 이에 지체 없이 협력하여야 한다.

제3조(배타적 이용) 갑은 본 계약 기간 중 위 저작물의 제호 및 내용의 전부 또는 일부와 동일 또는 유사한 저작물을 출판하거나 제3자로 하여금 출판하도록 할 수 없다.

제4조(출판권의 존속 기간) ① 위 저작물의 출판권은 계약일로부터 초판 발행일까지와 초판 발행 후 ＿＿년간 존속한다.
② 제22조에 의한 갱신의 경우, 전 항의 기간은 ＿＿년씩 자동 연장된다.

제5조(원고의 인도와 발행 기간) ① 갑은 ＿＿년 ＿＿월 ＿＿일까지 위 저작물의 출판을 위하여 필요하고도 완전한 원고 또는 이에 상당한 자료(이하 '완전 원고'라 줄임)를 을에게 인도하여야 한다.
② 을은 갑으로부터 완전 원고를 인도받은 날로부터 ＿＿개월 안에 위 저작물을 발행하여야 한다. 다만 부득이한 사정이 있을 때에는 갑과 협의하여 그 기일을 변경할 수 있다.

제6조(저작물의 내용에 따른 책임) 위 저작물의 내용이 제3자의 권리를 침해하여 을 또는 제3자에 대하여 손해를 끼칠 경우에는 갑이 민·형사상의 책임을 진다.

제7조(저작인격권의 존중) 을이 저작자의 명예나 성망을 해칠 우려가 있는 방법으로 위 저작물의 제호, 내용 또는 편집 순서 등을 바꾸고자 할 때는 반드시 갑의 동의를 얻어야 한다.

제8조(교정) 위 저작물의 교정에 관한 책임은 당사자간의 특약이 없는 한 갑에게 있다. 다만 갑은 을에게 교정에 대한 협력을 요청할 수 있다.

제9조(비용 부담) ① 위 저작물의 저작에 필요한 비용은 갑이 부담하고 제작, 홍보, 광고 및 판매에 따른 비용은 을이 부담한다.

② 갑의 요청에 따른 수정, 증감 등에 의하여 통상의 제작비를 현저히 초과한 경우에는 을은 그 초과액의 전부 또는 일부를 갑에게 청구할 수 있다.

제10조(저작권의 표시 등) ① 을은 위 저작물의 복제물에 적당한 방법으로 갑의 성명과 발행 연월일 등 저작권 표시를 하여야 한다.

② 갑과 을 사이에 추가 약정이 없는 한 검인지는 부착하지 아니한다.

③ 을은 위 저작물의 발행 부수를 매쇄마다 갑에게 통보하고 만일 갑의 확인 요구가 있을 때에는 이에 응하여야 한다.

제11조(장정, 부수, 정가 등) 위 저작물의 복제물의 체제, 장정, 정가, 발행 부수, 중쇄의 시기 및 홍보, 광고, 판매의 방법 등은 을이 결정한다. 다만 중쇄의 경우, 갑의 수정 증감 요구가 있을 때는 이에 응하여야 한다.

제12조(계속 출판의 의무) ① 을은 본 계약 기간 중 위 저작물을 계속해서 출판하여야 한다.

② 단 6개월 동안 월간 평균 판매량이 ____부 이하가 될 경우, 갑과 을이 협의하여 중쇄의 기간을 조정하거나 본 계약을 해제할 수 있다.

제13조(출판권 설정 대가) ① 을은 갑에게 정가의 ____%에 해당하는 금액에 발행(판매) 부수를 곱한 금액을 출판권 설정 대가(사용료)로 지급한다.

② 을은 ____개월에 한 번씩 발행(판매) 부수를 갑에게 통보하고 통보 후 30일 이내에 그 기간에 해당하는 출판권 설정 대가를 지급하여야 한다.

③ 갑은 납본, 증정, 신간 안내, 서평, 홍보 등을 위하여 제공되는 부수에 대하여는 출판권 설정 대가를 면제한다. 다만 그 부수는 매쇄 당 ___%를 초과할 수 없다.

제14조(선불금) ① 을은 본 계약과 동시에 선불금으로 _____원을 갑에게 지급한다.
② 을은 초판 제1쇄 발행시 지급할 출판권 설정 대가에서 전 항의 선불금을 공제한다.

제15조(갑에 대한 증정본 등) ① 을은 초판 발행시 ___부, 개정판 발행시 ___부를 갑에게 증정한다.
② 갑이 전 항의 부수를 초과하는 복제물이 필요한 경우 정가의 ___%에 해당하는 금액으로 을로부터 구입할 수 있다.

제16조(개정판, 증보판) 갑은 을의 사전 동의 없이 위 저작물의 개정판 또는 증보판을 발행하거나 제3자로 하여금 발행하도록 할 수 없다.

제17조(2차적 사용) 본 계약 기간 중에 위 저작물이 번역, 개작, 연극, 영화, 방송, 녹음, 녹화, CD 형태 등 2차적으로 사용될 경우에는 갑이 그에 관한 처리를 을에게 위임하고, 을은 구체적 조건에 대하여 갑과 협의, 결정한다.

제17조의2(2차적 저작물의 수출 허락) ① 갑은 을에 대하여 위에 표시된 저작물(이하 '위 저작물'이라 줄임)의 2차적 저작물에 의한 수출에 관한 모든 사항을 위임하고, 을은 위 2차적 저작물의 복제 및 배포에 관한 독점적인 권리를 가진다.
② 전 항의 '2차적 저작물'이라 함은 약정된 언어에 의한 번역 저작물로서 (출판및인쇄진흥법에 의한) 도서의 형태를 지닌 모든 저작물을 말한다.

제17조의3(독점적 이용) 갑은 본 계약 기간 중 위 저작물의 제호 및 내용의 전부 또는 일부와 동일 또는 유사한 저작물을 같은 언어로 직접 작성하여 수출하거나 제3자로 하여금 작성 및 수출하도록 허락할 수 없다.

제17조의4(2차적 사용료 등) 원저작물에 대한 2차적 저작물 사용료로서 을은 갑에게 총 수입액의 _____%를 본 계약일로부터 ____일 이내에 지급한다.

제18조(전집 또는 선집 등에의 수록) 본 계약 기간 중에 갑이 위 저작물을 자신의 전집이나 선집 등에 수록, 출판할 때는 미리 을의 동의를 얻어야 한다.

제19조(저작권, 출판권의 양도 등) ① 갑은 위 저작물의 저작권의 전부 또는 일부를 제3자에게 양도하거나 이에 대하여 질권을 설정하고자 하는 경우에는 을의 동의를 얻어야 한다.
② 을은 위 저작물의 출판권을 제3자에게 양도하거나 이에 대하여 질권을 설정하고자 하는 경우에는 갑의 동의를 얻어야 한다.

제20조(원고 반환) 갑과 을 사이에 추가 약정이 없는 한, 위 저작물의 출판 후 을은 원고 반환의 의무를 지지 아니한다.

제21조(계약 내용의 변경) 갑 또는 을이 본 계약의 내용을 변경하고자 할 때는 쌍방이 협의하여 결정한다.

제22조(계약의 갱신) 본 계약은 계약 기간 만료일 3개월 전까지 어느 한쪽에서 문서에 의한(우편 발송시 등기우편) 통고에 의하여 해제할 수 있다. 다만, 해당 기일의 도래에

대하여 을이 갑에게 통보할 책임을 지며, 이에 대하여 갑이 이의를 제기하지 않는 한 본 계약과 동일한 조건으로 ____년씩 자동 연장된다.

제23조(계약의 해제) 갑 또는 을이 본 계약에서 정한 사항을 위반하였을 경우 그 상대방 은 1주일(1개월) 이상의 기간을 정하여 그 이행을 최고한 후 본 계약을 해제할 수 있고, 또한 손해의 배상을 청구할 수 있다.

제24조(출판권 소멸 후의 배포) ① 출판권이 소멸한 후에도 을은 계약 기간 만료일 이전 에 발행된 도서의 재고품을 배포할 수 있다.
② 전 항의 경우, 제13조에 의한 출판권 설정 대가를 지급하여야 한다.

제25조(재해, 사고) 천재지변, 그 밖의 불가항력의 재난으로 갑 또는 을이 손해를 입거나 계약 이행이 지체 또는 불능하게 된 경우, 상호 협의하여 공평하게 처리한다.

제26조(계약의 해석 및 보완) 본 계약에 명시되어 있지 아니하거나 해석상 이견이 있을 경우에는 저작권법, 민법 등을 준용하고 사회 통념과 조리에 맞게 해결한다.

제27조(소송의 합의 관할) ① 본 계약과 관련한 분쟁이 발생할 경우 갑과 을은 제소에 앞 시 지작권심의조정위원회의 조정을 받두록 한다.
② 갑과 을 사이에 제기되는 소송은 _____법원을 제1심 법원으로 한다.

추가약정 사항:

본 계약을 증명하기 위하여 계약서 3통을 작성하여 갑, 을이 서명 날인한 다음 각 1통씩 보관하고, 나머지 1통은 출판권 설정등록용으로 사용한다.

_____년 _____월 _____일

저작권자의 표시(갑)

주소:

주민등록번호:

성명: (인)

선불금 _____원을 정히 영수함 (인)

출판권자의 표시(을)

주소:

출판사명:

대표자 성명: (인)

6. 출판권설정 및 전송이용허락계약서

이 계약서 모델은 불가피하에 하나의 계약서로 출판권설정과 함께 전송이용허락을 받고자 하는 이용자에게 유용한 것이다. 출판권의 개념과 전송권의 개념이 저작권법상 별개이기 때문에 한꺼번에 설정할 수 없어 출판권은 설정을 목적으로, 전송권은 이용허락을 목적으로 계약을 체결할 수밖에 없음을 이해하고 계약에 임해야 하겠다.

저작자의 표시

성명: 이명(필명):

주민등록번호: 주소:

전화번호:

저작물의 표시

제호(책명):

부제: 종별:

저작물의 내용:

위에 표시된 저작물(이하 '위 저작물'이라 한다)의 저작권자 _____을(를) '갑'이라 하고 _____을(를) '을'이라 하여 다음과 같이 약정하고 신의와 성실로써 이 계약을 준수할 것임을 다짐합니다.

제1조(위촉 및 수락) 을은 갑에게 위 저작물의 저작을 의뢰하고 갑은 이를 수락한다.

제2조(출판권의 설정 및 전송허락) ① 갑은 을에 대하여 위 저작물의 출판권 설정 및 전송(인터넷 온라인 또는 PC통신상의 게시, 컴퓨터 파일 형태를 통한 전송 혹은 배포, 전자서적의 발간 등과 관련하여 저작물을 이용하는 것, 기타 저작권법 제2조 제9호의 2에서 규정한 '전송'을 포함한다) 허락을 하고, 을은 위 저작물의 복제, 배포 및 전송에 관한 독점적인 권리를 가진다.

② 제1항의 출판권이라 함은 저작권법 제3장에서 정한 출판권을 지칭하는 것으로 문서 또는 도화(이하 '도서'라 한다)의 형태를 지닌 모든 저작물에 대한 권리를 말한다.

제3조(출판권의 등록) ① 갑은 을의 저작물에 관한 출판권 설정 등록에 협조하여야 한다.

② 제1항의 경우 갑은 을에게 을의 출판권 설정 등록을 위해 필요한 '출판권 설정 등록 승낙서', 기타 저작권법상의 등록과 관련한 일체의 서류를 작성·교부하여야 한다.

제4조(배타적 이용) 갑은 본 계약 기간 중 위 저작물의 제호 및 내용의 전부 또는 일부와 동일 또는 유사한 저작물을 출판·전송하거나 제3자로 하여금 출판·전송하도록 할 수 없다.

제5조(저작재산권의 보증) 갑은 위 저작물에 관한 완전하고 유일한 저작권자이며, 저작물에 관한 출판권 설정 등록 이전에 제3자에게 양도, 출판권 설정, 질권 설정 및 본 계약의 내용과 동일 또는 유사한 계약을 체결하지 않았음을 을에게 보증한다. 이를 위반하여 을에게 손해가 발생하였을 경우, 갑은 을에게 이에 따른 손해의 일체를 배상할 책임이 있다.

제6조(유효 기간) ①본 계약은 계약일로부터 초판 발행일 이후 ____년 동안 유효하다.

② 제24조에 의한 갱신의 경우, 제1항의 기간은 ____년씩 자동 연장된다.

제7조(원고의 인도와 발행 기간) ① 갑은 ____년 ____월 ____일까지 위 저작물의 출판에 적합한 원고 또는 이에 상당한 자료(이하 '완전 원고'라 한다)를 을에게 인도하여야 한다.

② 을은 갑이 인도한 원고가 위 저작물의 성질이나 그 이용의 목적 및 형태 등에 비추어 불완전하다고 판단할 때에는 이를 수정·보완할 것을 갑에게 요청할 수 있으며, 갑이 수정·보완이 필요하다고 인정하는 경우에는 원고를 수정·보완하여 재인도하여야 한다.

③ 을은 갑으로부터 완전 원고를 인도받은 날로부터 ____개월 안에 위 저작물을 발행하여야 한다. 다만 부득이한 사정이 있을 때에는 갑과 협의하여 그 기일을 변경할 수 있다.

제8조(저작물의 내용에 따른 책임) 갑은 위 저작물의 내용이 타인의 저작권이나 기타 권리를 침해하여 을 또는 제3자에게 손해를 끼칠 경우에는 이에 따른 책임을 진다.

제9조(저작인격권) ① 을은 저작자의 명예나 성망을 해칠 우려가 있는 방법으로 위 저작물의 제호, 내용 또는 편별을 변경하고자 할 때에는 갑의 동의를 얻는다. 다만 출판물의 성질, 대상 독자, 이용 목적 및 형태 등에 비추어 부득이하다고 인정되는 범위 안에서 위 저작물의 제호, 내용, 편별 등을 변경하여 이용할 수 있으며, 이에 대해 갑은 민·형사상의 일체의 권리 및 기타 저작인격권을 행사하지 않는다.

② 갑은 갑의 성명, 사진, 약력, 서명 등을 위 저작물과 이를 광고, 홍보하기 위한 각종 매체에 사용할 수 있음을 을에게 허락한다.

제10조(교정) 위 저작물의 교정에 관한 책임은 당사자간의 특약이 없는 한 갑에게 있다. 다만 갑은 을에게 교정에 대한 협력을 요청할 수 있다.

제11조(비용 부담) ① 위 저작물의 저작에 필요한 비용(자료비, 교통비, 숙식비, 취재비 등)과 원고 인도 비용은 갑이 부담하고, 제작·발행·선전·판매에 따른 비용(그에 따른 세금 포함)은 을이 부담한다.

② 갑의 요청에 따른 수정, 증감 등에 의하여 통상의 제작비를 현저히 초과한 경우에는 을은 그 초과액의 전부 또는 일부를 갑에게 청구할 수 있다.

제12조(저작권의 표시 등) ① 을은 위 저작물의 복제물에 적당한 방법으로 갑의 성명과 발행 연월일 등 저작권 표시를 하여야 한다.

② 제1항의 복제물상에 검인지의 부착은 생략한다. 다만 갑과 을의 개별약정에 따라 이와 달리 정할 수 있다.

③ 을은 위 저작물의 발행 부수를 매쇄마다 갑에게 통보하고 만일 갑의 확인 요구가 있을 때에는 이에 응하여야 한다.

제13조(장정, 부수, 정가 등) 위 저작물의 복제물의 체제, 장정, 정가, 발행 부수, 중쇄의 시기 및 선전, 판매의 방법 등은 을이 결정한다. 다만 중쇄의 경우, 갑의 수정 증감 요구가 있을 때는 이에 응하여야 한다.

제14조(계속 출판의 의무) ① 을은 본 계약 기간 중 위 저작물을 계속해서 출판하여야 한다.

② 단 6개월 동안 월간 평균 판매량이 _____부(_____질) 이하가 될 경우, 갑과 을이 협의하여 본 계약을 해지할 수 있다.

제15조(출판권 설정 및 전송허락의 대가) ① 을은 갑에게 정가의 ＿＿%에 해당하는 금액에 판매부수(또는 발행부수)를 곱한 금액을 출판권 설정의 대가(사용료)로 지급한다.

② 을은 ＿＿개월에 한 번씩 판매 부수를 갑에게 통보하고, 통보 후 ＿＿일(개월) 이내에 그 기간에 해당하는 출판권 설정 대가를 지급하여야 한다.

③ 갑은 납본, 증정, 신간 안내, 서평, 선전 등을 위하여 제공되는 부수에 대하여는 출판권 설정 대가를 면제한다. 다만 그 부수는 매쇄 당 ＿＿%를 초과할 수 없다.

④ 을이 위 저작물을 판촉물 등의 목적으로 조직판매(을의 회사 조직 내에서 부서간 혹은 본부간 판매)를 이용하여 판매할 경우에는 책의 인세를 정가의 ＿＿%로 하여 발행 부수를 곱한 금액을 갑에게 지급한다.

⑤ 위 저작물을 인터넷 온라인 또는 PC통신상의 게시, 컴퓨터 파일 형태를 통한 전송 혹은 배포, 기타 저작권법 제2조의 9호의 2에서 규정한 전송을 할 경우, 을은 갑에게 사전에 이 사실을 통지하고, 그 대가로 일금 ＿＿＿＿＿＿원(₩＿＿＿＿＿＿)을 통지 후 ＿＿일 이내에 현금으로 지급한다.

⑥ 위 저작물을 전자서적의 형태로 발간할 경우, 정가의 ＿＿%에 해당하는 금액에 판매 부수를 곱한 금액을 그 대가로 지급하며, 지급시기 및 방식은 출판권 설정 대가와 동일하다.

⑦ 을이 본조에서 정한 출판권 설정 대가, 전송 허락 대가 또는 제16조에서 정한 선급금을 갑에게 지급할 때에는, 각각 소득세와 주민세 등 법령에 따른 세액을 원천징수한 후 그 차액을 지급한다.

제16조(선급금) ① 을은 본 계약과 동시에 선급금으로 일금 ＿＿＿＿＿＿＿＿원(₩＿＿＿＿＿＿)을 지급한다.

② 을은 초판 제1쇄 발행시 지급할 출판권 설정 대가에서 제1항의 선급금을 공제한다.

제17조(갑에 대한 견본 전달 등) ① 을은 초판 발행 시 _____부 [_____질], 개정판 발행 시 _____부를 [_____질을] 갑에게 견본으로 전달한다.

② 갑이 제1항의 부수를 초과하는 복제물이 필요한 경우 정가의 _____%에 해당하는 금액으로 구입할 수 있다.

제18조(개정판, 증보판) ① 갑이 본 계약 기간 내에 위 저작물을 수정·증보한 경우에는 을은 당해 부분에 관한 본 계약상의 출판권 및 전송이용권을 갖는다.

② 갑은 을의 동의 없이 제1항의 수정·증보 부분을 포함한 위 저작물을 발행하도록 할 수 없다.

제19조(2차적 사용 등) ① 본 계약 기간 중에 위 저작물이 번역, 연극, 영화, 방송, 녹음, 녹화, 편집저작물, CD·DVD·기타 전자기록매체에 의한 저장 등 2차적으로 사용되거나 전송(인터넷 온라인 또는 PC통신상의 게시, 컴퓨터 파일 형태를 통한 전송 혹은 배포, 전자서적의 발간 등과 관련하여 저작물을 이용하는 것, 기타 저작권법 제2조 제9호의 2에서 규정한 '전송'을 포함한다)될 경우에는 갑은 그에 관한 처리를 을에게 위임하고, 을은 구체적 조건에 대하여 갑과 협의하여 결정한다.

② 을은 갑이 위 저작물의 일부를 위 출판물을 홍보하기 위한 각종 판촉장비(브로셔, 리플릿, 전단지 등)에 이용할 수 있음을 허락한다.

제20조(외국어판 저작권) 외국어판 저작권사용료는 실수령액을 기준으로 갑과 을이 반분하여 갖는다.

제21조(전집 또는 선집 등에의 수록) 본 계약 기간 중에 갑이 위 저작물을 자신의 전집이나 선집 등에 수록, 출판할 때는 미리 을의 동의를 얻어야 한다.

제22조(저작권, 출판권의 양도 등) ① 갑은 위 저작물의 저작권의 전부 또는 일부를 제3자에게 양도하거나 이에 대하여 질권을 설정하고자 하는 경우에는 을의 동의를 얻어야 한다.

② 을은 위 저작물의 출판권을 제3자에게 양도하거나 이에 대하여 질권을 설정하고자 하는 경우에는 갑의 동의를 얻어야 한다.

제23조(원고의 반환) 갑과 을 사이에 별도의 약정이 없는 한, 위 저작물의 출판 후 을은 원고 반환의 의무를 지지 아니한다.

제24조(계약의 갱신) 본 계약은 계약 기간 만료일 3개월 전까지 어느 한쪽에서 문서에 의한(우편 발송시 등기 우편) 통고에 의하여 해지할 수 있으며, 일방 당사자의 문서에 의한 갱신거절의 통지가 없는 한 본 계약과 동일한 조건으로 갱신된다. 다만 갱신 후 존속 기간에 관하여는 본 계약 제6조 제2항에 따른다.

제25조(출판권 소멸 후의 배포) ① 출판권이 소멸한 후에도 을은 이미 발행된 도서 등의 재고품을 배포할 수 있다.

② 제1항의 경우, 제15조에 의한 출판권 설정 대가를 지급하여야 한다.

제26조(재해, 사고) 천재지변, 통신망의 두절, 그 밖의 불가항력의 재난으로 갑 또는 을이 위 저작물과 관련하여 손해를 입거나 계약 이행이 지체 또는 불가능하게 되거나 계약 이행에 이익이 없을 경우 상호 협의하여 공평하게 처리한다.

제27조(계약의 해제, 변경, 해석) ① 갑 또는 을이 본 계약에서 정한 사항을 위반하였을 경우, 그 상대방은 서면으로 그 이행을 최고하고, 그 후 ___월이 경과하여도 이를 이행

하지 않을 경우에는 본 계약의 전부 또는 일부를 해제할 수 있으며, 그에 따른 위약금으로서 일금 _____원(₩ _____)을 지급하기로 한다. 단 위약금의 지급은 손해배상의 청구에 영향을 미치지 아니한다.

② 갑 또는 을이 본 계약의 내용을 변경하고자 할 때에는 쌍방이 협의하여 결정한다.

③ 본 계약에 명시되어 있지 않거나 해석상 이견이 있는 경우에는 당사자의 협의에 의하고, 협의가 이루어지지 않을 경우 을이 정하는 저작지침에 의하되, 저작지침에 이에 관하여 규율하는 바가 없을 때에는 저작권법 및 기타 관련 법령을 준용하고 사회 통념과 조리에 맞게 해결한다.

제28조(소송의 관할 합의) 본 계약과 관련하여 발생하는 권리의무에 관한 소송의 제1심 법원은 을의 사업장 소재를 관할하는 법원으로 하되, 먼저 저작권심의조정위원회의 조정절차를 거치기로 한다.

추가약정 사항(계약내용 변경사항):

본 계약을 증명하기 위하여 계약서 ___통을 작성하여 갑, 을이 서명 날인한 다음 각 1통씩 보관한다.

_____년 _____월 _____일

저작권자(갑)

주소: 전화번호:

주민등록번호: 직업:

성명: (인)

출판권자(을)

주소: 출판사명:

대표자명: (인)   사업자등록번호:

7. 번역계약서(출판권설정용)

번역자(2차적 저작권자)의 표시

성명:

주소:

원저작물 및 원저작권자의 표시

제호:

원저작권자:

저작물의 개요:

위 저작물을 한국어로 출판함에 있어 _____어로 쓰여진 원작을 한국어로 번역한 2차적 저작권자 _____을(를) '갑'이라 하고 출판권자 _____을(를) '을'이라 하여 다음과 같이 약정하고 신의와 성실로써 이 계약을 준수할 것임을 다짐합니다.

제1조(출판권의 설정) ① 갑은 을에 대하여 위에 표시된 저작물(이하 '위 저작물'이라 줄임)의 출판권을 설정하고 을은 위 저작물의 복제 및 배포에 관한 독점적인 권리를 가진다.

② 전 항의 출판권이라 함은 출판및인쇄진흥법에서 규정하고 있는 도서의 형태를 지닌 모든 저작물에 대한 권리를 말한다.

제2조(배타적 이용) 갑은 본 계약 기간 중 위 저작물의 제호 및 내용의 전부 또는 일부와

동일 또는 유사한 저작물을 출판하거나 제3자로 하여금 출판하도록 할 수 없다.

제3조(출판권의 존속기간) 위 저작물의 출판권은 계약일로부터 초판 발행일까지, 그리고 초판 발행 후 _____년간 을에게 존속하며, 이후의 계약 갱신에 대하여는 제16조의 규정을 따른다.

제4조(원고 인도와 발행 기한) 갑은 _____년 _____월 _____일까지 본 저작물의 출판에 적합한 최종 번역원고를 을에게 인도하고, 을은 최종 원고를 인도받은 날로부터 ____개월 이내에 위 저작물을 발행하여야 한다. 다만 부득이한 사정이 있을 때에는 갑과 을이 협의하여 그 기한을 변경할 수 있다.

제5조(저작물 내용에 따른 책임) 위 저작물의 내용이 제3자의 권리를 침해하여 을 또는 제3자에 대하여 손해를 끼칠 경우에는 갑이 민·형사상의 책임을 진다.

제6조(저작인격권의 존중) 을이 번역자의 명예나 성망을 해칠 우려가 있는 방법으로 위 저작물의 제호, 내용 또는 편집 순서 등을 바꾸고자 할 때는 반드시 갑의 동의를 얻어야 한다.

제7조(비용 부담) 위 저작물의 번역에 필요한 비용은 갑이 부담하고, 제작 및 홍보, 판매 등에 따른 비용은 을이 부담한다.

제8조(저작권 표시 등) 을은 위 저작물의 복제물에 적당한 방법으로 갑의 이름과 발행년월일 등 저작권 표시를 하고, 홍보를 목적으로 을의 성명, 사진, 경력 등을 사용할 수 있다.

제9조(장정, 부수, 정가 등) 위 저작물의 복제물의 체제, 장정, 정가, 발행 부수, 중쇄의 시기 및 홍보, 광고, 판매의 방법 등은 을이 결정한다. 다만 내용의 수정, 보완이 필요한 경우 갑과 을이 협의하여 결정한다.

제10조(출판권 설정 대가, 지불방법 및 시기 등) ① 을은 갑에게 위 저작물 정가의 ___%를 인세로 지급하기로 하며, 계약과 동시에 선불금 _____원을 지급한다.

② 을은 위 저작물의 발행시 증정분, 홍보용 및 파본 등에 대한 여분으로 초판분에 한해 제작량의 10%를 추가 제작하도록 한다. 중쇄시부터는 기본 제작 부수만 제작하기로 한다.

③ 을은 판을 거듭할 때마다 제작 부수를 반드시 갑에게 알리고, 갑의 확인과 승인하에 제작에 들어가도록 한다.

④ 을은 중쇄시 또는 이후에라도 갑이 발행 부수 등에 따른 확인을 요구할 경우 이에 성실하게 응하도록 한다.

⑤ 을은 중쇄시부터 후인세를 지불하기로 한다(예를 들면 2쇄분 인세는 3쇄 입고시 지급한다. 3쇄 이후의 인세 지급도 같은 방법으로 한다).

⑥ 을은 위 저작물의 초판 발행시 갑에게 10부를 기증하기로 한다.

제11조(갑의 출판물 직접 구입) 갑은 정가의 ____%에 해당하는 금액으로 출판물을 을로부터 구입할 수 있다.

제12조(개정판, 증보판) 갑과 을은 사전 동의 없이 위 저작물의 개정판 또는 증보판을 발행하거나 제3자로 하여금 발행하도록 할 수 없다.

제13조(2차적 저작권, 출판권의 양도 등) ① 갑은 위 저작물의 전부 또는 일부를 제3자에게 양도하거나 이에 대하여 질권을 설정하고자 하는 경우에는 을의 동의를 얻어야 한다.

② 을은 위 저작물의 출판권을 제3자에게 양도하거나 이에 대하여 질권을 설정하고자 하는 경우에는 갑의 동의를 얻어야 한다.

제14조(원고 반환) 갑과 을 사이에 추가 약정이 없는 한, 위 저작물의 출판 후 을은 원고 반환의 의무를 지지 않는다.

제15조(계약 내용의 변경) 갑 또는 을이 본 계약의 내용을 변경하고자 할 때는 쌍방이 협의하여 결정한다.

제16조(계약의 갱신) 본 계약은 계약 기간 만료일 3개월 전까지 어느 한쪽에서 문서에 의한(우편 발송시 등기우편) 통고에 의하여 해제할 수 있다. 다만, 해당 기일의 도래에 대하여 을이 갑에게 통보할 책임을 지며, 이에 대하여 갑이 이의를 제기하지 않는 한 본 계약과 동일한 조건으로 5년씩 자동 연장된다.

제17조(계약의 해제) 갑 또는 을이 본 계약에서 정한 사항을 위반하였을 경우 그 상대방은 1주일(또는 1개월) 이상의 기간을 징하여 그 이행을 최고한 후 본 계약을 해제할 수 있고, 또한 손해 배상을 청구할 수 있다.

제18조(출판권 소멸 후의 배포) ① 출판권이 소멸한 후에도 을은 계약 기간 만료일 이전에 발행된 도서의 재고품을 배포할 수 있다.

② 전 항의 경우, 제10조에 의한 출판권 설정 대가를 지급하여야 한다.

제19조(재해, 사고) 천재지변, 그 밖의 불가항력의 재난으로 갑 또는 을이 손해를 입거나 계약 이행이 지체 또는 불능하게 된 경우, 상호 협의하여 공평하게 처리한다.

제20조(계약의 해석 및 보완) 본 계약에 명시되어 있지 않거나 해석상 이견이 있을 경우에는 저작권법, 민법 등을 준용하고 사회 통념과 조리에 맞게 해결한다.

제21조(소송의 관할) 본 계약과 관련한 분쟁이 발생할 경우 갑과 을은 제소에 앞서 저작권심의조정위원회의 조정을 받도록 하되, 부득이하게 갑과 을 사이에 제기되는 소송은 을의 소재지를 관할하는 법원을 제1심 법원으로 한다.

추가약정 사항:

본 계약을 증명하기 위하여 계약서 3통을 작성하여 갑, 을이 서명 날인한 다음 각 1통씩 보관하고, 나머지 1통은 출판권 설정 등록용으로 사용한다.

_____년 _____월 _____일

번역자(2차적 저작권자)의 표시(갑)

　　주소:

　　주민등록번호:

　　계좌번호: _____은행 _____ 예금주:

　　전화번호:

　　전자우편:

　　성명:　　　　　　　　　　　　　(인)

출판권자의 표시(을)

　주소:

　출판사명:

　대표자 성명:　　　　　　　　　　　　　　　(인)

8. 번역계약서(저작재산권양도용)

번역자(2차적 저작권자)의 표시

성명:

주소:

원저작물 및 원저작권자의 표시

제호:

원저작권자:

저작물의 개요:

위 저작물을 한국어로(또는 외국어로) 번역함에 있어 출판권자 _____을(를) '갑'
이라 하고 번역자 _____을(를) '을'이라 하여 다음과 같이 재약정하고 신의와 성
실로써 이 계약을 준수할 것임을 다짐합니다.

제1조(번역의 완료) ① 을은 갑과의 긴밀한 협의 아래 위 목적물에 대하여 _____년
_____월 _____일까지 초역을 완료하여야 한다.

② 을은 _____년 _____월 _____일까지 초역에 대한 감수 및 교열·교정을 완료하여
야 한다. 다만, 부득이하게 기일이 늦어지는 경우에 을은 갑에게 미리 알리고 양해를
구하여야 한다.

제2조(저작재산권의 양도) 목적물의 번역에 의한 2차적 저작물에 대한 일체의 저작재산권은 그것을 원저작물로 하는 2차적 저작물 및 편집저작물의 작성권을 포함하여 계약과 동시에 갑에게 양도·귀속된다. 을은 갑이 저작재산권 양도등록을 위해 필요한 사항에 대하여 협조를 요청할 경우 이에 지체없이 응하여야 한다.

제3조(저작인격권의 존중 및 예외) 갑이 을의 명예나 성망을 해칠 우려가 있는 방법으로 위 저작물의 제호, 내용 또는 편집 순서 등을 바꾸고자 할 때는 반드시 을의 동의를 얻어야 한다. 다만, 갑은 목적물에 을과 을이 지정하는 감수자의 이름을 번역자로 밝히기로 하고, 목적물의 홍보 및 광고를 위하여 을과 을이 지정하는 감수자의 이름과 경력, 얼굴 사진 등을 사용할 수 있다.

제4조(저작재산권 양도료) ① 갑은 을에게 목적물에 대한 번역료 및 저작재산권 양도의 대가로 A4 용지 1장 당 _____원을 지급한다.
② 지급 방식은 최초 계약과 동시에 _____원, 초역 완료 후 _____원, 교정 및 교열 완료 후 잔액은 별도 지정된 은행 계좌에 입금하기로 한다.
③ 전항의 규정에 의한 저작권사용료를 받을 계좌는 _____은행, _____ (예금주: _____)로 정한다.

제5조(계약의 해석 및 보완) 본 계약에 명시되어 있지 아니하거나 해석상 이견이 있을 경우에는 저작권법, 민법 등을 준용하고 사회 통념과 조리에 맞게 해결하되, 최종적으로는 저작권심의조정위원회의 조정 내용에 따르기로 한다.

추가약정 사항:

본 계약의 내용이 틀림없음을 확인합니다.

_____년 _____월 _____일

출판권자/저작재산권 양수자(갑)

　업체명:

　주소:

　대표자:　　　　　　　(인)

번역자/저작재산권 양도자(을)

　성명:　　　　　　　(인)

　주민등록번호:

　주소:

9. 애니메이션화허락계약서

애니메이션제작자 _____을(를) '갑'이라 하고 저작권자(또는 저작권 대리인) _____을(를) '을'이라 하여 다음과 같이 약정하고 신의와 성실로써 이 계약을 준수할 것임을 다짐합니다.

제1조(계약의 목적) 이 계약의 목적은 제2조에 명시된 원작(이히 '본 건 원작')의 애니메이션화와 관련한 '갑', '을' 사이의 권리와 의무를 정함에 있다.

제2조(계약의 대상) 이 계약의 대상이 되는 원작의 제목과 권리 내용은 다음과 같다.
제목:
저작권자: 글 _____ / 그림 _____
출판권자:

제3조(갑의 의무) ① '갑'은 본 건 계약 체결일로부터 _____일 이내에 본 건 원작의 애니메이션화에 대한 원작료로 금 _____원(부가세 포함)을 '을'에게 지급한다.
② 인센티브: 본 건 원작을 원저작물로 하여 제작된 애니메이션의 극장상영, 비디오 및 DVD 출시, 공중파TV, 케이블TV, 위성방송의 방영, 해외 수출, 포상금(영화제 수상 등) 및 제작백서 발간 등으로 인한 매출액에서 제작비, 홍보비, 배급비 등 관련 비용을 공제하고 순이익이 발생할 경우, '갑'은 '을'에게 순이익 중 _____%를 지급한다. 지급방법 및 시기에 대해서는 애니메이션 제작이 완료가 되는 시점에서 별도로 협의한다.
③ '갑'이 '을'에게 지급할 원작료는 다음의 계좌로 입금한다.

- 은행: - 예금주: - 계좌번호:

④ 크레딧: '갑'은 본 건 원작을 원저작물로 하여 제작된 애니메이션에 아래와 같이 크레딧을 명기하여야 한다. 크레딧의 크기, 위치, 표시방법은 상호간의 합의와 관례에 따른다.

---

⑤ 저작인격권 관련사항: '갑'은 제4조 1항의 규정에도 불구하고 본 건 원작에 대한 현저한 각색으로 인하여 '을'의 저작인격권이 침해받지 않도록 주의하여야 하며, '을'의 요구에 따라 시나리오 각색의 범위와 내용을 공개하여야 한다.

⑥ 완성작품 관련사항: 원작 훼손에 대한 방지 차원으로 작품이 완성되기 이전에 '갑'은 '을'에게 해당 제작단계에 따르는 내용을 공개하도록 한다. 제작 내용의 공개는 시나리오 완성, 미술설정, 콘티, 인형 및 세트 제작, 영상 가편집 등 작품 제작의 주요 단계에 해당하는 시점에 실행한다.

제4조(을의 의무) ① '을'은 '갑'에 대하여 본 건 원작의 애니메이션화를 허락한다. 또한 '을'은 본 건 원작의 애니메이션화 과정에서 스토리, 캐릭터 등 본 건 원작의 일정한 요소가 각색됨을 인지하고 이를 허락한다.

② '을'은 본 건 원작의 애니메이션화 과정에서 '갑'이 진행하는 전시회, 제작발표회, 제작백서 발간 등을 허락하고 이에 협조한다.

③ '을'은 계약기간 중 본 건 원작의 애니메이션화를 제3자에게 허락하여서는 아니 된다.

④ '을'은 본 건 원작의 정당한 저작권자이며, 본 건 원작이 타인의 저작권 기타 지적재산권, 명예, 프라이버시 및 대한민국 법령에 위배되지 않음을 보증한다.

제5조(권리의 귀속) ① '갑'은 본 건 원작을 원저작물로 애니메이션화한 2차적 저작물의

극장상영, 비디오 및 DVD 출시, 공중파TV·케이블TV·위성방송의 방영, 인터넷 상영, 제작백서의 출판, 캐릭터의 사용 등 본 건 원작을 애니메이션화한 영상물로부터 발생하는 지적 재산권의 권리자가 된다.

② '갑'은 본 건 원작을 원저작물로 하여 제작된 애니메이션의 상영, 방송, 홍보, 배급 등을 위하여 '을'의 이름, 초상, 자전적 자료 등을 사용할 수 있다. 다만 '을'이 특별히 거절의 의사를 표시하면 '갑'은 이를 사용할 수 없다.

제6조(계약 해제) ① '갑'은 천재지변, 전쟁, 기타 불가항력적인 여건으로 인하여 본 건 계약의 목적을 달성할 수 없는 경우에 계약을 해제할 수 있다. 이 경우에 '을'은 지급받은 원작료를 반환한다.

② '을'은 '갑'이 본 계약에 따른 원작료를 지급하지 아니하는 경우에는 계약의 해제를 서면으로 고지할 수 있고, 계약 해제의 고지 후 ___일이 경과하여도 원작료를 지급하지 아니하는 경우에 '을'은 계약을 해제할 수 있다.

제7조(양도의 금지) '갑'은 '을'의 동의 없이 제3자에게 본 건 계약상의 권리와 의무를 양도할 수 없다.

제8조(손해배상) ① '을'이 본 계약상의 의무를 이행하지 아니하는 경우에 '을'은 '갑'이 입은 손해를 배상하여야 한다.

② '갑'이 본 계약상의 의무를 이행하지 아니하는 경우에 '갑'은 '을'이 입은 손해를 배상하여야 한다.

제9조(계약기간) 이 계약은 계약 체결일로부터 효력을 발생하며, 이후 ___년간 유효하다.

제10조(관할법원) 이 계약과 관련하여 발생하는 권리의무에 관한 소송의 제1심 법원은 을의 사업장 소재를 관할하는 법원으로 하되, 먼저 저작권심의조정위원회의 조정절차를 거치기로 한다.

제11조(미기재사항) 이 계약서에 명시되지 않은 사항에 대해서는 저작권법 등 관계법령을 우선 적용하고, 일반적인 관습, 한국 영화계의 관행 및 상호 간의 협의를 존중한다.

추가약정 사항:

이 계약의 내용을 증명하기 위해서 계약서를 2부 작성하여, '갑'과 '을'이 각자 서명 날인하고, 각각 1부씩 보관한다.

_____ 년 _____ 월 _____ 일

갑

　주소:　　　　　　　　　　　주민등록번호:

　성명:　　　　　(인)

을

　주소:　　　　　　　　　　　주민등록번호:

　성명:　　　　　(인)

10. 원작사용계약서(방송용)

원작명	
원작저작권자	본명: 필명:
갑이 제작할 프로그램명	
원작사용료	원
특약사항	

아래 "갑"(원작사용자)과 "을"(원작저작권자)은 표기의 내용과 이면의 계약사항에 동의하여 본 계약을 체결하고 이를 증명하기 위하여 계약서 2통을 작성, "갑"과 "을"이 각각 1통씩 보관한다.

_____년 _____월 _____일

갑(원작사용자)

업체명:

주소:

대표자 성명: _____ (인)

을(원저작권자 또는 대리인)

　주소:

　성명: ＿＿＿＿＿＿ (인)

계약사항

제1조(목적) 본 계약은 "갑"("갑"이 지정한 제3자를 포함한다. 이하 같다)이 표기의 원작 (이하 "원작"이라 한다)을 사용함에 있어 "갑"과 "을"이 이행해야 할 제반 사항을 정한 다.

제2조(원작의 사용 및 저작권 귀속) 1. "갑"은 원작을 다음 각 호의 방법으로 사용할 수 있 고 그 저작권은 "갑"에게 귀속된다.

① "원작"을 TV용 드라마(또는 애니메이션)로 영상화하여 표기의 프로그램(이하 "프로 그램"이라고 한다)으로 제작하는 것.

② "프로그램"을 국내외에서 지상파, 유선, 위성 등으로 방송하는 것.

③ "프로그램"을 비디오, CD-ROM, DVD 등으로 제작·복제·배포하는 것.

④ "프로그램"을 인터넷, PC통신, 휴대폰모바일서비스 등으로 전송하는 것.

⑤ "프로그램"을 상연하는 것.

⑥ "프로그램"의 자료를 이용하는 것.

2. "갑"은 본 계약의 체결로 제1항 각 호의 사용방법에 대한 포괄적인 허락을 받은 것으 로 보며, "갑"이 각 호의 방법으로 사용할 때마다 "을"의 허락을 개별적으로 받을 필요 는 없다.

3. 기타 "프로그램"을 원저작물로 하는 새로운 2차적 저작물을 만드는 문제는 "프로그

램" 방송 후 "갑"과 "을"이 상호 협의하여 정한다.

제3조(원작사용료 및 러닝로열티) 1. "갑"은 "을"에게 본 계약에 따른 원작의 사용과 이를 사용하여 제작한 프로그램을 "갑"이 활용하는 것에 대한 대가로 원작사용료 _____원을 지급한다.

2. 원작사용료는 계약체결 후 _____일 이내에 원작을 인수받은 후 지급한다.

3. 제1항의 원작사용료와 별도로 "갑"의 원작사용 중 제2조 1항의 ①과 ②를 제외한 기타 부문(DVD 판매 등)에서 수익이 발생시 대행료와 제비용을 제한 순수익의 10%를 "을"에게 지급한다.

4. 위 3항의 정산기간은 연 2회(6월 말일, 12월 말일)로 한다.

제4조(저작권의 보증) "을"은 원작이 저작권법 등에 의해서 보호되는 제3자의 권리나 명예 등을 훼손하지 아니하였음을 보증하고 원작의 저작권에 대한 이의 또는 분쟁이 발생하는 경우에는 "을"의 책임과 비용으로 신속히 처리한다.

제5조(원작의 수정, 변경 등) "갑"은 "프로그램" 제작과 관련하여 저작권법상의 저작인격권을 존중하여 원작의 본질을 왜곡하거나 손상시키지 않는 범위 내에서 "원작"의 내용 또는 표현 등의 일부를 수정, 변경, 증감할 수 있다.

제6조(원작의 표시) "갑"은 "을"의 상호와 원저작자의 성명 또는 필명 등을 일반 관행에 따라 표시한다.

제7조(영상화의 제한 및 협조) 1. "을"은 "갑"이 "프로그램"을 방송한 날로부터 5년 이내에 "갑" 이외의 자에게 원작 전부 또는 일부를 TV용 드라마 등으로 영상화하는 것을 허

락하는 경우 사전에 "갑"의 동의를 받아야 한다. 단, 극장 상영 목적의 영화인 경우는 예외로 한다.

2. "을"이 본 "프로그램"과 별도로 극장상영용 영화 제작을 추진할 시 "갑"과 "을"은 본 "프로그램" 계약 내용과 영화 계약 내용에 있어 문제가 생기지 않도록 상호 협조한다.

제8조 (계약의 해지 및 조치) 1. "갑" 또는 "을"이 정당한 사유 없이 이 계약을 위반하는 경우에는 상대방은 이를 해지할 수 있으며, 이로 인한 위약금과 손해배상을 요구할 수 있다.

2. 계약위반에 따른 위약금은 "갑"이 "을"에게 기지급한 원작사용료의 3배로 하며, 기타 손해가 있을 경우에는 위약금 외에 별도의 손해배상을 하여야 한다.

제9조(관할법원) 이 계약과 관련한 소송은 "갑"의 소재지를 관할하는 법원을 제1심 법원으로 한다.

제10조(효력발생) 이 계약은 체결한 날로부터 효력을 발생한다.

제11조(기타사항) 이 계약에 정함이 없는 기타 사항이 발생하거나 전 각조의 해석에 이의가 있는 경우에는 저작권법과 민법 등을 준용하고 사회통념과 조리에 맞게 해결한다.

매스 미디어와 저작권(Mass Media & Copyright)

초판 1쇄 인쇄 / 2005년 3월 23일
초판 1쇄 발행 / 2005년 3월 31일

지은이 / 김기태
펴낸이 / 한혜경
펴낸곳 / 도서출판 異彩(이채)
주소 / 135－100 서울특별시 강남구 청담동 68-19 리버뷰 오피스텔 1110호
출판등록 / 1997년 5월 12일 제 16-1465호
전화 / 02)511-1891, 512-1891
팩스 / 02)511 1244
e-mail / yiche7@dreamwiz.com
인쇄, 제본 / 신흥문화사
출력 / 에스포
ⓒ 김기태 2005

ISBN 89-88621-48-4 03010